Wetterfest und robust!

Für die Innenseiten dieses Buches haben wir uns etwas Besonderes einfallen lassen. Die Seiten bestehen aus hochwertigem Landkartenpapier, welches mit einer robusten und wasserabweisenden Beschichtung versehen wurde. Somit übersteht es unbeschadet auch mal ein Regenwetter.
Bitte beachten Sie: wetterfest und wasserabweisend bedeutet nicht wasserfest! Die Seiten sind gut gegen Spritzwasser geschützt und kleben, wenn sie feucht werden, nicht aneinander. Dennoch darf das Buch nicht komplett durchnässt werden.
Bitte verwenden Sie bei Dauerregen zusätzlich einen Regenschutz.

wetterfest reißfest

Radatlas Elsass

Grenzenloses Raderlebnis zwischen Pfälzer Wald und Jura, dem Rhein und Lothringen

Ein original *bikeline*-Radtourenbuch

Esterbauer

bikeline®-Radatlas Elsass

A-3751 Rodingersdorf, Hauptstr. 31
Tel.: ++43/2983/28982-0, Fax: -500
E-Mail: bikeline@esterbauer.com
www.esterbauer.com
6. überarbeitete Auflage 2012
ISBN: 978-3-85000-012-3

Bitte geben Sie bei jeder Korrespondenz die Auflage und die ISBN an!

Dank an alle, die uns bei der Erstellung dieses Buches tatkräftig unterstützt haben, siehe S. 166.
Das *bikeline*-Team:
Heidi Authried, Beatrix Bauer, Markus Belz, Michael Bernhard, Michael Binder, Veronika Bock, Stefan Diringer, Sandra Eisner, Roland Esterbauer, Gabi Glasstetter, Dagmar Güldenpfennig, Tobias Klein, Martina Kreindl, Bettina Müllauer, Eveline Müllauer, Gregor Münch, Karin Neichsner, Niki Nowak, Carmen Paradeiser, Julia Pelikan, Petra Riss, Christian Schlechte, Erik Schmidt, Mandy Schwalbe, Martina Specht, Matthias Thal, Martin Wischin, Wolfgang Zangerl.

Umschlagsbilder: Weingärten bei Bergheim, T. Sauer, Quai de la Paissonneré, Tourisme Colmar; Strasbourg, Agence de développement touristique du Bas-Rhin

Bildnachweis: Agence de développement touristique du Bas-Rhin:32, 34, 66, 68, 69, 72, 108, 116, ; Birgit Albrecht:18, 38, 40, 58, 61, 62, 66, 70, 75, 76, 81, 84, 94, 140, 146, 147, 150; Basel Tourismus: 16, 17; J. C. Scharf: 93; Michael Bernhard: 25, 26, 36, 41, 71, 73, 74, 131; Office de Tourisme de Guebwiller - Soultz: 155; Office de Tourisme d'Eguisheim et Environs: 78; Office de Tourisme de Masevaux et la Vallée de la Doller:160; Office de Tourisme d'Obernai: 67, 125, 128; Office de tourisme du canton de Rouffach: 80; Office de Tourisme et des Congrès de Mulhouse et sa région: 82, 84, 85, 87, 163; Office de Tourisme Haguenau: 101; Office de Tourisme Intercommunal Région Molsheim-Mutzig: 43; Office du Tourisme du Pays de Thann: 158; P. André - Ville de Rouffach: 79; Tonias Sauer: 21, 22, 23, 24, 29, 30, 31, 33, 44, 45, 46, 48, 51, 52, 65, 72, 111, 121, 124, 137, 145, 148, 150, 151, 164, 165, 166

Kartografie erstellt mit axpand
(www.axes-systems.com)

Die GPS-Tracks zu diesem Buch erhalten Sie nach Registrierung im Internet unter: www.esterbauer.com

Produktcode: 012-4t7p-65W4

bikeline

Was ist bikeline?

Wir sind ein Team von Redakteuren, Kartografen, Geografen und anderen Mitarbeitern, die allesamt begeisterte Radfahrerinnen und Radfahrer sind. Ins „Rollen" gebracht hat das Projekt 1987 eine Wiener Radinitiative, die begonnen hat Radkarten zu produzieren. Heute tun wir dies als Verlag mit großem Erfolg. Mittlerweile gibt's bikeline® und cycline® Bücher in fünf Sprachen und in vielen Ländern Europas.

Um unsere Bücher immer auf dem letzten Stand zu halten, brauchen wir auch Ihre Hilfe. Schreiben Sie uns, wenn Sie Unstimmigkeiten oder Änderungen in einem unserer Bücher entdeckt haben.

Wir freuen uns auf Ihre Rückmeldung (redaktion@esterbauer.com),

Ihre bikeline-Redaktion

Vorwort

Das Elsass ist nicht nur ein Schlaraffenland für Feinschmecker und Weinkenner – auch landschaftlich ist diese Oberrheinregion äußerst vielfältig und bietet für jeden Radler eine geeignete Tour. Im Radatlas Elsass finden Sie eine Auswahl von über 1.500 Kilometern zuverlässig beschriebenen Radtouren, die ein grenzenloses Radvergnügen im gesamten Elsass versprechen. Für Familien mit Kindern sind die einstigen Treidelwege entlang der Wasserstraßen in der Oberrheinischen Tiefebene bestens geeignet. Sportliche Radfahrer werden bei Bergtouren in den Vogesen gefordert und Kilometerjäger können links- und rechtsseitig des Rheinufers ihre Langstreckentauglichkeit unter Beweis stellen. Für Genießer lockt eine genüssliche Rundfahrt durch die romantischen Winzerdörfer im malerischen, fruchtbaren Vorhügelland. Auf Ihren Besuch warten die Schwarzwaldmetropole Freiburg, die Schweizer Kulturstadt Basel und der ruhige, fast unberührte Sundgau.

Präzise Karten, genaue Streckenbeschreibungen, zahlreiche Stadt- und Ortspläne, Hinweise auf das kulturelle und touristische Angebot der Region und ein umfangreiches Übernachtungsverzeichnis – in diesem Buch finden Sie alles, was Sie für Radtouren im Elsass brauchen – außer gutem Radlwetter, das können wir Ihnen nur wünschen.

Kartenlegende

Radrouten

Hauptroute, wenig KFZ-Verkehr
- asphaltiert (main cycle route, low motor traffic)
- nicht asphaltiert (main cycle route, unpaved road)
- schlecht befahrbar (main cycle route, bad surface)

Radweg / Hauptroute, autofrei
- asphaltiert (cycle path, without motor traffic, paved road)
- nicht asphaltiert (cycle path, unpaved road)
- schlecht befahrbar (cycle path, bad surface)

Ausflug od. Variante
(excursion or alternative route, low motor traffic)
- asphaltiert (excursion or alternative route, paved road)
- nicht asphaltiert (excursion, unpaved road)
- schlecht befahrbar (excursion, bad surface)

Ausflug od. Variante, autofrei / Radweg
(excursion or alternative route, without motor traffic /cycle path)
- asphaltiert (excursion or alternative route, paved road)
- nicht asphaltiert (excursion, unpaved road)
- schlecht befahrbar (excursion, bad surface)

- sonstige Radrouten (other cycle routes)
- Radweg in Planung (planned cycle path)
- Radweg gesperrt (closed cycle path)
- Fährverbindung (ferry connection)

KFZ-Verkehr (vehicular traffic)

- Radroute auf mäßig befahrener Straße (cycle route with moderate motor traffic)
- Radroute auf stark befahrener Straße (cycle route with heavy motor traffic)
- Radfahrstreifen (cycle lane)
- mäßig befahrene Straße (road with motor traffic)
- stark befahrene Straße (road with heavy motor traffic)

Steigungen / Entfernungen (gradient / distance)

- starke Steigung (steep gradient, uphill)
- leichte bis mittlere Steigung (light gradient)
- 3,2 Entfernung in Kilometern (distance in km)
  Durch Rundungen können Differenzen zu den tatsächlich gefahrenen Kilometern entstehen.
- Kopfsteinpflaster (cobbled street)
- Tunnel (Tunnel)
- 374 5424 UTM-Gitter (2 km) (UTM-grid)
- Routenverlauf (cycle route direction)
- Stadt- /Ortsplan (city map)

Radinformationen

- Fahrradwerkstatt* (bike workshop*)
- Fahrradvermietung* (bike rental*)
- überdachter Abstellplatz* (covered bike stands*)
- abschließbarer Abstellplatz* (lockable bike stands*)
- Gefahrenstelle (dangerous section)
- Text beachten (read text carefully)
- Treppe* (stairs*)
- Engstelle* (narrow pass, bottleneck*)

Nur in Ortsplänen

- P Parkplatz* (parking lot*)
- Parkhaus* (garage*)
- Post* (post office*)
- Apotheke* (pharmacy*)
- H Krankenhaus* (hospital*)
- F Feuerwehr* (fire-brigade*)
- Polizei* (police*)
- Theater* (theatre*)

* Auswahl (* selection)

Maßstab 1 : 75. 000

1 cm ≙ 750 m 1 km ≙ 13,3 mm

0 1 2 3 4 5 6 7 8 9 10 11 12 13 14 15 km

Wichtige bzw. sehenswerte thematische Informationen

- Schönern sehenswertes Ortsbild (picturesque town)
- Einrichtung im Ort vorhanden (facilities available)
- Hotel, Pension (hotel, guesthouse)
- Jugendherberge (youth hostel)
- Campingplatz (camping site)
- Naturlagerplatz* (simple tent site*)
- Tourist-Information (tourist information)
- Einkaufsmöglichkeit* (shopping facilities*)
- Kiosk* (kiosk*)
- Gasthaus (restaurant)
- Rastplatz* (resting place*)
- Unterstand* (covered stand*)
- Freibad (outdoor swimming pool)
- Hallenbad (indoor swimming pool)
- Kirche, Kloster (church, monastery)
- Schloss, Burg (palace, castle)
- Ruine (ruins)
- Museum (museum)
- Ausgrabungen (excavation)
- andere Sehenswürdigkeit (other place of interest)
- Tierpark (zoo)
- Naturpark, -denkmal (nature reserve, monument)
- Aussichtspunkt (panoramic view)

Topographische Informationen

- Kirche (church)
- Kapelle (chapel)
- Kloster (monastery)
- Schloss, Burg (castle)
- Ruine (ruins)
- Turm (tower)
- Funk- und Fernsehanlage (TV/radio tower)
- Kraftwerk (power station)
- Umspannwerk (transformer)
- Windmühle; Windkraftanlage (windmill; windturbine)
- Wassermühle (water mill)
- Wegkreuz (wayside cross)
- Höhle (cave)
- Bergwerk (mine)
- Leuchtturm (lighthouse)
- Sportplatz (sports field)
- Denkmal (monument)
- Flughafen (airport, airfield)
- Schiffsanleger (boat landing)
- Quelle (natural spring)
- Kläranlage (water treatment plant)
- Staatsgrenze (international border)
- Landesgrenze (country border)
- Kreisgrenze, Bezirksgrenze (district border)

- Wald (forest)
- Felsen (rock, cliff)
- Vernässung (marshy ground)
- Weingarten (vineyard)
- Friedhof (cemetary)
- Garten* (garden)
- Gewerbe-, Industriegebiet (commercial area)
- Steinbruch*, Tagebau* (quarry, open cast mining)
- Gletscher (glacier)
- Düne (dunes)
- Watt (shallows)
- Damm, Deich (embankment, dyke)
- Staumauer (dam, groyne)
- Autobahn (motorway)
- Hauptstraße (main road)
- untergeordnete Hauptstraße (secondary main road)
- Nebenstraße (minor road)
- Fahrweg (carriageway)
- Weg (track)
- Straße in Bau (road under construction)
- Eisenbahn m. Bahnhof (railway with station)
- Schmalspurbahn (narrow gage railway)
- Höhenlinie 100m/50m (contour line)

Inhalt

Stadtpläne

Das Elsass

Streckencharakteristik

Länge

Die **Gesamtlänge** der in diesem Buch beschriebenen Radtouren beträgt rund **1.550 Kilometer**. Die **Süd-Nord-Route** von Basel nach Lauterbourg erstreckt sich über 216,6 Kilometer, der auf deutscher Seite verlaufende Abschnitt des **Rhein-Radweges** (Tour 3), beträgt zusätzlich 77,5 Kilometer. Die **Nord-Süd-Route** von Wissembourg nach Basel bringt es auf eine Länge von 314,5 Kilometern. Die Radtouren im Département **Bas Rhin**, also im Norden des Elsass, haben eine Gesamtlänge von 518,6 Kilometern, im Département **Haut Rhin**, im südlichen Elsass, sind es 422,1 Kilometer.

Wegequalität & Verkehr

Die **Wegequalität** entlang des **Rheins** ist je nach Region unterschiedlich. In **Frankreich** sind Sie bis Strasbourg vorwiegend auf Radwegen oder verkehrsarmen Straßen unterwegs, auf kurzen Teilstrecken müssen Sie jedoch im regen Verkehr radeln. Ab Strasbourg sind Sie dann zumeist auf der parallel zum Rhein verlaufenden Privatstraße der Elektrizitätswerke unterwegs. Sie müssen auf dieser Strecke aber trotz des Fahrverbotes mit Autoverkehr rechnen.

In **Deutschland**, am rechten Rheinufer, fahren Sie die meiste Zeit auf autofreien Treidelpfaden oder verkehrsarmen Güterwegen.

Im **Elsass** ist das Angebot an Radwegen und der Verkehr sowohl bei Überlandfahrten als auch in den Städten recht unterschiedlich. Die größeren Städte verfügen zumeist über ein relativ gut ausgebautes und beschildertes Radwegenetz. Bei Überlandfahrten sind Radwege deutlich unterrepräsentiert – vorwiegend fahren Sie auf verkehrsarmen Landstraßen und Güterwegen; auch ist es manchmal unvermeidlich, gewisse Strecken im allgemeinen Verkehr zu fahren.

Auf den vorbildlich ausgebauten Radwegen entlang der Kanäle müssen Sie hingegen nur mit Hundebesitzern und Inline-Skatern rechnen. Besonders reger Betrieb ist hier an den Wochenenden, vor allem in den Sommermonaten.

In **Deutschland** sind Landstraßen zwischen den Orten oft mit einem Begleitradweg ausgestattet. Auch in den deutschen Städten Freiburg und Offenburg sowie im schweizerischen Basel herrscht ein fahrradfreundliches Klima mit einem dichten Netz an Radwegen oder gemeinsamen Fuß- und Radwegen. Das Befahren der Fußgängerzone mit dem Rad ist in Basel teilweise, in Frankreich und Deutschland bis auf wenige Ausnahmen überhaupt nicht erlaubt.

Beschilderung

Eine durchgehend ausgeschilderte Radroute zwischen Basel und Lauterbourg sowie zwischen Wissembourg und Basel gibt es nicht. Vielmehr setzen sich die Radrouten aus mehreren regionalen Radwegen und Landstraßenverbindungen zusammen und sind deshalb dementsprechend unterschiedlich beschildert. Eine vollständige Beschilderung finden Sie entlang der Kanäle und bei einigen Ausflügen. Alle übrigen Streckenabschnitte sind nicht durchgehend beschildert, jedoch gut ausgebaut.

Tourenplanung

Wichtige Telefonnummern:

Internationale Vorwahlen:
Deutschland: 0049
Frankreich: 0033
Schweiz: 0041

In Frankreich werden die Ortskennzahlen (Vorwahlen) immer gemeinsam mit der Telefonnummer gewählt, auch wenn man sich in der selben Ortschaft befindet. Um Ihnen die Handhabung zu erleichtern, haben wir die Vorwahlen direkt vor die jeweilige Nummer gestellt.

Zentrale Infostellen

Agence de développement touristique du Bas-Rhin – Maison du Tourisme , 4, rue Bartisch, F-67100 Strasbourg, ✆ 03 88 15 45 80, www.tourisme-alsace.com

Association Départementale du Tourisme de Haute Alsace – Maison du Tourisme, 1, rue Schlumberger, B. P. 337, F-68006 Colmar, ✆ 0389/201068, Fax 233391, www.tourisme68.com

Schwarzwald Tourismus GmbH, Ludwigstr. 23, D-79104 Freiburg, ✆ 0761/2962271, Fax 2962270, www.schwarzwald-tourismus.info

An- & Abreise mit der Bahn

Aufgrund der sich ständig ändernden Preise und Bedingungen für Fahrradtransport bzw. -mitnahme empfehlen wir Ihnen, sich bei nachfolgenden Infostellen über Ihre ganz persönliche Anreise mit der Bahn zu informieren.

Informationsstellen:

Reise Service Deutsche Bahn AG: ✆ 01805/996633 (€ 0,14/Min. aus dem Festnetz, Tarif bei Mobilfunk ggf. abweichend), Mo-So 8-20 Uhr, Auskünfte über Zugverbindungen, zur Fahrradmitnahme (Tastenwahl: 15 oder Stichwort: Fahrrad), Fahrpreise im In- und Ausland, Buchung von Tickets und Reservierungen, www.bahn.de, www.bahn.de/bahnundbike

Automatische DB-Fahrplanauskunft: ✆ 0800/1507090 (gebührenfrei aus dem Festnetz), ✆ 0180/5221100 (gebührenpflichtig aus dem Mobilfunknetz, den jeweiligen Tarif erfahren Sie bei Ihrem Netzbetreiber)

ADFC, Allgemeiner Deutscher Fahrrad-Club e.V.: weitere Infos und aufgeschlüsselte Einzelverbindungen unter www.adfc.de/bahn

Radfahrer-Hotline Deutschland: ✆ 01805/151415 (€ 0,12/Min.), Mo-So 8-20 Uhr, Infos über Fahrradmitnahme, -vermietung oder -versand

Österreichische Bundesbahnen: **CallCenter** ✆ 05/1717 (österreichweit zum Ortstarif), www.oebb.at

Schweizer Bundesbahnen: **Rail-Service** ✆ 0041/900300300 (CHF 1,19/Min.), www.sbb.ch

SNCF c/o Rail Europe, ✆ 0033/892/353536, www.sncf.com

Ins Elsass gelangt man von **Deutschland** aus über **Kehl/Strasbourg** (Fernverkehrsverbindung) oder über **Karlsruhe/Neustadt/ Wissembourg** (Regionalzugverbindung). Wenn Sie Ihr Fahrrad direkt mitnehmen möchten, so wird Ihnen ein eventuell mehrmaliges Umsteigen nicht erspart bleiben, da in den direkten IC und EC-Zügen die Fahrradmitnahme immer noch problematisch ist. Von **Österreich** oder der **Schweiz** aus reisen Sie am günstigsten über **Basel/Mulhouse** ein. **Lauterbourg** und **Wissembourg**, die beiden Städte im Norden des Elsass, sind von Strasbourg und Karlsruhe aus mit Regionalzügen zu erreichen.

Internationale Fahrradkarte:

Bis auf Frankreich muss innerhalb der EU für die grenzüberschreitende Fahrradmitnahme eine Internationale Fahrradkarte gelöst werden. Diese kostet in Deutschland € 10,– und schließt auch die Reservierung eines Stellplatzes mit ein. Der Fahrkartenbeleg muss gut sichtbar am Fahrrad angebracht werden. In Frankreich können in zahlreichen TGV-Zügen, sofern diese mit dem Fahrradsymbol gekennzeichnet und somit mit Fahrradstellplätzen versehen sind, Stellplätze für ebenfalls € 10,– reserviert werden.

Fahrradversand

Innerhalb der jeweiligen Länder funktioniert der Fahrradversand ohne Komplikationen. Grenzüberschreitend ist der Versand des Fahrrades jedoch nicht möglich.

In Frankreich wird der Fahrradversand nur innerhalb des Staates angeboten, wahlweise als Haus-zu-Haus-Service oder von/zu einem bestimmten Gepäckdepot. Genauere Auskünfte erteilt: SNCF Französische Eisenbahnen ✆ 0033 89 23 53 536.

In Deutschland können Sie das Angebot des **Hermes-Privat-Services** nutzen:
✆ 0900/1311211 (€ 0,60/Min.),
www.privatpaketservice.de
Unter der Rubrik „Koffer/Fahrradversand" erfahren Sie die genauen Zustellzeiten und die aktuellen Preise für den Fahrradversand.

An- & Abreise mit dem Auto

Die Anreise nach Strassburg dauert von Wien etwa 8, von München 4 und von Berlin 7 Stunden. Wenn Sie von Bern aus anreisen, benötigen Sie 2,5 Stunden bis in die elsässische Metropole. Nach Basel fahren Sie von Wien und von Berlin 8 Stunden, wenn Sie von München starten, müssen Sie 4 Stunden einrechnen und von Bern aus eine Stunde.

An- und Abreise mit dem Flugzeug

Ein Großteil der Fluggesellschaften bietet den Service eines Fahrradtransportes an, daher ist für große Distanzen die Anreise per Flugzeug eine gute Alternative zu Auto oder Bahn.

Der internationale Flughafen EuroAirport Basel – Mulhouse – Freiburg (BSL) wird regelmäßig und direkt von Österreich (Wien) und Deutschland (Frankfurt, Hamburg, Berlin, Düsseldorf, Stuttgart und München) aus angeflogen. Diverse Flughafenbuslinien und Reisegesellschaften verkehren im Anschluss nach Basel, Mulhouse, Colmar und Freiburg – nähere Informationen hierzu finden Sie unter www.euroairport.com. Beachten Sie bitte unbedingt die sehr unterschiedlichen Tarife und Verpackungsvorschriften der Fluggesellschaften für den Fahrradtransport. Genauere Informationen bezüglich Verpackung, Versicherung und technischen Details erhalten Sie bei der Fluglinie Ihrer Wahl, Ihrem Reisebüro oder bei Ihrem Fahrradfachhändler.

In der Schweiz ist der Versand des Fahrrades als unbegleitetes Reisegepäck mit der Bahn möglich, die Aufgabe sollte allerdings so früh wie möglich vor der Abreise geschehen, spätestens aber einen Tag vorher. Bei Gruppen ab 10 Personen ist eine Anmeldung 48 Stunden vorher notwendig. Die Preise pro Strecke betragen innerhalb der Schweiz CHF 12,–, international CHF 24,–. Eine obligatorische Fahrradhülle ist im Preis inbegriffen.

Rad & Bahn

Parallel zum Rhein verläuft großteils beidseitig eine Bahnlinie, auf die Sie bei Bedarf umsteigen können. Auch im Département Haut Rhin und vor allem im Bas Rhin können Sie für zahlreiche Teilstrecken als Alternative die Bahn wählen. Fahrräder können in allen regionalen TER-Zügen kostenlos mitgenommen werden (mit Ausnahme an Werktagen während der Hauptverkehrszeit auf der Verbindung Strasbourg-Mulhouse-Basel).

Übernachtung

Der Tourismus im Elsass konzentriert sich hauptsächlich auf die größeren Städte und bekannten Weinorte, dennoch verfügen auch die kleineren Orte über eine gut entwickelte Infrastruktur. So finden Sie auch hier gut ausgestattete Fremdenzimmer und beste Gastronomie. Empfehlenswert ist es auf jeden Fall, sich Zimmer im Voraus zu reservieren, um unliebsamen Überraschungen vorzubeugen. Manchmal kann es auch sinnvoll sein, zu erwähnen, dass Sie mit dem Rad anreisen – so gibt es keine Probleme beim Unterstellen Ihres Rades.

Mit Kindern unterwegs

Die große Elsass-Rundroute verläuft größtenteils auf ausgebauten Radwegen oder verkehrsarmen Güterwegen und ist daher kindersicher. Da Sie hauptsächlich in Flussnähe auf der breiten Rheinebene radeln, sind die wenigen Anstiege entlang der Hauptroute nur sehr kurz. In den deutschen Städten ermöglichen ein Radwegenetz bzw. Geschwindigkeitsbegrenzungen ein sicheres Fahren auch für Kinder. Damit ist grundsätzlich die gesamte Elsass-Rundtour für Kinder ab etwa 10 Jahren weitestgehend geeignet. Von den Routen im Département Bas Rhin und Haut Rhin eignen sich die Touren 10, 17, 22 und 24 für Kinder, da bei allen anderen Touren immer wieder Steigungen und längere Streckenabschnitte im Verkehr zu bewältigen sind.

Das Rad für die Tour

Den besten Komfort bieten Reiseräder mit einer auf Ihre Körpergröße abgestimmten Rahmenhöhe. Diese Räder gewährleisten auch bei großer Beladung des Rades einen ruhigen Lauf und sind mit sehr guten Bremsen, einer Schaltung mit einem großen Übersetzungsbereich und stabilen Gepäckträgern vorne und hinten zur gleichmäßigeren Gewichtsverteilung ausgestattet. Auch ein stabiler Fahrradständer ist wichtig, vor allem wenn Sie Gepäck auf dem

Fahrrad mitführen. Für einen unbeschwerten Radurlaub sollte auf jeden Fall ein Fahrradcheck vor der Tour erfolgen.
Versuchen Sie, vor der Abreise eine bequeme Sitzposition auf Ihrem Rad zu finden, wobei Sie dem Sattel besonderes Augenmerk schenken sollten. Bei richtiger Sattelneigung und Sitzposition können schmerzvolle Erfahrungen vermieden werden.
Sie sollten die Bereifung der Tour entsprechend anpassen. Je mehr unbefestigte Wege zu bewältigen sind, desto breiter und profilierter sollte die Bereifung ausfallen. Viele asphaltierte Strecken erlauben hingegen auch schmalere Reifen. Hinweise zur Oberfläche der Wege und zu den Steigungen finden Sie in diesem bikeline-Radtourenbuch in der Einleitung und auf den Abschnittsseiten.
Auch einen Kartenhalter oder eine Lenkertasche werden Sie auf Ihrer Tour sehr gut brauchen können. Wasserdichte und somit auch staubdichte Hinterradtaschen mit einem unkomplizierten Befestigungssystem erweisen sich bei längerer Fahrt als zweckmäßig. Achten Sie auch auf genügend Möglichkeiten, Trinkflaschen an Ihrem Rad zu befestigen.
Und da selbst das beste Fahrrad vor Pannen nicht gefeit ist, empfiehlt es sich, immer eine kleine Fahrradapotheke mitzuführen. Eine Grundausstattung an Werkzeug und Zubehör sollte folgende Teile beinhalten: Ersatzschlauch und/oder Flickzeug, Kompaktwerkzeug, Luftpumpe, Brems- und Schaltseil, Öl, Ersatzkettenniete und einen Putzlappen.
Details zu all diesen Fragen klären Sie am besten mit Ihrem Fahrradhändler und überlassen den Service im Zweifelsfall dem Profi.

Bekleidung

Für eine gelungene Radtour ist die Bekleidung ein wichtiger Faktor. Der Markt für Outdoorbekleidung aus verschiedensten Materialien ist mittlerweile unübersehbar, deswegen hier nur einige Grundregeln. In erster Linie gilt das „Zwiebelprinzip“: Mehrere Schichten erfüllen verschiedene Funktionen und lassen sich separat tragen und vielfältig kombinieren. Die unterste Schicht soll Schweiß vom Körper weg führen, darüber folgen bei Bedarf

eine wärmende Schicht und zuletzt die äußerste Hülle, die Wind und Regen abhalten, trotzdem aber dampfdurchlässig sein soll.
Als Materialien kommen entweder Kunstfasern (leicht, wenig Feuchtigkeitsaufnahme) oder hochwertige Wolle (etwas schwerer, wärmt aber auch im nassen Zustand und nimmt kaum Geruch an) in Frage. Baumwolle ist als Sportbekleidung weniger geeignet (nimmt viel Feuchtigkeit auf und braucht sehr lange zum Trocknen).
Nicht sparen sollte man bei der Radhose, ein gutes Sitzpolster ist hier entscheidend.

Radverleih am Bahnhof

Frankreich: In touristisch interessanten Gebieten in Frankreich wird der Service „Train + Vélo" angeboten. Ein Personalausweis sowie eine Kaution sind erforderlich, der Preis pro Rad und Tag beträgt um die € 7,–, für ein Mountainbike (VTT) € 8,–.
Deutschland: Auf der deutschen Rheinseite können Sie am Bahnhof in Breisach (✆ 07667/7601) ein Fahrrad leihen. Sie sollten sich immer im Voraus an der Vermietstation über Preise und Öffnungszeiten informieren. Zum Mieten eines Fahrrades benötigen Sie einen gültigen Lichtbildausweis und zirka € 130,– für die Kaution. Die Mietgebühren sind teilweise sehr unterschiedlich, Sie betragen zwischen € 3,– und € 13,– pro Tag.
Schweiz: An rund 100 Bahnhöfen in der ganzen Schweiz ist das Mieten von Fahrrädern möglich, die Rückgabe gegen einen Zuschlag ist an jedem besetzten Bahnhof möglich. Weiters besteht die Möglichkeit, eine Online-Veloreservierung unter www.rentabike.ch oder per Rail Service ✆ 0900/300300 eine Reservierung für den gewünschten Vermietbahnhof vorzunehmen. Die Tagespreise schwanken zwischen CHF 18,– und CHF 38,–. Ermäßigungen gibt es für alle Inhaber von Halbtax- und Generalabonnements.

Radreiseveranstalter

Eurobike, Mühlstr. 20, A-5162 Obertrum am See, ✆ 0043/6219/7444, Fax: 8272, eurobike@eurobike.at, www.eurobike.at
BAETICA, Am Müllerwäldchen 3, D-55122 Mainz, ✆ 06131/41265, info@baetica.de, www.baetica-reisen.de
Breisach-Touristik, Marktplatz 16, D-79206 Breisach am Rhein, ✆ 07667/940155, Fax 940158, www.breisach.de
Pedalo Rad- & Wanderreisen, Kickendorf 1a, A-4710 Grieskirchen, ✆ 0043/7248/635840, Fax 635844, www.pedalo.com
Rückenwind-Reisen GmbH, Industriehof 3, D-26133 Oldenburg, ✆ 0441/485970, Fax 4859722, www.rueckenwind.de
Velotours Touristik GmbH, Ernst-Sachs-Straße 1, D-78467 Konstanz, ✆ 07531/98280, Fax 982898, www.velotours.de

Zu diesem Buch

Dieser Radreiseführer enthält alle Informationen, die Sie für den Radurlaub im Elsass benötigen: Exakte Karten, eine detaillierte Streckenbeschreibung, ein ausführliches Übernachtungsverzeichnis, Stadt- und Ortspläne und die wichtigsten Informationen zu touristischen Attraktionen und Sehenswürdigkeiten.

Und das alles mit der ***bikeline*-Garantie**: die Routen in unseren Büchern sind von unserem professionellen Redaktionsteam vor Ort auf ihre Fahrradtauglichkeit geprüft worden. Um höchste Aktualität zu gewährleisten, nehmen wir nach der Befahrung Korrekturen von Lesern bzw. offiziellen Stellen bis Redaktionsschluss entgegen, die dann teilweise nicht mehr an Ort und Stelle verifiziert werden können.

Das Konzept

Das Buch ist nach folgenden Kriterien gegliedert: Eine große Elsass-Rundtour führt Sie von Basel meist in Rheinnähe in das nördliche Elsass und von Wissembourg entlang der Weindörfer zurück nach Basel. Diese große Elsassrunde ist in insgesamt 9 einzelne Touren aufgegliedert, von welchen Sie, je nach Lust un Laune, auf weitere Rund- und Streckentouren abzweigen können. Diese zusätzlichen Touren sind in das Département Bas Rhin (der Norden des Elsass) und das Département Haut Rhin (das südliche Elsass) unterteilt. Auf eigenen Übersichtskarten zum jeweiligen Abschnitt ersehen Sie, welche Touren zu welchem Abschnitt gehören.

Die Karten

Eine Übersicht über die geographische Lage des in diesem Buch behandelten Gebietes gibt Ihnen die Übersichtskarte auf der vorderen inneren Umschlagsseite. Hier sind auch die Blattschnitte der einzelnen Detailkarten eingetragen.

Diese Detailkarten sind im Maßstab 1 : 75.000 erstellt. Dies bedeutet, dass 1 Zentimeter auf der Karte einer Strecke von 750 Metern in der Natur entspricht. Zusätzlich zum genauen Routenverlauf informieren die Karten auch über die Beschaffenheit des Bodenbelages (befestigt oder unbefestigt), Steigungen (leicht oder stark), Entfernungen sowie über kulturelle und gastronomische Einrichtungen entlang der Strecke. Durch Rundung der Kilometerangaben auf halbe Kilometer, können Differenzen zu den tatsächlich gefahrenen Kilometern entstehen.

Allerdings können selbst die genauesten Karten den Blick auf die Wegbeschreibung nicht ersetzen. Komplizierte Stellen werden in der Karte mit diesem Symbol ⚠ gekennzeichnet, im Text finden Sie das gleiche Zeichen zur Kennzeichnung der betreffenden Stelle wieder. Beachten Sie, dass die empfohlene Hauptroute immer in Rot und Violett, Varianten und Ausflüge hingegen in Orange dargestellt sind. Die genaue Bedeutung der einzelnen Symbole wird in der Legende auf Seite 4 und 5 erläutert.

Höhen- und Streckenprofil

Das Höhen- und Streckenprofil gibt Ihnen einen grafischen Überblick über die Steigungsverhältnisse, die Länge und die wichtigsten Orte entlang der Radroute. Es können in diesem Überblick nur die markantesten Höhenunterschiede dargestellt werden, jede einzelne kleinere Steigung wird in dieser grafischen Darstellung jedoch nicht berücksichtigt. Die Steigungs- und Gefälleverhältnisse entlang der Route finden Sie im Detail mit Hilfe der Steigungspfeile in den genauen Karten.

Der Text

Der Textteil besteht im Wesentlichen aus der genauen Streckenbeschreibung, welche die empfohlene Hauptroute enthält. Stichwortartige Streckeninformationen werden, zum leichteren Auffinden, von dem Zeichen ~ begleitet.

Unterbrochen wird dieser Text gegebenenfalls durch orangefarbige Absätze, die Varianten und Ausflüge behandeln.

Ferner sind alle wichtigen **Orte** zur besseren Orientierung aus dem Text hervorgehoben. Gibt es interessante Sehenswürdigkeiten in einem Ort, so finden Sie unter dem Ortsbalken die jeweiligen Adressen, Telefonnummern und Öffnungszeiten.

Die Beschreibung der einzelnen Orte sowie historisch, kulturell oder naturkundlich interessanter Gegebenheiten entlang der Route tragen zu einem abgerundeten Reiseerlebnis bei. Diese Textblöcke sind kursiv gesetzt und unterscheiden sich dadurch auch optisch von der Streckenbeschreibung.

TIPP Textabschnitte in Violett heben Stellen hervor, an denen Sie Entscheidungen über Ihre weitere Fahrstrecke treffen müssen z. B. wenn die Streckenführung von der Wegweisung abweicht, oder mehrere Varianten zur Auswahl stehen u. ä.

AUSFLUG Sie weisen auch auf Ausflugstipps, interessante Sehenswürdigkeiten oder Freizeitaktivitäten etwas abseits der Route hin.

Übernachtungsverzeichnis

Auf den letzten Seiten dieses Radtourenbuches finden Sie zu fast allen Orten entlang der Strecke eine Vielzahl von Übernachtungsmöglichkeiten vom einfachen Zeltplatz bis zum 5-Sterne-Hotel.

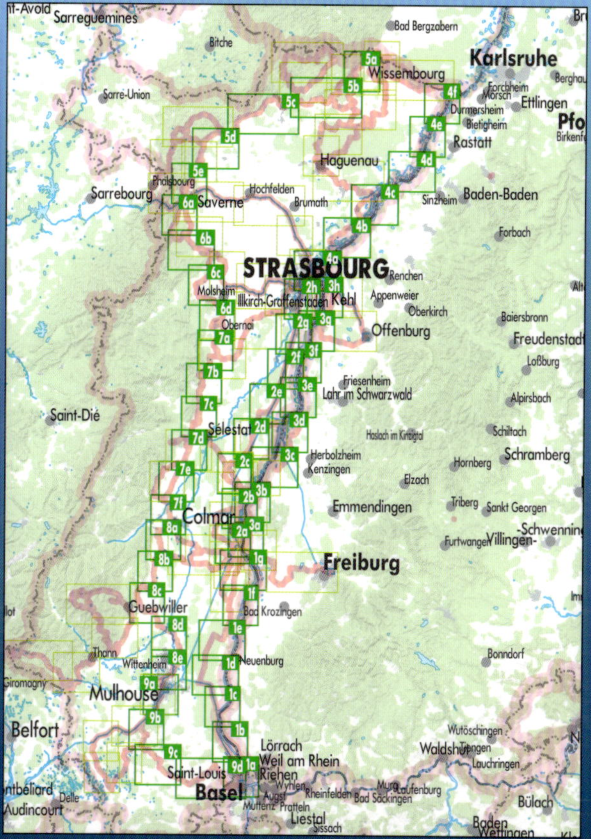

Elsass-Rundtour 609,6 km

Tour 1 Von Basel nach Neuf-Brisach

Tour 2 Von Neuf-Brisach nach Strasbourg

Tour 3 Von Breisach nach Kehl

Tour 4 Von Strasbourg nach Lauterbourg

Tour 5 Von Wissembourg nach Saverne

Tour 6 Von Saverne nach Obernai

Tour 7 Von Obernai nach Colmar

Tour 8 Von Colmar nach Mulhouse

Tour 9 Von Mulhouse nach Basel

Tour 1 Von Basel nach Neuf-Brisach (70,2 km)

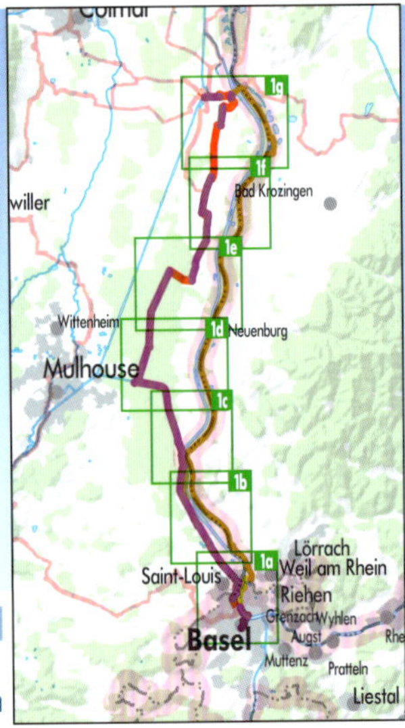

Diese steigungsfreie und somit familienfreundliche Tour führt etwas abseits des linken Rheinufers in die gut erhaltene und vor allem sehenswerte Festungsstadt Neuf-Brisach.

Charakteristik

Länge: 70,2 km

Start: Basel

Ziel: Neuf-Brisach

Wegbeschaffenheit: Die Route verläuft großteils auf asphaltierten Rad- und Wirtschaftswegen, es gibt nur wenige kurze unbefestigte Abschnitte.

Verkehr: Man fährt meist auf ruhigen Radwegen und Straßen, mit etwas mehr Verkehr ist nur in Basel und Blodelsheim zu rechnen.

Steigungen: Es gibt keine kräftigen oder stetigen Steigungen.

Beschilderung: Ausschilderung entlang des Canal de Huningue

Anschlusstouren: 2, 22, 23 und 24

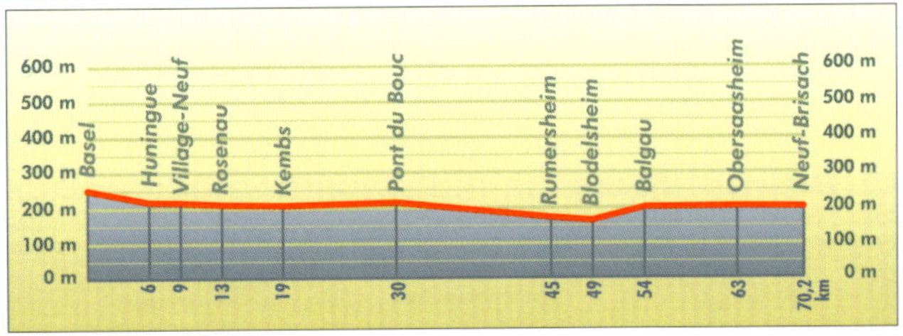

Basel

Vorwahl: 061; PLZ: CH-4000

- **Basel Tourist & Hotelinformation**, im Stadtkasino am Barfüsserplatz, Steinenberg 14, und im Bahnhof SBB, ✆ 2686868, www.basel.com
- **Basler Personenschifffahrt**, Schifflände, ✆ 6399500
- **Fähren**, Vier Fähren verkehren zwischen den beiden Ufern. Für die Münsterfähre sind zwischen Altstadt und Fluss einige Stufen zu überwinden.
- **Kunstmuseum**, St. Alban-Graben 16, ✆ 2066262, ÖZ: Di-So 10-17 Uhr. Die größte Kunstsammlung der Schweiz zeigt Alte Meister wie Witz, Holbein oder Niklaus Manuel, aber auch Malerei des 19. Jhs. oder moderne Kunst von Cézanne über Picasso bis heute. Im Kupferstichkabinett sind Zeichnungen und Grafiken vom 15. -20. Jh. ausgestellt.
- **Antikenmuseum Basel und Sammlung Ludwig**. St. Alban-Graben 5, ✆ 2011212, ÖZ: Di-So 10-17 Uhr. Herausragende

Sammlung ägyptischer, griechischer, italienischer, etruskischer und römischer Kunstwerke

SAM Schweizerisches Architekturmuseum, Pfluggässlein 3, ✆ 2611413. ÖZ: Di, Mi, Fr 11-18 Uhr, Do 11-20.30 Uhr, Sa/So 11-17 Uhr. Wechselnde Ausstellungen zu aktuellen architektonischen Themen.

Historisches Museum Barfüsserkirche, Barfüsserplatz, ✆ 2058600, ÖZ: Di-So 10-17 Uhr. Die Sammlung zeigt Objekte der kirchlichen und weltlichen Kunst des Mittelalters und der Renaissance. Neben dem Münsterschatz und dem Münzkabinett wird auch die Stadtgeschichte als Schwerpunkt behandelt.

Jüdisches Museum der Schweiz. Kornhausg. 8, ✆ 2619514, ÖZ: Mo u. Mi 14-17 Uhr, So 11-17 Uhr. Ausgestellt sind Gegenstände der jüdischen Kultur.

Museum für Gegenwartskunst, St. Alban-Rheinweg 60, ✆ 2728183, ÖZ: Di-So 11-17 Uhr. Teil der Emanuel-Hoffmann-Stiftung und der Öffentlichen Kunstsammlung Basel.

Kunsthalle Basel, Steinenberg 7, ✆ 2069900, ÖZ: Di, Mi, Fr 11-18 Uhr, Do 11-20.30 Uhr, Sa/So 11-17 Uhr. Veranstaltungsort für Wechselausstellungen zeitgenössischer Kunst.

Naturhistorisches Museum, Augustinerstr. 2, ✆ 2665500, ÖZ: Di-So 10-17 Uhr. Neben der heimischen Tierwelt sind die Geschichte der Säugetiere, der Dinosaurier, wirbelloser Tiere, aber auch Mineralien Themen der Sammlung.

Basler Papiermühle, Museum für Papier, Schrift und Druck, St. Alban-Tal 37, ✆ 2259090, ÖZ: Di-So 14-17 Uhr. Untergebracht in der ehemaligen Basler Papiermühle schildert die papierhistorische Sammlung die Arbeitsweise von Buchdruck und Buchbinderei, ergänzt von Demonstrationen.

Verkehrsdrehscheibe Schweiz und unser Weg zum Meer, Westquaistr. 2, ✆ 6314261, ÖZ: März-Nov. Di-So 10-17 Uhr, Dez.-Feb. Di, Sa u. So 10-17 Uhr. Schifffahrtsmuseum und aktuelle Verkehrsträgerschau in einem: Wasser, Schiene, Straße, Luft mit Schwergewicht Schifffahrt.

Ausstellungsraum Klingental, Kasernenstr. 23, ✆ 6816698, ÖZ: Di-Fr 15-18 Uhr, Sa/So 11-16 Uhr. Wechselausstellungen in einer ehemaligen Kaserne aus den Arbeiten meist Basler Maler und Bildhauer.

Museum Kleines Klingental, Unterer Rheinweg 26, ✆ 2676625/42, ÖZ: Mi, Sa 14-17 Uhr, So 10-17 Uhr. Zu sehen sind u. a. Skulpturen des Basler Münsters, Stadtmodelle sowie periodische Ausstellungen zur Stadt- und Baugeschichte.

Museum der Kulturen, Münsterplatz 20 (Eingang über Augustinerstr. 8), ✆ 2665600, ÖZ: Di-So 10-17 Uhr. Hauptthemen sind die Urgeschichte Europas. Umwelt, Kunst und Religion Ozeaniens. Kunstgewerbe Indiens, Indonesien, Indianisches Amerika, textile Techniken, Zaire – Masken und Figuren.

Basel

Museum Tinguely, Paul Sacher Anlage 1, ✆ 6819320, ÖZ: Di-So 11-18 Uhr. Das Museum ist dem Leben und Werk des bedeutenden Eisenplastikers gewidmet.

Sportmuseum Schweiz, Missionsstr. 28, ✆ 2611221, ÖZ: Fr 16-18 Uhr u. 14-17 Uhr. Die Geschichte der Leibesübungen wird hier anhand von Geräten und Dokumenten erläutert. Sonderausstellungen zu Themen wie z. B. Hergang des Eislaufs oder des Radwanderns ergänzen das Angebot.

Fondation Beyeler, Baselstr. 101, Riehen, ✆ 6459700, ÖZ: tägl. 10-18 Uhr, Mi bis 20 Uhr. Seit 1997 sind unter anderem Werke von Picasso, Cézanne, Degas, Max Ernst, Van Gogh, Kandinsky, Paul Klee, Miró oder Andy Warhol in dem von Renzo Piano entworfenen Museum untergebracht.

Münster, Münsterplatz. Von der karolingischen Kirche an dieser Stelle blieben nach dem Ungarnsturm 917 nur Teile der Krypta erhalten. Der heutige Bau stellt im Wesentlichen einen spätromanischen Neubau aus dem späten 12. Jh. dar. Drei Jahrhunderte später entstanden auf romanischer Grundlage die beiden südlich angefügten Kreuzgänge. Der Bildersturm von 1529 vernichtete den Hochaltar, große Teile der Ausstattung und der Bauplastik. Der in den Sakristeigewölben verborgene Münsterschatz blieb verschont, von dem jedoch nur einzelne Stücke im Basler Historischen Museum zu sehen sind.

Barfüsserkirche, Barfüsserplatz. Die Kirche der Franziskaner gilt als bedeutendstes architektonisches Werk des Ordens nördlich der Alpen. Die heutige dreischiffige Pfeilerbasilika entstand Anfang des 14. Jhs. Infolge der Reformation verwahrloste der Bau zunehmend und diente schließlich u. a. als Salzlager, bis 1894 hier das Historische Museum eingerichtet wurde.

Basel

Predigerkirche, Petersgraben. Die ehemals für die Dominikaner errichtete Kirche entstand im 13. Jh. und wurde nach dem Erdbeben von 1356 erneuert. Geldmittel für den Bau soll der Handel mit dem Ablass von Sünden geliefert haben. Sehenswert sind die besonders schmalen Maßwerkfenster im Chor. Die Mauern des Friedhofes auf der Nordseite der Kirche trugen bis 1805 die berühmten Totentanzfresken, deren noch erhaltene Teile im Historischen Museum verwahrt sind. Sie zeugen von den Ängsten der Pestzeit aus dem Jahr 1439.

Mittlere Brücke. Über Jahrhunderte bis weit stromabwärts die einzige Rheinbrücke, denn der Oberrhein hatte bis zur Regulierung im 19 Jh. kein festes Flussbett und wechselte ständig seinen Lauf. Der Vorläufer der heutigen Brücke wurde 1225 aus Holz gezimmert und ließ Basel schon früh zu einem wichtigen Handelsplatz werden. Die Brückenkapelle dient auch zur Belastung des mittleren Pfeilers gegen die Strömung.

Spalentor, Spalenvorstadt. Das seit dem Abbruch der Befestigungsanlage freistehende Stadttor datiert aus dem späten 14. Jh. Das niedere Vorwerk ist mit einer Vielzahl teilweise lustiger Figuren versehen, deren Originale sich im Historischen Museum befinden. Die Tordurchfahrt verfügt noch über zwei hölzerne Sperren.

Rathaus, Marktplatz. Nach ihrem Eintritt in die Eidgenossenschaft wollte die Bürgerschaft mit einem würdigen Bau aufwarten und ließ 1507-13 im spätgotischen Stil das Rathaus errichten.

Basel zu Fuß. Ausgehend vom Marktplatz erschließen 5 Rundgänge die Sehenswürdigkeiten der Stadt. Die Schilder sind jeweils mit dem Portrait einer berühmten historischen Persönlichkeit aus Basel gekennzeichnet.

„Zolli", Binningerstraße 40, ÖZ: In der Sommersaison 8-18.30 Uhr. Der in Basel liebevoll „Zolli" genannte Landschaftsgarten bildet eine grüne Insel für 4.000 Tiere und 600 Arten mitten in der Stadt. Für Kinder ein doppelter Spaß, da sie im Kinderzolli den Wärtern bei der Tierpflege helfen dürfen. Berühmt wurde der Basler Zoo durch die Zuchterfolge bei Gorillas und Nashörnern.

Wohl kaum eine andere Stadt dieser Größe kann so viele ausgeprägte Profile für sich beanspruchen. Basel genießt den Ruf, eine Messe- und Kongressstadt, eine Stadt der Musik, der Museen und der Gelehrten, aber auch eine Stadt der Banken zu sein. Durch die prädestinierte Lage im Dreiländereck ist die Stadt am Rheinknie von jeher auch eine wichtige Verkehrsdrehscheibe.

Geographisch liegt Basel im Rheinknie, wo sich der Fluss in scharfer Biegung nach Norden in die Oberrheinische Tiefebene wendet. Gleichzeitig handelt es sich um ein Dreiländereck zwischen Deutschland, Frankreich und der Schweiz. Die Lage im Zentrum der Achsen vom Schweizer Jura zu den Schwarzwaldtälern und vom industrialisierten Hochrhein zum Elsass brachte der Stadt vielfältige Impulse.

Seit dem 7. Jahrhundert Bischofssitz, wurde Basel nach der Zerstörung durch die Ungarn 917 befestigt. Im Kampf zwischen Bischof und

Basel
Rhein
Riehenring
Hammerstraße
Drahtzugstraße
Claramatte
Clarastraße
St. Clara
Claragraben
Clara-platz
Rebgasse
Utengasse
Rheingasse
Untere Rebg.
Greifeng.
Kasernenstr.
Klingentalstr.
Klingentalgraben
Museum Kleines Klingental
Klybeckstr.
Sperrstraße
Hattingerstraße
Feldbergstraße
Kandererstr.
Florastraße
Breisacherstr.
Erasmus-platz
Leuengasse
Unterer Rheinweg
Oberer Rheinweg
Riehentorstr.
Kartausg.
Wettstein-platz
Wettsteinbrücke
Münsterfähre
Klingentalfähre
Mittlere Brücke
Johanniterbrücke
Münster
Münsterplatz
Rittergasse
Augustinerg.
Museum der Kulturen
Martinskirche
Naturhistorisches Museum
Martinsg.
Rathaus
Freie Strasse
Markt-platz
Marktg.
Eiseng.
Gerberg.
Falknerstr.
Münzg.
Blumenrain
Spiegelg.
Schneiderg.
Fischmarkt
Petersg.
Nadelberg
Spalenberg
Heuberg
Leonhardsgraben
Musikmuseum
Kohlenberg
Streitgasse
Barfüsser-platz
Barfüsserkirche
Bäumleing.
Antiken-museum
Kunstmuseum
St.-Alban-Vorstadt
St.-Alban-Graben
Steinenberg
Architektur-museum
Theaterstr.
Steinenvorstadt
Steinenbachg.
Elisabethenstr.
Aeschenvorstadt
Henric-Petri-Str.
Sternengasse
Aeschengraben
Aeschen-platz
Dufourstr.
Malzgasse
Lautengartenstr.
Brunngässlein
St.-Alban-Anlage
St.-Jakobs-Straße
Gartenstr.
Rosen-feld-park
Lindenhofstr.
Peter-Merian-Straße
Nauenstraße
Parkweg
De Wette-Str.
Elisabethen-anlage
Heumattstr.
Centralbahn-platz
Centralbahnstr.
Bahnhof SBB
Wallstraße
Heuwaage-Viadukt
Innere Margarethenstr.
Margarethenstr.
Güterstr.
Viaduktstraße
Binningerstraße
Birsigstraße
Birsig
Rümelinbachweg
Auberg
Holbeinstr.
Holbeinstraße
Austraße
Marienkirche
Byfangweg
Kanonengasse
Leonhardsstr.
Steinengraben
Schützengraben
Leimenstraße
Eulerstraße
Zoo
Zoologischer Garten
Dachsfelderstr.
Holeeweg
Petersgraben
Peters-platz
Spalengraben
Spalenvorstadt
Spalentor
Bernoullistr.
Hebelstr.
Predigerkirche
Anatomisches Museum
Totentanz
Spitalstraße
Spitalstr.
St.-Johanns-Vorstadt
St.-Johanns-Tor
Schanzenstr.
400 m

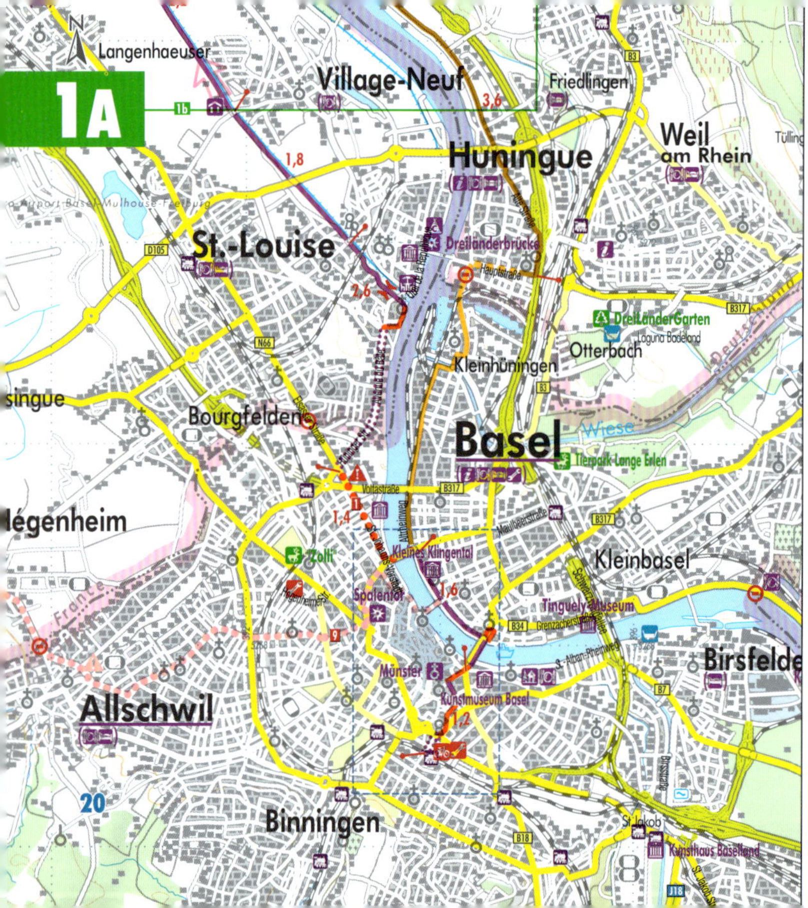

Bürgerschaft siegten um 1450 die Zünfte, die fortan die Stadt regierten. Ihr geschichtlicher Werdegang führte die Stadt 1501 in die Eidgenossenschaft und Jahrzehnte später in die Reformation. Basel-Stadt ist gleichzeitig der kleinste Kanton der Schweiz; ein Halbkanton, der im 19. Jahrhundert durch die Trennung von Basel-Land entstand. Im alten Stadtkern von Basel ist der mittelalterliche und frühneuzeitliche Baucharakter mit den gotischen Häusern und prächtigen Palästen noch weitgehend erhalten.

Berühmt ist die 1460 gegründete Basler Universität, die viele namhafte Persönlichkeiten wie Paracelsus, Bernoulli, Jakob Burckhardt, Friedrich Nietzsche oder Carl Gustav Jung hervorbrachte und eine humanistische Tradition begründete.

Die Stadt ist heute am Endpunkt der größten europäischen Wasserstraße eine überregionale Drehscheibe im Handel. Es begann mit dem ersten Dampfer, der, 1832 aus den Niederlanden kommend, in der Stadt anlegte und damit die Entwicklung zur Moderne einleitete. Heute verfügt die Stadt mit mehreren Häfen über 5 Kilometer Kailänge und ist für rund 500 Rheinschiffe der Heimathafen.

TIPP Die Radroute entlang des rechten Rheinufers von Basel nach Breisach ist als Variante in den nachfolgenden Karten eingezeichnet.

Von Basel nach Kembs 19 km

Start ist in Basel am SBB-Bahnhof ~ über den **Centralbahnplatz** ~ die **Nauenstraße** überqueren und weiter auf dem **Aeschengraben** ~ in die erste links und dem Straßenverlauf folgen ~ an der nächsten Kreuzung links und gleich rechts ~ an der **Henric-Petri-Straße** links und in die nächste rechts ~ links in die **Ae-**

Canal de Huningue

schenvorstadt und weiter in der Rechtskurve auf dem **St.-Alban-Graben** ~ vorbei am Kunstmuseum und nun auf der großen Brücke über den Rhein ~ auf der anderen Seite hinunter zum Rheinufer ~ nun am Ufer entlang bis zur **Johanniterbrücke** ~ hier wieder über den Rhein ~ auf dem anderen Ufer rechts auf der Straße **St.-Johanns-Vorstadt** ~ stadtauswärts ~ am **St. Johanns-Tor** geradeaus in die **Elsässerstraße** ~ ⚠ vorsichtig die **Voltastraße** überqueren ~ bei der zweiten Abzweigung nach rechts und auf den Radstreifen der **Hüninger Straße**. Über die Grenze nach Frankreich und entlang der **Avenue du Bâle** bis zur ersten Kreuzung ~ nach rechts in die **Rue des Trois Frontières** ~ am Rhein nach links auf den **Quai du Rhin**.

Huningue

PLZ: 68330

Touristinformationspunkt, Parc des Eaux vives, 3 quai du Maroc, ✆ 03 89 89 70 20, www.ville-huningue.fr

Musée de Huningue, Rue des Boulangers, ✆ 03 89 69 17 80 (Rathaus), ÖZ: 1. und 3. So des Monats, 14-17.30 Uhr. Historisches und militärisches Museum.

Parc des Eaux Vives, La Timonerie, ✆ 03 89 89 70 20, ÖZ: April-Okt. tägl. 9-18.30 Uhr, Di, Do u. Fr. 9-21 Uhr. Wildwasserpark mit Rafting, Kajak und Hydriospeed.

An der Ecke bei der Kirche geradeaus auf den Radweg, der am **Canal de Huningue** entlang bis nach Kembs verläuft.

Kembs

PLZ: F-68680

Vélotop, 38 rue du Maréchal Foch, ✆ 03 89 62 98 26

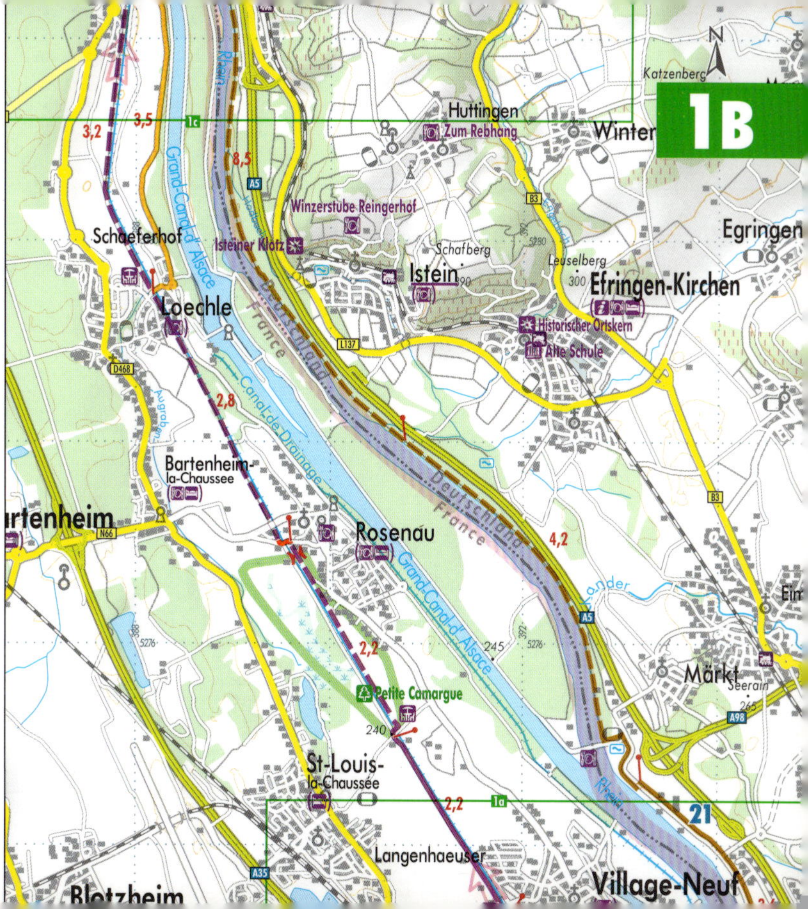

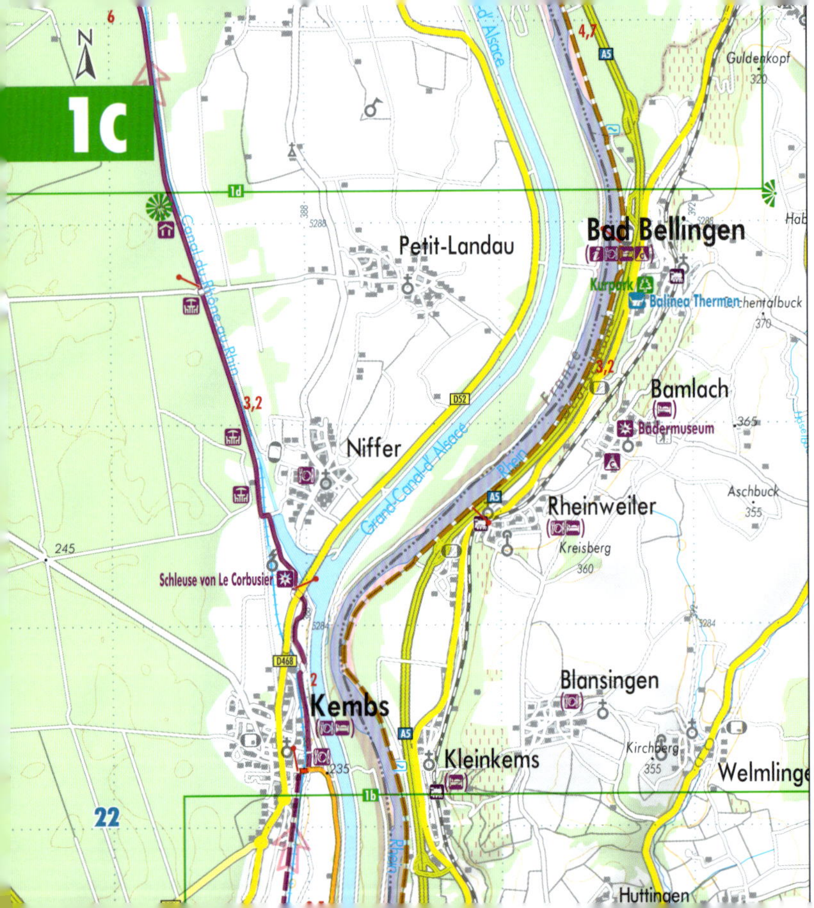

Kembs

Von Kembs nach Rumersheim-le-Haut *26 km*

In Kembs noch einmal den Kanal überqueren und danach links auf den Radweg abbiegen nachdem die **D 468** unterquert wurde, schräg nach rechts über eine Brücke zur Schleuse nach links über die Brücke und weiter nach rechts auf den Radweg, der nun entlang des **Canal du Rhône au Rhin** verläuft die Brücke der **D 108** unterqueren und gleich links hinauf zur Straße nach links auf den Radweg und den Kanal auf der linken Straßenseite überqueren nach einem Linksbogen an die Kreuzung zur **D 55** vorsichtig überqueren und geradeaus auf den Forstweg im weiteren Verlauf über eine Bahnlinie bis zur **Grunhütte** bei der **D 39** die Straße vorsichtig überqueren und schräg nach rechts auf den Forstweg in Richtung Munchhouse bzw. Rumersheim nach der Überquerung der **D 4b** dem Radweg bis zur Kreuzung mit der **D 47** folgen nach rechts abbiegen und auf der Straße weiterradeln.

Von Rumersheim-le-Haut nach Neuf-Brisach *25,2 km*

Am Stoppschild in Rumersheim links auf die **D 468** abbiegen.

Blodelsheim

Am Ortseingang von Blodelsheim gibt es einen Radweg im Ortsinneren wieder auf der Straße bis zum Dorfende, wo der Radweg nach Fessenheim anfängt.

Canal du Rhône au Rhin

Fessenheim

PLZ: 68740

- **Tourist-Information**, ✆ 03 89 48 62 30
- **Maison des Energies EDF**, ✆ 03 89 83 51 23, ÖZ: 15. Juni-30. Sept. tägl., 14-18 Uhr; 30. Sept.-15. Juni Mi u. So 14-17 Uhr. Auf 700 m² Information zu heutigen und zukünftigen Energieformen anhand von Modellen, Videos und Zugang zum Wasserkraftwerk Fessenheim.
- **Freibad**, Rue de la 1ère Armée, ✆ 03 89 48 55 90

Durch Fessenheim und auf einem Radstreifen weiter nach Balgau.

Balgau

Geradeaus weiter über Heiteren nach Obersaasheim ~ dort an der Kreuzung rechts in den Ort hinein ~ nach der Kirche und dem

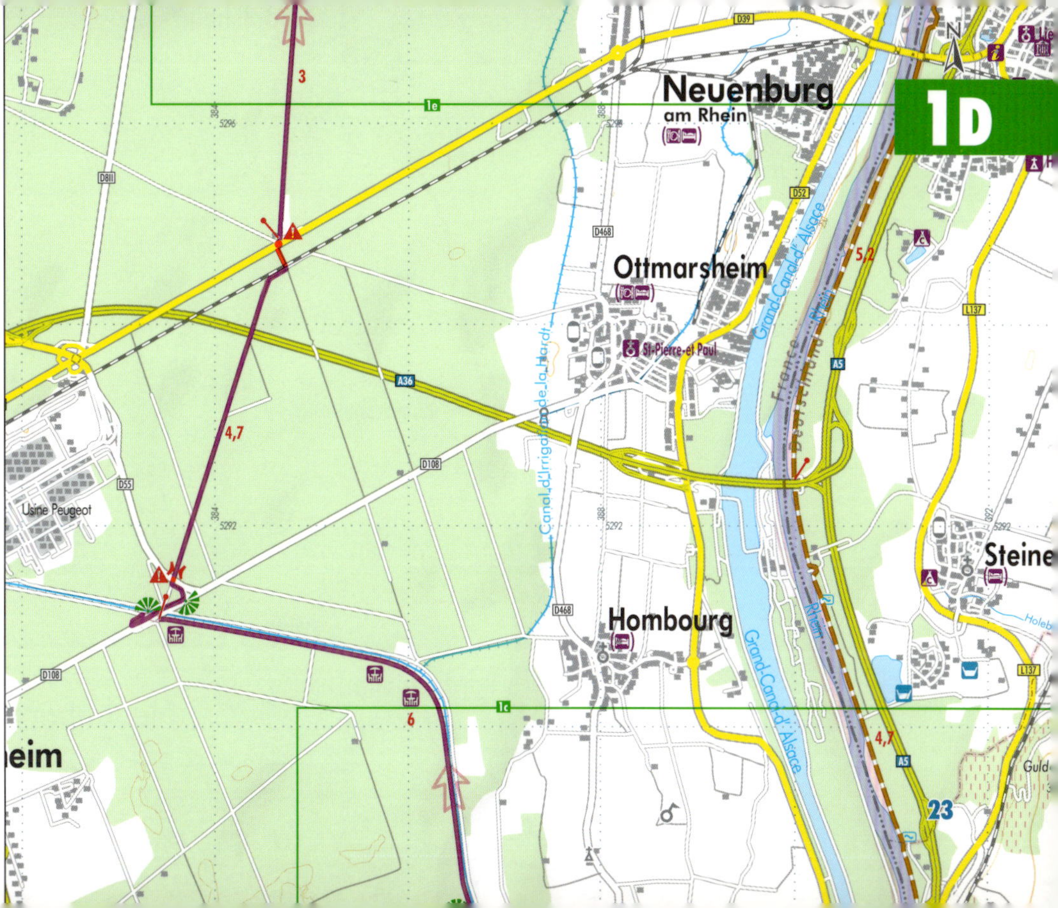

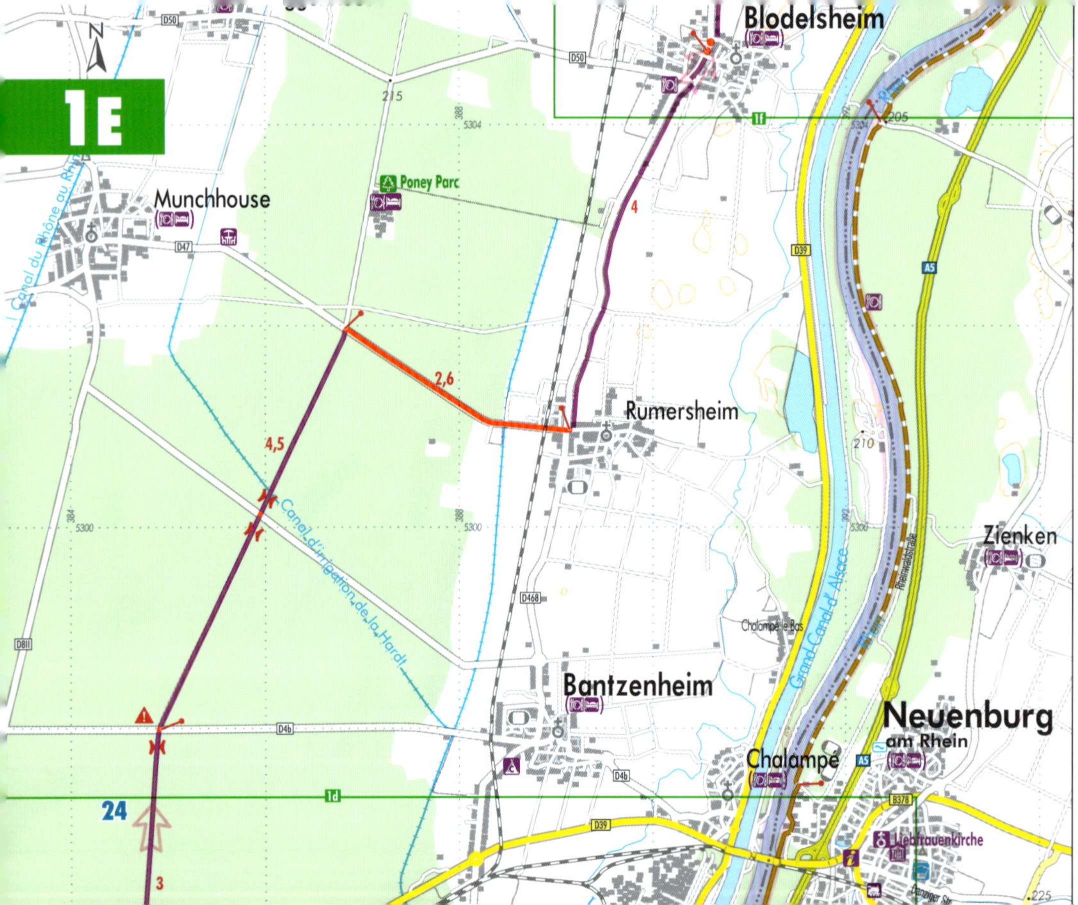

Canal de la Hardt

Friedhof links in Richtung Neuf-Brisach und Algolsheim.

Obersaasheim

Aus dem Ort hinaus und weiter nach Algolsheim ~ dort rechts in die **Grand' Rue** ~ in einer Links-/Rechtskurve an den beiden Kirchen vorbei.

Algolsheim

An der Gabelung geradeaus ~ am Ortsende links in Richtung Vogelgrun ~ dort am Ortsbeginn, unmittebar nach dem Ortsschild rechts in den kleinen Weg ~ die Grand' Rue in die **Rue des Cygnes** überqueren ~ die nächste Straße wiederum geradeaus überqueren.

Vogelgrun

PLZ: 68600

Bad Sirenia, Zone touristique de l'Ile du Rhin, ✆ 03 89 72 55 65

Geradeaus in die **Rue de l'Ecole** ⁓ an der Kreuzung mit der **Rue des Blés** rechts in den Radweg ⁓ die **N 415** unterqueren ⁓ an der T-Kreuzung links in Richtung Neuf-Brisach und weiter nach Volgelsheim ⁓ dort links auf die Vorfahrtsstraße in Richtung Algolsheim einbiegen.

Volgelsheim

An der Gabelung rechts ⁓ am rechtsseitigen Radweg nach Neuf-Brisach ⁓ beim Kreisverkehr geradeaus ⁓ über eine Brücke ⁓ an der darauffolgenden Kreuzung rechts in Richtung Neuf-Brisach ⁓ im Ort geradeaus auf das Zentrum zufahren.

Vogelgrun

Neuf-Brisach

PLZ: 68600

Touristinformation, 6 Place d'Armes, ✆ 03 89 72 56 66, www.neuf-brisach.fr

Museum für Wehrbau, ÖZ: April-Okt., Mo, Mi-So 10-12 Uhr und 14-17 Uhr

Vauban-Museum, im Belforter Tor (1700), 7 place Paul de Belfort, ÖZ: Mo, Mi-So 10-18 Uhr. Alte Dokumente, Karten, Gegenstände und ein Modell der Stadt sind hier zu besichtigen.

Radbühne und Sternenweg, Place de la Porte de Colmar, ✆ Reservierung 03 89 72 64 23, ÖZ: Juli, Aug., So Nachmittag u. n. V. Die Radbühne ist ein 8 m hohes Gebilde, ein mechanisches Klangspiel mit Texten und theatralen Bewegungen, welche, untergebracht in einer Kasematte der Befestigungsanlage „die Atmosphäre einer Raumsymphonie" schaffen. Beim Sternenweg handelt

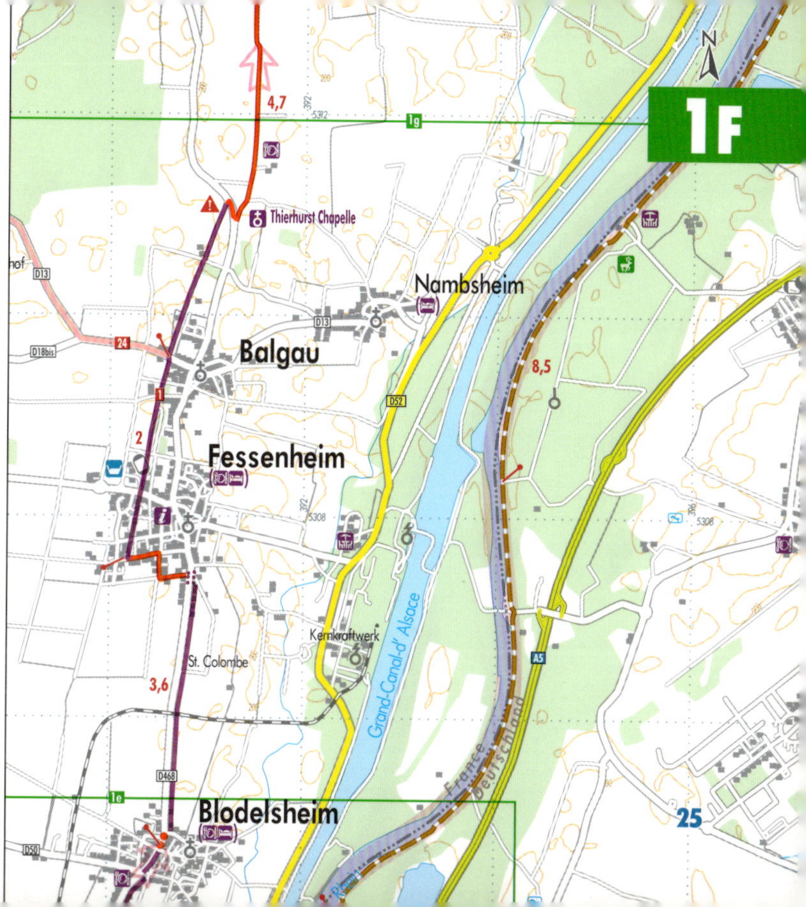

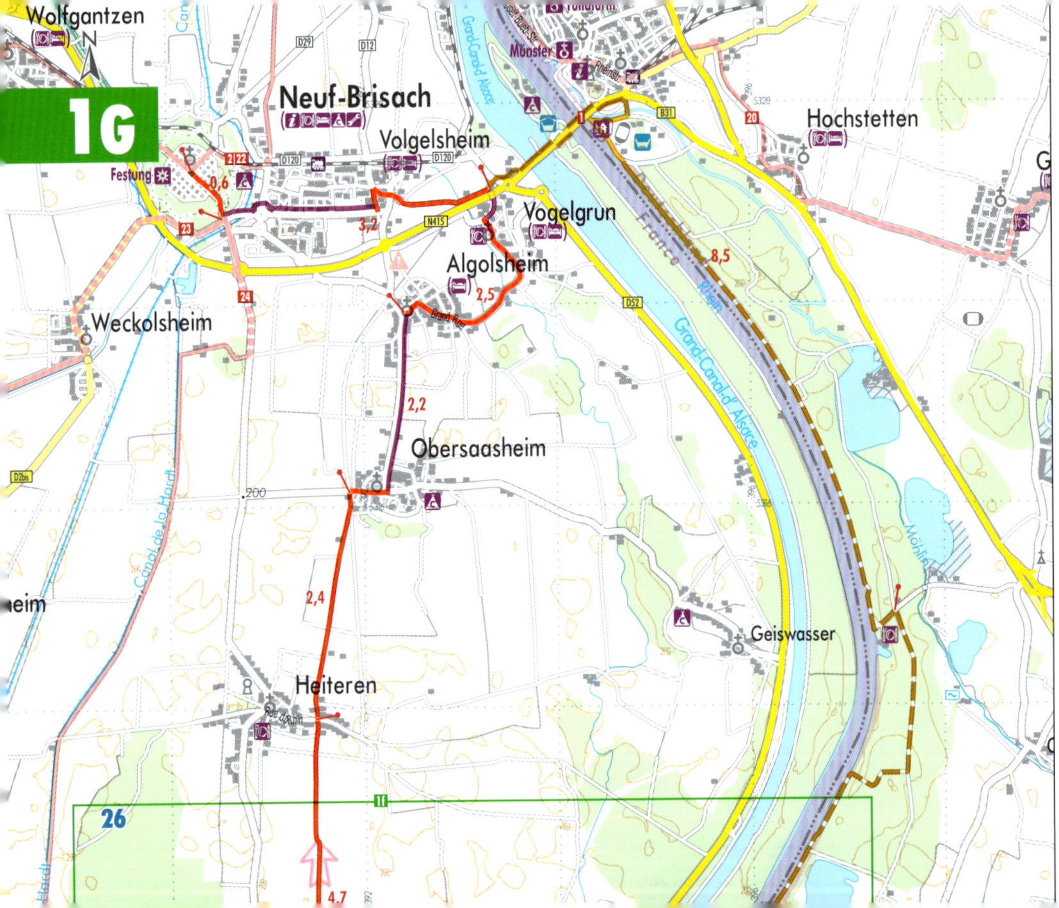

Vogelgrun

es sich um eine einzige große Skulptur in Bewegung, bestehend aus einer Tonfigur, verschiedenen Klängen und sonstigen Mechanismen.

Cycles Services Huber, 10 Grand' Rue, ✆ 03 89 41 33 18

Maison de la Presse, 9 Rue de Bâle, ✆ 03 89 72 56 72

Zwischen 1698 und 1708 ließ Louis XIV. die Vauban-Festung Neuf-Brisach errichten, ein Paradebeispiel des Baumeisters Sébastian Vauban. Von den ehemals vier Toren sind heute nur noch die Porte de Colmar und die Porte de Belfort erhalten. Letztere ist der Eingang zum Musée Vauban in welchem die Geschichte des Festungsbaues dokumentiert wird. Erst ein Luftbild oder der Blick auf die Karte lässt den achteckigen Festungsstern von Neuf-Brisach mit seinen gut erhaltenen Wällen, Gräben und Kasematten richtig erkennen.

Tour 2 Von Neuf-Brisach nach Strasbourg (78,3 km)

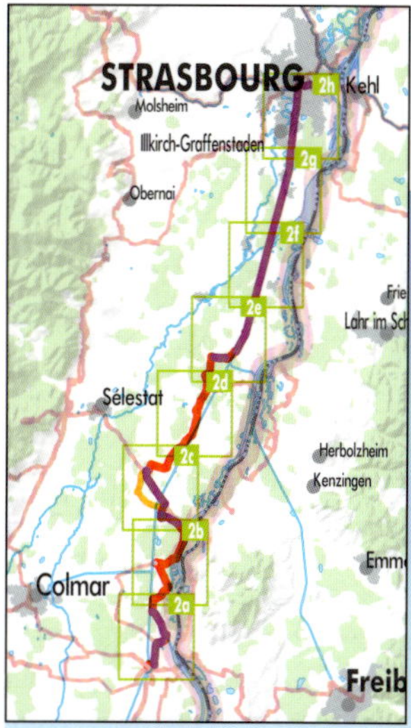

Das Ziel dieser ebene Strecke entlang des Canal du Rhône au Rhin ist die elsässische Metropole und Europastadt Strasbourg mit ihren prachtvollen Schlössern und Kathedralen. Fachwerkhäuser wechseln sich ab mit Stadtplätzen und wunderschöne Parkanlagen laden zum Verweilen ein.

Charakteristik

Länge: 78,3 km
Start: Neuf-Brisach
Ziel: Strasbourg

Wegbeschaffenheit: asphaltierte Radwege und Landstraßen
Verkehr: Mit mäßigem Verkehr ist auf der D 208, der D 705 und der D 82, also zwischen Heidolsheim und Bindernheim zu rechnen, ansonsten verläuft die Tour auf ruhigen Radwegen und Straßen.
Steigungen: Die Strecke verläuft steigungsfrei.
Beschilderung: Diese Tour ist zu Beginn und von Marckolsheim bis Neunkirch ausgeschildert.
Anschlusstouren: 4, 16, 19, 20, 22, 23 und 24

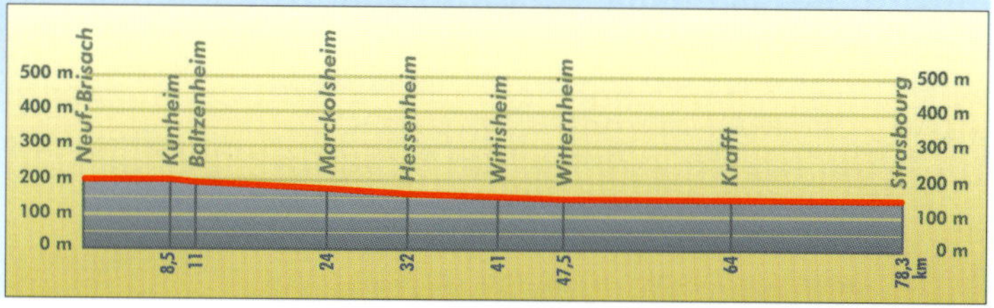

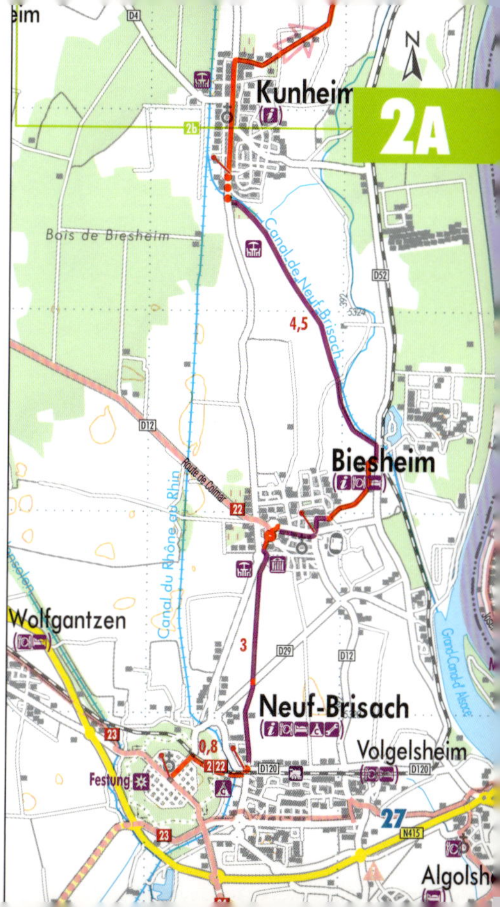

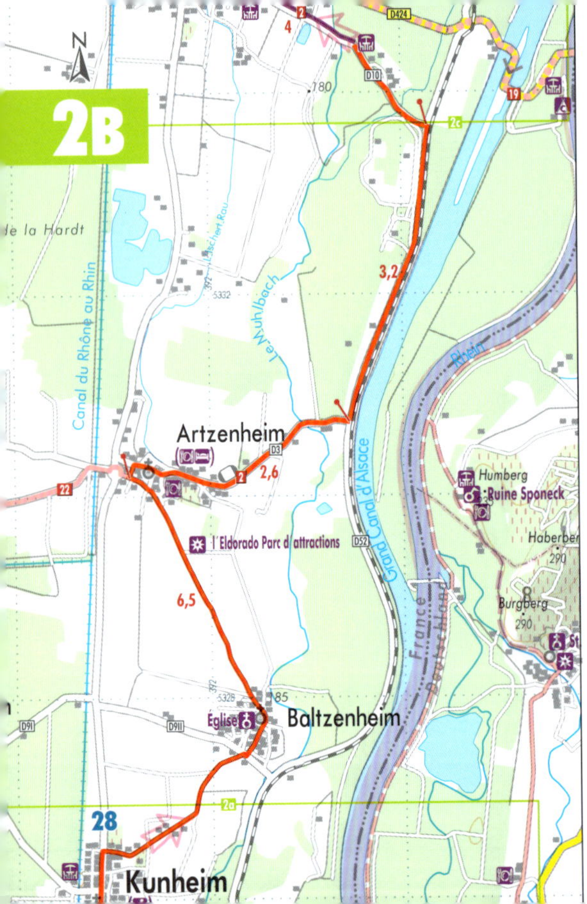

Neuf-Brisach s. S. 25

Von Neuf-Brisach nach Marckolsheim — 24,6 km

Ausgangspunkt dieser Tour ist das Zentrum von Neuf-Brisach → auf der **Rue de Strasbourg** den Ort verlassen → links abbiegen und parallel zu den Gleisen weiter → den Kanal überqueren → kurz darauf an der T-Kreuzung links → die **D 120**, die **Rue de la Gare**, kreuzen und geradeaus weiter auf dem Radweg nach Biesheim.

Biesheim

PLZ: 68600

- **Gemeindeamt**, Place de la Mairie, 13 Grand'Rue, ✆ 03 89 72 01 69, www.ville-biesheim.fr
- **Galloromanisches Museum**, (musée Gallo-Romain), Le Capitole-Place da la Mairie, ✆ 03 89 72 01 58, ÖZ: Mi-So 14-17.30 Uhr, Do 9-12 Uhr u. 14-17.30 Uhr, Sa/So 14-17 Uhr. Ausgrabungsfunde der römischen Siedlung werden ausgestellt.
- **Museum für optische Geräte**, (musée de l'optique), Le Capitole-Place de la Mairie, ✆ 03 89 72 01 59, ÖZ: Mi, Fr 14-17.30 Uhr, Do 9-12 Uhr u. 14-17.30 Uhr, Sa/So 14-17 Uhr. Hier gibt es eine einzigartige Sammlung von über 300 optischen Geräten.

Den ersten Kreisverkehr auf dem Radweg umfahren → dann schräg rechts ab in die Rue du Sud → beim zweiten Kreisverkehr geradeaus drüber und weiter in der Rue du Sud → am

Bei Biesheim

darauf folgenden Kreisverkehr rechts abbiegen und weiter auf dem Radweg in der Grand´Rue → an der Ampel links ab in die **Place de l'Ecole** → gleich wieder rechts und auf der **Place de l'Ecole** weiter → den Kreisverkehr geradeaus in die **Rue du Rhiwald** überqueren → Biesheim verlassen und nach einer Linkskurve an einem Jüdischen Friedhof vorbei → über eine kleine Brücke und anschließend nach links wenden → an der nächsten Brücke links vorüber → bei der **D 468** nach rechts abbiegen und auf dieser im weiteren Verlauf durch Kunheim.

Kunheim

PLZ: 68320

- **Gemeindeamt**, ✆ 03 89 47 40 40

Am Ortsende rechts ab in die **Rue de Baltzenheim** ~ an der Kreuzung nach Ortsende gemäß dem Rhein-Radschild geradeaus ~ an der Gabelung dem Asphaltband nach links folgen ~ an der Vorfahrtsstraße etwas nach rechts versetzt, geradeaus in den Ort Baltzenheim.

Baltzenheim

Beim Kreisverkehr geradeaus und in einem Linksbogen an der Kirche vorbei ~ an der Kreuzung geradeaus in die **Rue d'Artzenheim** ~ bei der Weggabelung am Ortsende in die Einbahnstraße, die nur für Anwohner freigegeben ist ~ an der Kreuzung am Ortseingang von Artzenheim schräg nach links ~ vor dem Kreisverkehr rechts ab in die **Rue des Jardins**.

Artzenheim

An der T-Kreuzung mit der **Rue du Sponeck**, der **D 3**, rechts ~ nach der Kirche der Linkskurve folgen ~ beim Kreisverkehr die zweite Ausfahrt wählen und somit auf der D 3 bleiben ~ am Sportplatz rechts vorüber ~ nach einer Linkskurve den Ort verlassen ~ anschließend zwei Brücken über-

Marckolsheim

queren ~ an der T-Kreuzung links in Richtung Marckolsheim ~ entlang der Bahngleise bis zur Kreuzung ~ dort links auf die **D 10** in Richtung Marckolsheim ~ auf dem rechtsseitigen Radweg nach Marckolsheim ~ den ersten Kreisverkehr geradeaus überqueren ~ beim zweiten Kreisverkehr rechts auf die **D 468** und auf dieser Straße in das Zentrum.

Marckolsheim

PLZ: F-67390

Touristinformation, 13 rue du Maréchal Foch, ✆ 03 88 92 56 98

Gedenkstätte und Museum der Rheinischen Maginotlinie, ✆ 03 88 92 57 79, ÖZ: 15. Juni-15. Sept., Mo-So 9-12 Uhr und 14-18 Uhr, 15. März-14. Juni u. 16. Sept.-15. Nov. So/Fei 9-12 Uhr u. 14-18 Uhr. Es sind hier Waffen und Erinnerungen an die Kämpfe von 1940 ausgestellt.

Garage Wey, 31 rue du Maréchal Joffre, ✆ 03 88 92 50 32

TIPP
Es ist nicht besonders angenehm, auf der verkehrsreichen D 424 nach Heidolsheim zu fahren. Eine zweite Möglichkeit: Nehmen Sie in Marckolsheim die Abzweigung nach links zur D 608 und folgen deren Verlauf durch Ohnenheim und Heidolsheim hindurch bis zum Kreisverkehr, wo Sie wieder an die Hauptroute anschließen.

Bei Witternheim

Von Marckolsheim nach Witternheim — 21 km

Am Ortsende beim Kreisverkehr nach links auf die **D 424** ~ auf dem Radstreifen bis zum Kreisverkehr bei Heidolsheim ~ dort nach rechts auf die **D 208** ~ an der T-Kreuzung nach rechts auf die **D 205**.

Hessenheim

In Hessenheim nach links auf die **D 605** ~ an der Weggabelung im Ort nach rechts auf die **D 705** ~ am Kreisverkehr in Schwobsheim weiter geradeaus auf der **D 705** ~ in Höhe Sundhouse stoßen Sie wieder auf einen Kreisverkehr und fahren geradeaus auf die **D 21**.

Wittisheim

Auf der **D 21** bis zur Kreuzung bei der Kirche ~ schräg nach rechts in die **Rue de Bindernheim** abbiegen ~ beim Kreisverkehr geradeaus weiter auf der **D 82**.

Bindernheim

Im Dorf an der **D 211** links abbiegen ~ an der Stopptafel geradeaus auf die **D 82**.

Witternheim

Von Witternheim nach Strasbourg *32,7 km*

Auf der **Rue de Bindernheim** bis zur Kreuzung und danach rechts auf die **D 203** ~ durch **Neunkirch** hindurch ~ nach der Brücke links auf den Radweg abzweigen, der am **Canal du Rhône au Rhin** entlang bis nach Strasbourg führt.

TIPP: Dieses Stück entlang des Kanals ist auf den Karten 2E bis 2H verzeichnet. Auf der letzten Karte (2H) und dem Stadtplan von Strasbourg finden Sie die im folgenden beschriebene Stadteinfahrt.

Canal du Rhône au Rhin

Bei der Brücke der **Route Alfred Kastler** knickt der Radweg nach links ab ~ nach rechts unter der Brücke hindurch und entlang der **Rue de Cannes** über den Kanal ~ gleich wieder nach rechts und in einer 180° Kurve hinunter zum Kanal ~ an der **Pont du Heyritz** endet der Radweg ~ nach links über die Brücke zum **Quai Louis Pasteur**.

Strasbourg

PLZ: 67000

- **Office de Tourisme,** 17, Place de la Cathédrale, ☎ 03 88 52 28 28, www.otstrasbourg.fr
- **Allgemeine Museenverwaltung,** ☎ 03 88 52 50 00
- **Schiffsrundfahrten durch Strasbourg auf dem Fluss Ill,** Port Autonome de Strasbourg – 15, Rue de Nantes, ☎ 03 88 84 13 13. Kommentare auch in Deutsch und Englisch. Abfahrten: Rohan-Schloss, alle 30 Minuten. Dauer: zirka 1 1/4 Std.

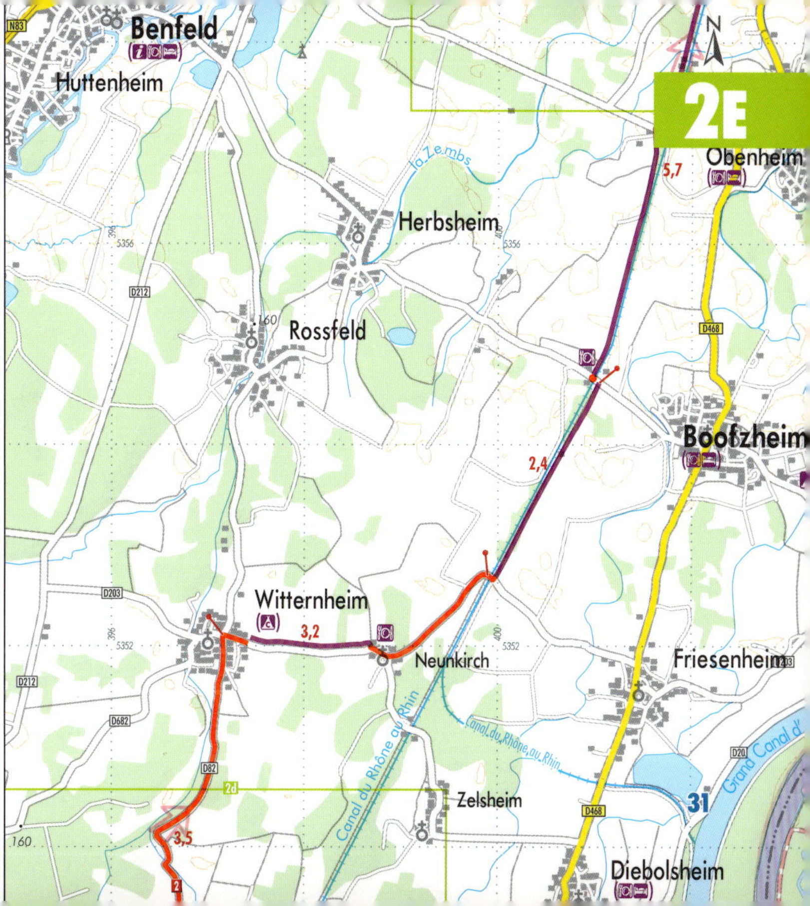

Musée de l'Œuvre Notre-Dame, 3 Place du Château, ✆ 03 88 52 50 04, ÖZ: ganzjährig Di-So 10-18 Uhr. Das Museum umfasst die kulturelle und künstlerische Entwicklung des Elsass von 1000 bis um 1700.

Musée Alsacien (Elsässisches Museum), 23, Quai St-Nicolas, ✆ 03 88 52 50 04. ÖZ: Mo, Mi-Fr 12-18 Uhr, Sa u. So 10-18 Uhr.

Musée des Arts Décoratifs (Museum für Kunstgewerbe), 2, Place du Château. ✆ 03 88 52 50 04. ÖZ: siehe Musée Alsacien.

Musée des Beaux-Arts (Museum der Schönen Künste), 2, Place du Château, ✆ 03 88 52 50 08. ÖZ: siehe Musée Alsacien.

Musée Archéologique, 2, Place du Château, ✆ 03 88 52 50 04. ÖZ: siehe Musée Alsacien.

Musée d'Art Moderne et Contemporain, 1, Place Hans-Jean Arp, ✆ 03 88 23 31 15. ÖZ: siehe Musée de l'Oeuvre Notre-Dame.

Musée Zoologique, 29, Boulevard de la Victoire, ✆ 03 90 24 04 83. ÖZ: siehe Musée Alsacien.

Musée Historique, 2 rue du Vieux Marché aux Poissons, ✆ 03 88 52 50 00, ÖZ: ganzjährig Di-So 10-18 Uhr. Informiert über die wirtschaftliche, politische und militärische Geschichte von Strasbourg.

Musée Tomi Ungerer, Centre International de l'Illustration, 2 avenue de la Marseillaise, ✆ 03 88 52 50 04, ÖZ: Mo, Mi-Fr 12-18 Uhr, Sa u. So 10-18 Uhr. Über 8.000 Zeichnungen, hunderte Poster, Bücher, Grafiken und Skulpturen sowie Fotos des erfolgreichen elsässischen Künstlers werden auf zwei Etagen ausgestellt.

Le Vaisseau, 1bis rue Philippe Dollinger, ✆ 03 88 44 65 65, ÖZ: Di-So 10-18 Uhr, die ersten drei September Wochen geschlossen. Wissenschaftliche Abenteuer für Kinder.

Strasbourg, Place des Tripiers

Le Planétarium de Strasbourg, 4 rue de l'Observatoire, ✆ 03 90 24 24 50. ÖZ: Mo-Fr 9-12 Uhr u. 14-17 Uhr, So 14-17.45 Uhr, geschlossen: Christi Himmelfahrt, Pfingstmontag, 14. Juli u. 15. Aug.

Strasbourger Münster, ✆ 03 88 52 28 28, ÖZ: 7-11.20 und 11.35-19 Uhr. Die Cathédrale Notre-Dame ist eine der großartigsten Sakralbauten des Mittelalters (11.-15. Jh.). Der Turm ragt über 140 m auf. Besteigen der Münster-Plattform über 332 Stufen (66 m hoch) möglich. Das Spiel der astronomischen Uhr beginnt um 12.30 Uhr.

Kirche Saint-Pierre-le-Jeune, Place Saint-Pierre-le-Jeune, ✆ 03 88 32 41 61 od. 22 02 40, ÖZ: April-Nov. Mo 13-18 Uhr, Di-Sa 10.30-18 Uhr, So 14.30-18 Uhr. Die erste Erbauung war eine römische Katakombe (4. Jh.), die noch zu sehen ist.

Kirche Saint-Thomas, rue Martin Luther, ✆ 03 88 32 14 46, ÖZ: Feb. tägl. 14-17 Uhr, März tägl. 10-17 Uhr u. 14-17 Uhr,

April-Okt. tägl. 10-18 Uhr, Nov.-Dez. tägl. 10-17 Uhr. Romanische und gotische Kirche aus dem 12.-14. Jh.

Aussichtsterrasse von Barrage Vauban (Vaubanwehr), ✆ 03 88 60 97 16. ÖZ: ganzjährig 9-19.30 Uhr. Blick über die ganze Stadt. Teil der vom Festungsbaumeister Vauban im 17. Jh. entworfenen Anlage, zu der auch die Zitadelle mit dem fünfzackigen Sternengrundriss gehörte. Ponts Couvers – Place du Quartier Blanc.

Parc de l'Orangerie, Avenue de l'Europe und du Président Edwards, Unterhaltungsgelände und Tiergarten, ✆ 03 88 61 62 88.

Le Jardin Botanique, 28, rue Goethe. ✆ 03 68 85 18 65, Geschlossen: 1. u. 11. Nov., 20. Dez.-19.März, und 1.Mai. Mehr als 6.000 verschiedene Pflanzen werden auf 3,5 ha Gärten und Treibhäusern ausgestellt.

Besichtigung des Europapalastes – Europarat und Europäisches Parlament (E. G.), Avenue Robert Schuman, ✆ 03 88 17 40 01. Ganzjährig für angekündigte Gruppen. Auch Teilnahme an den Sitzungen des Europäischen Parlaments möglich.

Cycles Blondin, 5 rue de la Brigade Alsace Lorraine, ✆ 03 88 36 22 15; **Cycles Grosskost,** 56 rue du Faubourg National, ✆ 03 88 22 13 73; **Cycles Suss Morel,** 33 avenue des Vosges, ✆ 03 88 36 20 33; **Espace Cycles,** 17 rue de la Brigade Alsace Lorraine, ✆ 03 88 35 33 81; **Esprit Cycles,** 18 rue Jacques Peirotes, ✆ 03 69 78 12 35; **Cycl'Ollier,** 6 rue de l'Yser, ✆ 03 88 34 36 55; **Espace Accro'Bike,** 22 rue du Faubourg de Pierre, ✆ 03 88 21 43 43; **Cycles Pierre Rehm,** 3 rue de Louvain, ✆ 03 88 61 03 24; **Cycles Tedone,** 158 rue Boecklin, ✆ 03 88 31 56 17; **Cycles Eckstein,** 147 route du Polygone, ✆ 03 88 34 07 55

Vel'Hop, Place de la gare, 3 rue d'Or, ✆ 09 69 39 36 67

Strasbourg war als „Strateburgum" (Burg an den Straßen) bereits im Mittelalter eine weit bekannte Siedlung und zählte zu den größten Städten im Heiligen Römischen Reich. Als Handel und Handwerk an Bedeutung gewannen, kam es zu Konflikten zwischen dem seit 1003 alleinherrschenden Bischof und dem Bürgertum. Sie wurden ab 1262 in offenen Auseinandersetzungen ausgetragen, die schließlich die Befreiung der Bürger von der bischöflichen Herrschaft, dem Einfluss des Adels und zur Entwicklung einer eigenen Wirtschafts- und Kommunalpolitik führten. Die Strasbourger Stadtverfassung stand als erste in Europa auf frühdemokratischen Grundlagen. Damit setzte ab dem 14. Jahrhundert eine sprunghafte Entwicklung ein: Bald wohnten 50.000 Menschen in der Stadt (eine für damalige Verhältnisse beeindruckende Zahl), die zu einem Mittelpunkt der Mystik und

Bei Friesenheim

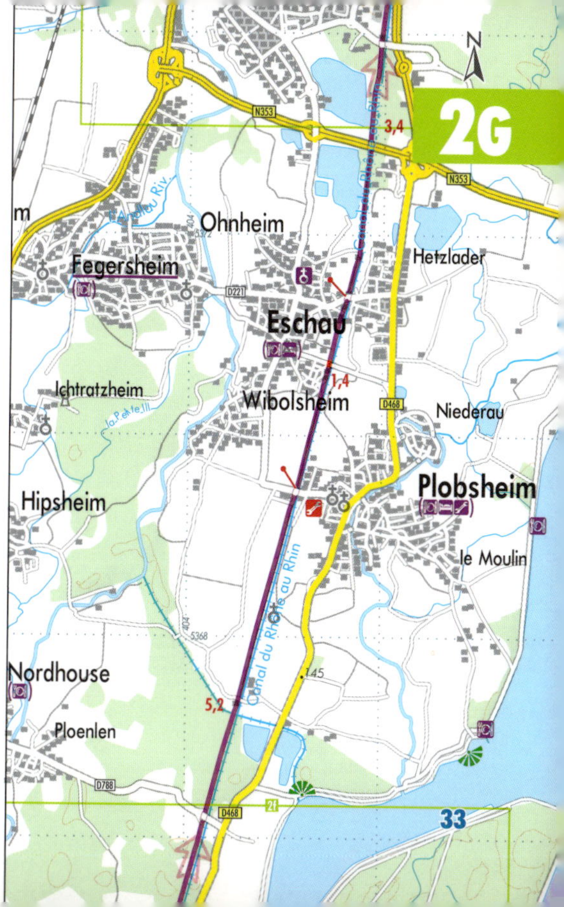

des Humanismus wurde. Seit 1523 setzte sich die Reformation in Strasbourg durch.
Die Freie Reichsstadt wurde 1681 Opfer der Eroberungszüge Ludwigs XIV., der sein Reich am Rhein gegen die habsburgische Macht sichern wollte. Im Auftrag des „Sonnenkönigs" errichtete Festungsbaumeister Vauban eine sternförmige Zitadelle zur Einschüchterung der Bevölkerung. Trotz des absolutistisch-französischen Einflusses war Strasbourg im ausgehenden 18. Jahrhundert Studienort und Wirkungsplatz des jungen Goethe und Herders.
Als Folge des Deutsch-Französischen Krieges und der deutschen Eroberung wurde Strasbourg 1871 Hauptstadt des wilhelminischen Reichslandes Elsass-Lothringen. In der Zwischenkriegszeit 1918-1940 gehörte die Stadt wieder zu Frankreich. Nach dem Zweiten Weltkrieg wurde Strasbourg Sitz des Europarats und ist seit 1992 Sitz des Europäischen Parlaments. Zwei Institutionen, die seitdem die Identität der Stadt in erster Linie prägen.
Der Kernbereich von Strasbourg wird von mehreren Mündungsarmen des Vogesenflusses Breusch und Ill umflossen, darüber erhebt sich der mächtige gotische Dom. Der rechteckige

Grundriss eines hier errichteten römischen Lagers und einer Siedlung zeigt heute noch seine Spuren in der Struktur der Altstadt. Ill-abwärts schließen sich an die mittelalterliche Stadt die Ausbaugebiete der Gründerzeit. Das städtische Wachstum stieg um 1870/80 so rasch an, dass die Stadtfläche fast verdoppelt werden musste. Die Universität im Monumentalbarock der Wilhelminischen Ära erstreckt sich in mehreren Baukomplexen von Ill bis zum Botanischen Garten. Zum Rhein hin weitet sich das große Binnenhafengelände aus und weist Strasbourg auch als ein bedeutendes Industrie- und Handelszentrum aus.

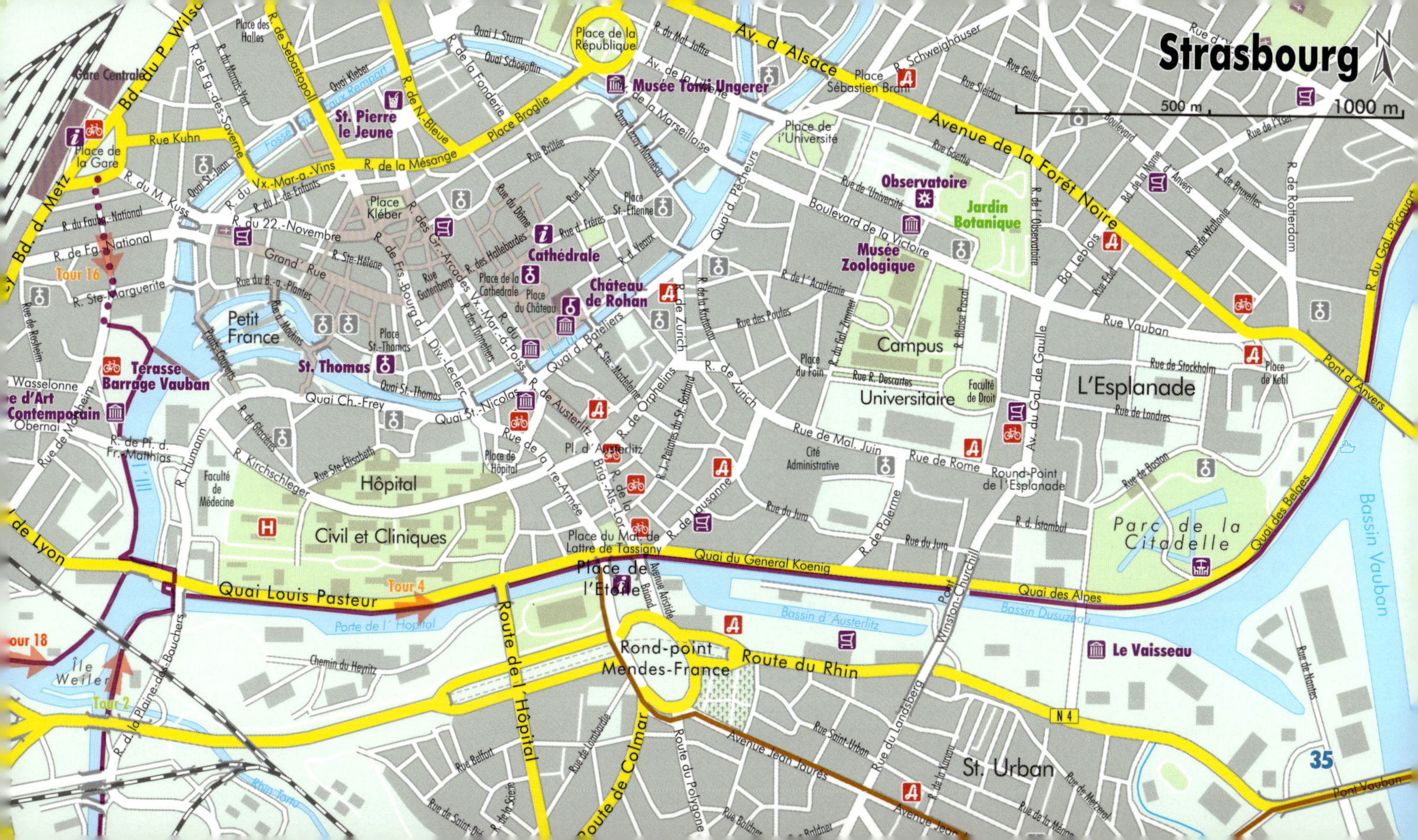

Strasbourg
500 m
1000 m
Gare Centrale
Place de la Gare
Place de la République
Musée Tomi Ungerer
Av. d'Alsace
Place Sébastien Brant
Avenue de la Forêt Noire
Place de l'Université
St. Pierre le Jeune
Place Broglie
Place Kléber
Cathédrale
Place de la Cathédrale
Place du Château
Château de Rohan
Place St.-Etienne
Observatoire
Jardin Botanique
Musée Zoologique
Boulevard de la Victoire
Petit France
Grand' Rue
St. Thomas
Place St.-Thomas
Terasse Barrage Vauban
Musée d'Art Contemporain
Tour 16
Campus
Universitaire
Faculté de Droit
L'Esplanade
Rue Vauban
Place de Kehl
Pont d'Anvers
Quai Ch.-Frey
Quai St.-Nicolas
Pl. d'Austerlitz
Rue de Mal. Juin
Rue de Rome
Round-Point de l'Esplanade
Cité Administrative
Hôpital
Civil et Cliniques
Faculté de Médecine
Place de l'Hôpital
Parc de la Citadelle
Bassin Vauban
Quai des Belges
Place du Mal. de Lattre de Tassigny
Place de l'Etoile
Quai du General Koenig
Quai des Alpes
Quai Louis Pasteur
Tour 4
Porte de l'Hôpital
Bassin d'Austerlitz
Bassin Dusuzeau
Le Vaisseau
Rond-point Mendes-France
Route du Rhin
Route de l'Hôpital
Route de Colmar
Route du Polygone
Avenue Jean Jaurès
N 4
Tour 18
Île Weiler
Tour 2
Chemin du Heyritz
St. Urban
Pont Vauban
35

Tour 3 Von Breisach nach Kehl (77,5km)

Der Kaierstuhl, das größte vulkanische „Denkmal" auf der oberrheinischen Tiefebene, bereichert das Landschaftsbild dieser Tour. Für Besuche in Ortschaften muss man sich vom Rheinufer entfernen. Lohnenswert ist u. a. ein Besuch im Europapark Rust.

Charakteristik
Länge: 77,5 km
Start: Breisach
Ziel: Kehl
Wegbeschaffenheit: Die Route verläuft hauptsächlich auf unbefestigten, aber gut befahrbaren Damm- und Radwegen.
Verkehr: Mit mäßigem Verkehr ist abschnittsweise zwischen Weisweil und Rheinhausen zu rechnen.
Steigungen: keine Steigungen
Beschilderung: entlang des Rheins Ausschilderung der Internationalen Veloroute Rhein
Anschlusstouren: 1, 17, 19, 20 und 24

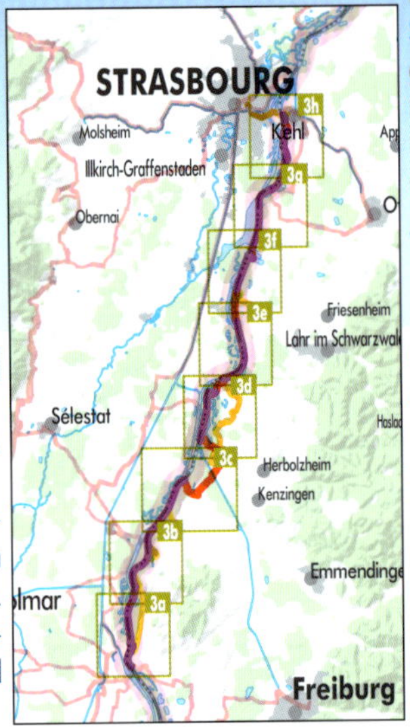

Breisach am Rhein

PLZ: D-79206; Vorwahl: 07667

- **Breisach-Touristik**, Marktplatz 16, ✆ 940155, www.breisach.de
- **Breisacher Fahrgast-Schifffahrt**, Rheinuferstraße (Anlegestelle 2), ✆ 942010. Von Ostern-Ende Okt. regelmäßige Rundfahrten. Außerdem kulinarische Fahrten und Tagesausflüge nach Strasbourg, Colmar und Basel.
- **Museum für Stadtgeschichte**, Rheintorplatz, ✆ 83265 od. 7089, ÖZ: Di-Fr 14-17 Uhr, Sa/So/Fei 11.30-17 Uhr. Die Sammlung bietet einen Rundgang durch die fast 4.000-jährige Geschichte Breisachs. Schwerpunkte bilden u. a. das umfangreiche Fundmaterial einer Handwerker- und Händlersiedlung der (keltischen) La-Tène-Kultur von Breisach-Hochstetten, die mittelalterlichen Siedlungsreste vom Münsterberg und die Entwicklung der Breisacher Festung. Wechselnde Sonderausstellungen.

- **Rheintor**. Rheintorplatz. Mit seiner Prunkfassade ist das 1678 erbaute Tor als Rest der unter Ludwig XIV. ausgebauten französischen Festung erhalten. Seit 1991 Museum für Stadtgeschichte.
- **St. Stephansmünster**, Besichtigung tägl. außerhalb der Gottesdienstzeiten, Führungen unter ✆ 203. Ein Neubau des Münsters anstelle einer 1139 erwähnten Kirche war im 12. Jh. begonnen worden. Deutlich sind die einzelnen Bauphasen zu erkennen. Selbst das symmetrische Turmpaar besteht aus einem rein romanischen und einem gotisch aufgelockerten Teil. Gepriesen wird der 1526 datierte Hochaltar der Kirche als eines der bedeutendsten Denkmäler deutscher Bildschnitzerkunst. Die andere Hauptattraktion des Münsters sind Martin Schongauers monumentale Wandmalereien vom Jüngsten Gericht und der Auferstehung.

Badischer Winzerkeller, Zum Kaiserstuhl 16, ✆ 9000. Einer der bedeutendsten Winzerbetriebe in Europa. Kellerführungen mit Multi-Dia-Show und Weinprobe. Mo-Sa, vor- oder nachmittags gegen Voranmeldung. Dauer ca. 2 ½ Stunden.

Breisgau- S-Bahn. S-Bahn-Verbindung zwischen Freiburg und Breisach im Halbstundentakt (abends und So in Stundentakt), Dauer zirka 1/2 Stunde, Fahrradmitnahme in allen Zügen im Rahmen des vorhandenen Platzes.

Fahrradvermietung und -reparatur: Firma Schweizer, Neutorstr. 31, ✆ 7601; **Zweirad Sütterlin**, Im Gelbstein 19, ✆ 6399

Fahrradvermietung Fun-Bike, Metzgergasse 1, ✆ 7733

Auf einem zum Rhein vorgeschobenen vulkanischen Bergrücken gelegen, hatte die Vorläufersiedlung von Breisach bereits zu römischen Zeiten eine große strategische Bedeutung gehabt. Nach 1198 errichteten die Zähringer eine mächtige Burganlage auf dem nördlichen Felsplateau. Breisach wurde in den darauf folgenden Jahrhunderten eine der am heißest umkämpften Festungen in Europa. Abwechselnd wurde sie von Franzosen und Habsburgern in Besitz genommen. Die von Vauban unter Ludwig XIV. verstärkte Festung wurde schließlich auf Befehl von Maria Theresia 1741-45 geschleift. Im Zweiten Weltkrieg wurde die Stadt zu 85% zerstört, das historische Stadtbild jedoch beim Wiederaufbau bewahrt. Heute ist Breisach Zentrum des badischen Weinlandes mit großen Wein- und Sektkellereien.

Das Verhältnis der Stadt zum Fluss muss vor der Rheinregulierung allerdings ein recht flexibles gewesen sein: Infolge des häufig wechselnden Rheinlaufes befand sich nämlich Breisach während der römischen Zeit westlich des Stroms, im 10. Jahrhundert auf einer Insel, zwei Jahrhunderte später wieder auf der elsässischen Seite, und erst seit dem 14. Jahrhundert ist die Stadt auf der östlichen Seite zu finden.

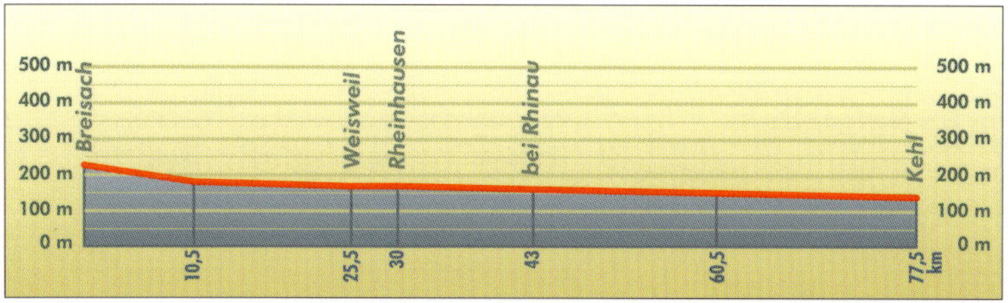

Von Breisach nach Rheinhausen — *30 km*

Ausgangspunkt in Breisach ist die Schiffsstation ~ unterhalb des hoch gelegenen Münsters knickt die Veloroute-Rhein links in die **Josef-Bueb-Straße** ab.

INS ZENTRUM Rechts kommen Sie zur Breisach-Touristik am Marktplatz in der Unterstadt und weiter in die historische Oberstadt.

Breisach auf dem rechtsseitigen Radweg entlang der Josef-Bueb-Straße verlassen, links erstreckt sich parallel zunächst ein Park bis zum Rheinufer ~ bereits im Gewerbegebiet macht die Straße einen Rechtsbogen, die Radroute knickt links ab in die **Himmelstiege**.

AUSFLUG Wenn Sie aber dem Winzerstädtchen Burkheim einen Besuch abstatten möchten, dann fahren Sie hier noch geradeaus und an der nächsten Kreuzung dann nach links weiter.

Über Burkheim im Kaiserstuhl

Nach rund 7 km haben Sie das reizende Winzerstädtchen erreicht ~ vor dem Ort geradeaus über eine Kreuzung ~ erst nach einem Wasserlauf links ab ~ unterhalb der Schlossruine von Burkheim zu einer Weggabelung.

Burkheim

TIPP Nach rechts geht es ein kurzes Stück bergab zum Marktplatz des schmucken Städtchens.

Burkheim

Verträumte, Jahrhunderte alte Fachwerkhäuser säumen den Platz, viele beherbergen einen Gasthof oder eine Weinschenke. Das Portal des Rathauses, ein Renaissancebau aus dem Jahre 1604, ziert ein österreichisches Wappen. Für 500 Jahre stand die Stadt unter der Herrschaft der Habsburger.

An der Weggabelung unterhalb der Burkheimer **Schlossruine** nach links ~ nach dem letzten Haus in einen Feldweg.

Nach rund 1,5 km zu einer Lichtung ~ hier trohnt rechter Hand am Berg die **Ruine Sponeck** mit ihrem unheimlich wirkenden, dachlosen Gemäuer ~ von dieser Lichtung führt ein Weg nach links wieder in den Wald hinein ~ vorüber an einer Schranke bis zum Fluss ~ weiter geht's am Damm stromabwärts zur Hauptroute zurück.

Auf der Hauptroute links der Kläranlage durch den Wald zum Rheinufer ~ rechts halten und schließlich auf den Deich hinauf.

AUSFLUG Bei Rheinkilometer 238 führt rechts eine beschilderte Variante ins sehenswerte Sasbach am Kaiserstuhl.

Sasbach

- **Rhein-Schifffahrten**. Schiffsanlegestelle; Schleusenfahrten ab Sasbach oder Weisweil, Tagesfahrten nach Strasbourg.
- **Wissenschaftlicher Lehrpfad über Limberg und Lützelberg**. Beginnt am großen Parkplatz am Rhein (ehemalige Zollstelle). Auf einer Länge von 6,2 km erschließt der Lehrpfad die Besonderheiten von Geologie, Geschichte, Naturschutz, Forstwirtschaft, Weinbau und Wasserwirtschaft.

Auf dem Radweg neben der Hauptstraße (**L 117**) wieder zum Rhein zurück.

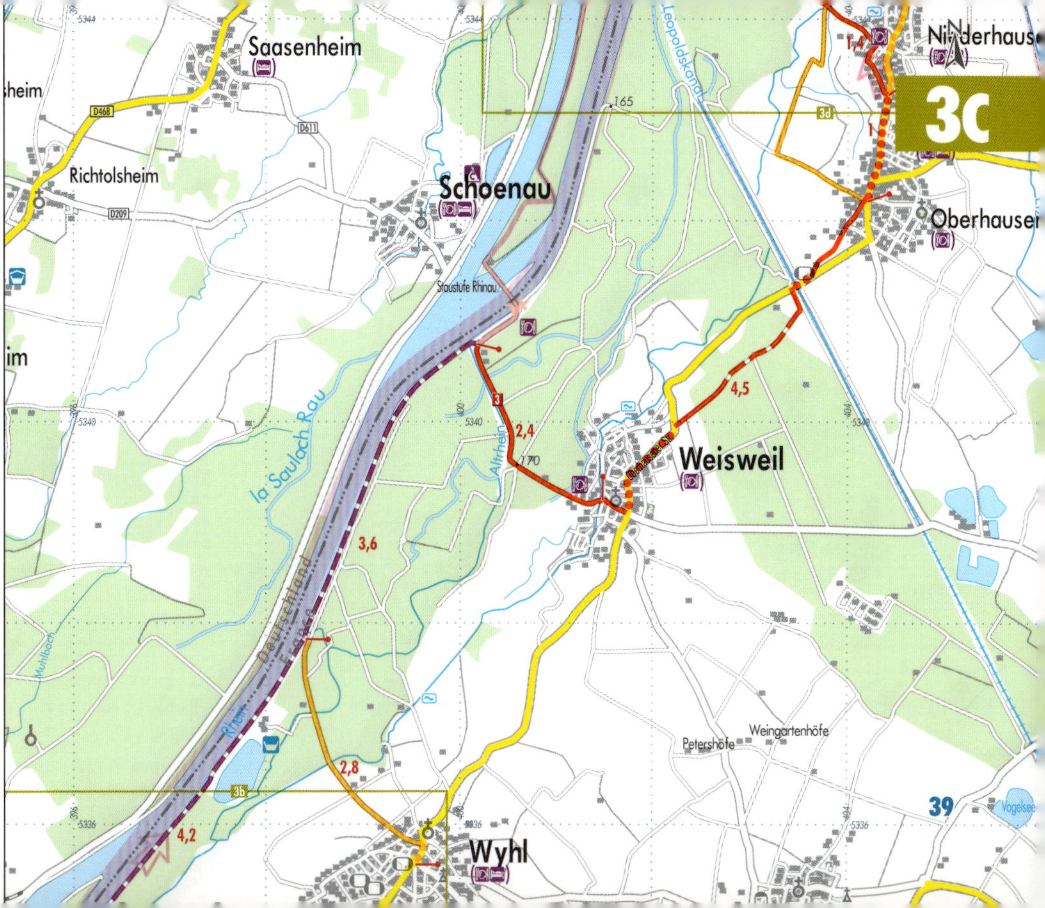

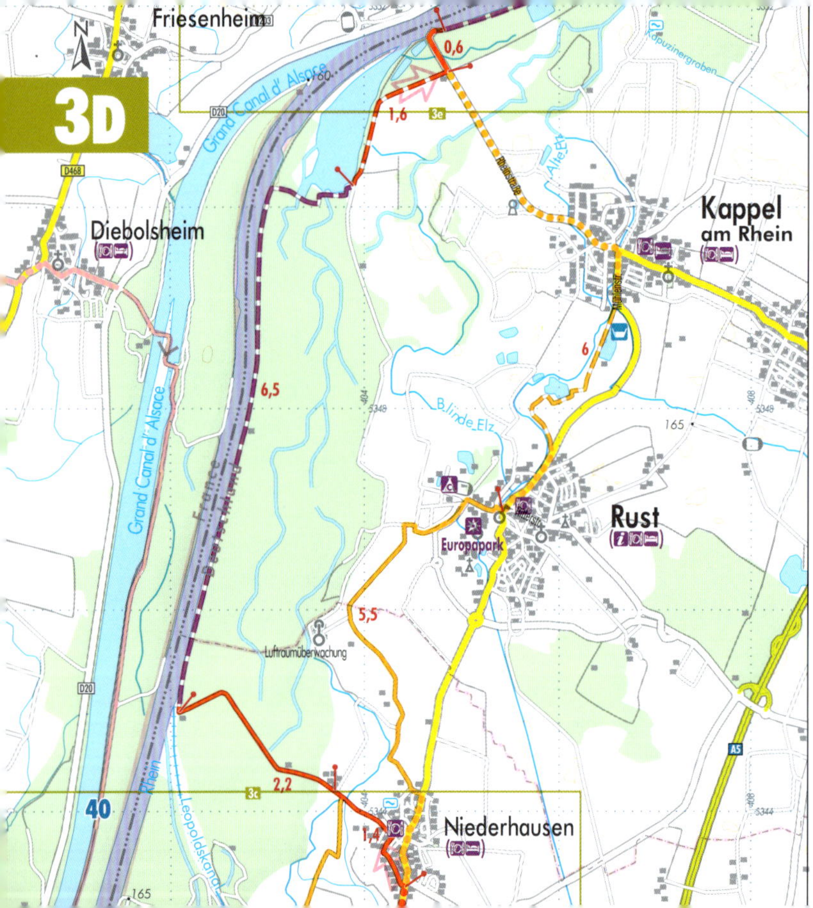

Sasbach

An der Schiffsanlegestelle von Sasbach mündet die ufernahe Hauptroute auf die Straße zwischen Marckolsheim und dem Weinort Sasbach.

TIPP Hier können Sie Boote mieten, um zur Abwechslung den Rhein nicht nur zu begleiten, sondern ihn direkt zu befahren.

VARIANTE Wenn Sie auf der Straße bleiben, gelangen Sie über die Staustufe hinweg nach Marckolsheim zur linksufrigen Variante auf französischer Seite (siehe Tour 2, Karte 2C).

Am rechten Ufer bleibend links unterhalb der Brücke hindurch auf dem geschotterten Dammweg ~ rechter Hand taucht bei Rheinkilometer 244 eine riesige Schottergrube auf.

AUSFLUG Bei Einmündung der Straße von Wyhl können Sie auch rechts einen beschilderten Ausflug durch den Rheinwald wagen.

Ansonsten weiter auf dem gut ausgebauten Dammweg Richtung Staustufe Rhinau.

Staustufe Rheinau

Kraftwerksbesichtigung Staustufe Rheinau
tägl. 9-18 Uhr

Unweit der Staustufe Rhinau (~Rheinkilometer 249) (bzw. aus dem Rheinwald kommend) rechts

Staustufe Rhinau

auf die Straße nach Weisweil ~ auf dem linksseitigen unbefestigten Radweg in den Ort ~ dort auf der **Rheinstraße** ~ an der T-Kreuzung mit der **Hauptstraße**, vor der Kirche, links.

Weisweil

PLZ: D-79367; Vorwahl: 07646

i Tourist-Info, ✆ 9102-0, www.weisweil.de

Nach einem Rechtsbogen auf der **Steinstraße** weiter ~ geradeaus in die **Oberhausener Straße** und auf dieser Weisweil verlassen ~ nach Ortsende in der Linkskurve geradeaus in den kleinen Weg ~ unbefestigt durch ein Waldstück ~ daraufhin geradeaus bis zum Leopoldskanal ~ unmittelbar vor dem Kanal dem unbefestigten Weg nach links folgen ~ über die Brücke und somit den Leopoldskanal nach rechts hin überqueren ~ 200 m später halblinks weg.

Rheinhausen im Breisgau

Von Rheinhausen nach Kehl *47,5 km*

Im Ortsteil **Oberhausen** angekommen vor den Gasthäusern Adler und Schiff nach links ~ weiter nach Niederhausen.

Niederhausen

AUSFLUG Die Hauptroute führt Sie links wieder zum Rheinufer. Wenn Sie aber einen Besuch im Freizeitpark in Rust machen möchten, dann folgen Sie bitte der orangefarbenen Alternativroute (i. d. R. beschildert als Rheintal-Radwanderweg).

Zum Freizeitpark in Rust *12,5 km*

Bei der letzten Quergasse in Niederhausen links ab zum Klärwerk ~ nach 200 m rechts weiter ~ darauf folgt ein deutlicher Knick der Straße nach rechts ~ links zweigt ein kleiner Weg ab ~ hier jedoch weiterhin geradeaus ~ erst bei der darauf folgenden Weggabelung links halten ~ nach einer großen Parabolantenne wendet sich der Weg nach rechts ~ vorüber an einer

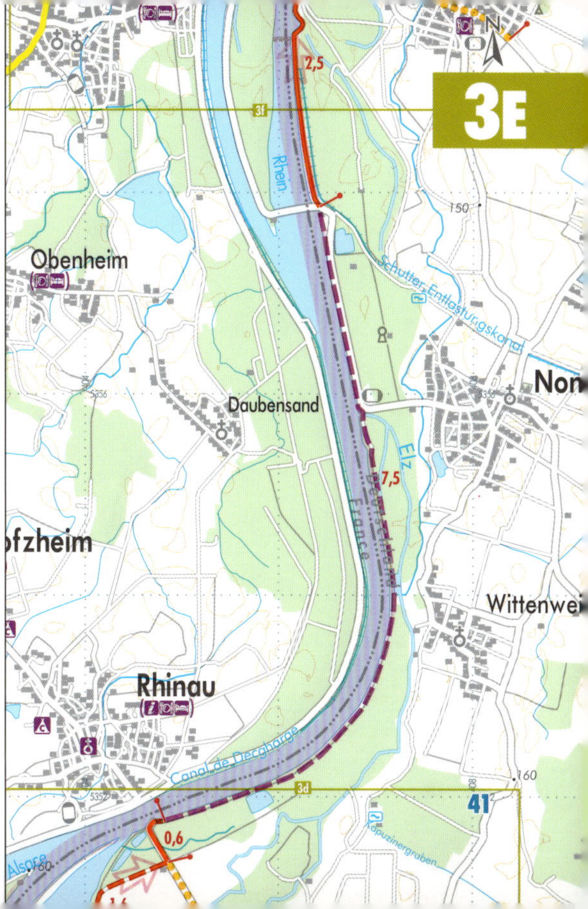

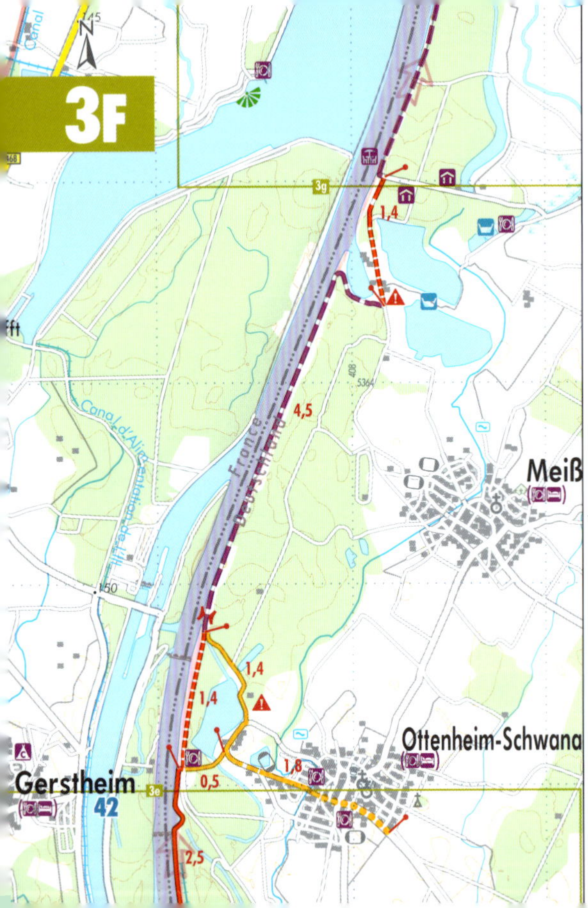

weiteren Funkstelle an eine Querstraße ~ hier nach rechts.

Sie nähern sich nun allmählich der Ortschaft Rust. Eigenartige, fantastisch anmutende Gebäude tauchen auf. Sie haben mit den Sendeanlagen, die Sie vorhin gesehen haben, nichts zu tun. Vielmehr handelt es sich hierbei um den riesigen Vergnügungspark von Rust, genannt Europapark, der – Disneyland ähnlich – bunte Unterhaltung verheißt.

Bei einem Wegkreuz wieder auf eine Straße ~ hier rechts halten ~ ab der nächsten Kreuzung etwas links versetzt zwischen Campingplatz und Europapark weiter ~ dieser Straße zur Hauptstraße folgen und dann links.

Rust

PLZ: D-77977; Vorwahl: 07822

- **Taubergießen-Fahrten.** Bootsfahrten durch das Naturschutzgebiet unter orts- und naturkundlicher Führung: Franz Koch, Sändleweg 16, ✆ 61332 od. 61878; Hermann Hilß, Ortsteil Kappel-Grafenhausen, Löwenstr. 18, ✆ 61524
- **Europapark,** ✆ 776677, ÖZ: 22. März-2. Nov. 9-18 Uhr, in der Hauptsaison länger geöffnet. Einer der größten Freizeitparks in Europa mit einem vielseitigen und abwechslungsreichen Angebot für die ganze Familie.

Am Ortsende links in einen Feldweg ~ dieser Weg wendet sich nach kurzer Fahrt nach rechts ~ einige Schotterteiche umrunden ~ weiter in die nächste Ortschaft, Kappel-Grafenhausen ~ bereits wieder auf Asphalt an einem Badesee vorüber ~ der Weg mündet vor dem Ort in die Landstraße ~ in der Ortsmitte links auf die Straße zur Rheinfähre Rhinau ~ bald darauf verzweigt sich der Weg ~ der rechten Straße zum Rhein folgen.

Niederhausen

Für die Hauptroute bei den ersten Häusern links ~ nach rund 400 m an der Querstraße rechts ~ nach weiteren rund 250 m wieder links aus der Ortschaft hinaus.

Die kleine Straße führt wieder zum Rhein hinüber ~ nach etwa 5 km Fahrt am Rheinufer führt der Weg ein Stück hinter Rheinkilometer 258 nach rechts vom Ufer weg ~ nach dem Damm links ~ vor zur **L 103** und hier nach links ~ knapp vor der Fährstation zweigt ein Weg nach rechts ab, der auf den Damm hinaufführt.

UMSTEIGEN Dank der Fähre können Sie abermals zum französischen Ufer nach Rhinau und via Boofzheim zur dortigen Veloroute Rhin wechseln.

Rheinfähre Kappel–Rhinau, Betriebszeiten:

April-Juni u. Sept.-Okt. Mo-Fr 5.30-20.55 Uhr, Sa/So/Fei (in D oder F) 6.30-21.55 Uhr; Juli-Aug. Mo-Fr 5.30-21.55 Uhr, Sa/So/Fei (in D oder F) 6.30-21.55 Uhr; Nov.-März Mo-Fr 5.30-18.55 Uhr, Sa/So/Fei (in D oder F) 7-18.55 Uhr

Stromabwärts geht die Route auf dem unbefestigten Dammweg weiter ⤳ fast 8 kmkönnen Sie ohne Unterbrechung zurücklegen.

An der querenden Asphaltstraße geradeaus ⤳ der Dammweg ist ab jetzt asphaltiert ⤳ beim Wehr nach Rheinkilometer 270 teilweise holprig einen Zufluss umfahren ⤳ der nun wieder öffentliche Weg knickt wenig später rechts ab und quert den Deich in Richtung Ottenheim.

VARIANTE Wenn Sie die von Kiestransportern zerfahrene Hauptroute am Deich umgehen oder einen Abstecher nach Schwanau unternehmen möchten, können Sie hier geradeaus weiter radeln. Im weiten Linksbogen geht es – nicht ganz unbelästigt vom Werksverkehr der Kiesgruben – wieder zum Ufer zurück; scharf rechts zweigt unterwegs ein Radweg nach Ottenheim ab.

Ottenheim-Schwanau

i **Bürgermeisteramt**, Kirchstr. 16, ✆ 64990, www.schwanau.de

Die offizielle Route führt auf der Höhe von Ottenheim holprig auf der östlichen Seite des Deiches entlang ⤳ ab der Verladestelle hinter der Schranke dann wieder autofrei auf dem Dammweg rund 3,5 km gemütlich dahin ⤳ vor einer erneuten Schotterverladestelle (Rheinkilometer 276) rechts vom Damm hinunter ⤳ an der Rohrleitung zweigt die Route nach links ab ⤳ holprig durch das Kieswerkgelände (⚠ Werkverkehr!) ⤳ ein Stück unterhalb des Dammes entlang bis an eine asphaltierte Querstraße ⤳ immer weiter geschottert direkt am Rheinufer entlang ⤳ mit Blick über den Rhein und die dahinter gelegene,

riesige Wasserfläche des Ausgleichsbeckens (Bassin de compensation) von Plobsheim bis Sie etwa bei Rheinkilometer 283 die Autostraßenbrücke unterqueren.

Vorbei am großen Kieswerk rechter Hand bis zum **Wehr**, das erneut das meiste Wasser vom Rhein für den Grand Canal d'Alsace abzweigt ~ geradeaus und am Ufer bleiben ~ Rechtsbogen und über eine kleine Brücke ~ danach links und am Ufer weiter entlang ~ rechts-links rechts bei einem Segelboothafen und leicht bergauf zum Damm ~ links leicht bergab zu einer Wehranlage ~ weiter am rechtsen Ufer ~ nach etwas mehr als einem Kilometer rechts abbiegen und über einige Kurven bergauf ~ links halten und über die Brücke ~ nach der Brücke links.

Im Kehler Stadtteil **Kronenhof** geradeaus auf die **Kronenhofstraße** ~ geradeaus auf die Rheindammstraße ~ auf der Rheinpromenade durchqueren Sie das Gelände der Landesgartenschau 2004.

AUSFLUG Wenn Sie sich anschließend links halten, erreichen Sie die neue Rheinbrücke für Radler und Fußgänger (**Passerelle des Deux Rives**), deren breiterer Teil Ihnen den Überweg nach Strasbourg ermöglicht.

Strasbourg

Für die Weiterfahrt ins Stadtzentrum, der deutschen Veloroute Rhein rechts in die **Großherzog-Friedrich-Straße** folgen ⤳ anschließend links in die **Jahnstraße** ⤳ rechts in die **Marktstraße** und geradeaus zum **Marktplatz**.

Kehl ~km 293

PLZ: D-77694; Vorwahl: 07851

- **Tourist-Information Kehl**, Kiosk am Marktplatz, ✆ 88-1555, www.kehl.de
- **Hanauer Museum**, Friedhofstr. 5, ✆ 78783, ÖZ: n. V. Schwerpunkte sind Stadtgeschichte, Ur- und Frühgeschichte, Trachten, Hanfanbau sowie Brauchtum.
- **Handwerksmuseum**, Kehl-Kork, Alte Essigfabrik, ✆ 3357 od. 1829, ÖZ: So 14-17 Uhr u. n. V.
- Der **Garten der zwei Ufer** entstand im Rahmen der grenzübergreifenden Landesgartenschau 2004 beiderseits des Rheins. Auf deutschem Ufer erstreckt sich die **Rheinpromenade** von den neuen **Rheinterrassen** an der restaurierten **Villa Schmidt** im Norden bis hinunter zum Schwimmbad. Am Altrhein bietet im Süden der majestätische **Weißtannenturm** Überblick, auch über den hier gelegenen **Garten der Sinne**. Im Norden, unweit des **Rosengartens**, liegt die große hölzerne **Seebühne**. Auf französischer Seite umschließt eine spektakuläre, begehbare **Wasserwand** die zentrale Achse halbkreisförmig zu beiden Seiten.
- Ein sehr praktisches Stück moderner Architektur ist die neue Brücke **Passerelle des Deux Rives**, ebenfalls Teil des Gartens der zwei Ufer. Die flache, breitere ihrer beiden Spuren erlaubt das Hinüberradeln; der steile Bogen hinauf zur Aussichtsplattform bleibt hingegen Fußgängern vorbehalten.
- **Freibad Kehl**, Ludwig-Trick-Str., ✆ 71426 (Mitte Mai-Sept.)

Strasbourg

TIPP: Von Kehl aus lohnt sich auf jeden Fall ein Ausflug nach Strasbourg, der in Folge kurz beschrieben ist.

Nach Strasbourg 5,5 km

Im Strasbourger Teil des „Gartens der zwei Ufer" rechts halten ⤳ entlang der von der Europabrücke kommenden **N 4** bzw. **E 52** ziehen sich leider nur schmale Radwege wechselseitig entlang ⤳ auf diesen linksherum über Hafengelände und Bahnanlagen hinweg ⤳ hinter der Brücke **Pont Vauban** halblinks ⤳ durch's Stadtviertel **St. Urban** immer der Hauptstraße im weiten Rechtsbogen folgen ⤳ rechts am riesigen Kreisverkehr des **Place de l'Etoile** vorbei und über den recht schmalen Kanal.

Strasbourg

Geradeaus kommen Sie zur Altstadt, rechts verläuft die Veloroute Rhin entlang des **Quai du Géneral Koenig** weiter Richtung Norden.

Strasbourg s. S. 31

Tour 4 Von Strasbourg nach Lauterbourg (68,9 km)

Diese Tour bildet den Abschluss der Süd-Nord-Route. Sie führt durch einige Waldgebiete am flachen französischen Rheinufer entlang nach Lauterbourg. Lohnenswert ist ein Besuch des Château de Pourtalès mit seinem wunderschönen Schlosspark.

Charakteristik

Länge: 68,9 km
Start: Strasbourg
Ziel: Lauterbourg

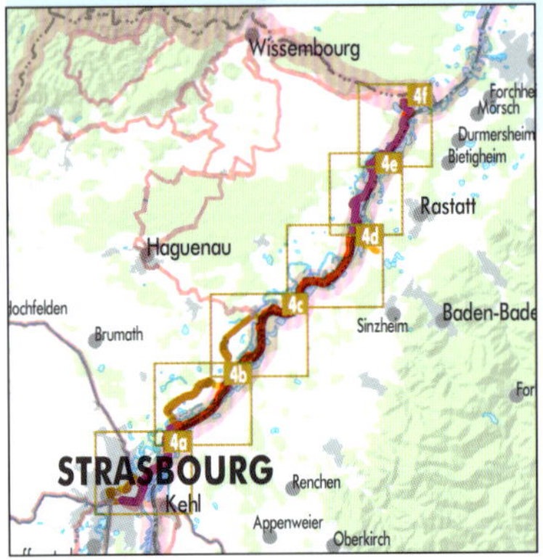

Wegbeschaffenheit: Die Route verläuft auf befestigten bzw. asphaltierten Radwegen und Straßen.
Verkehr: Man fährt bis auf eine Ausnahme vor Lauterbourg ausschließlich auf ruhigen Radwegen und Straßen ohne starkem Verkehrsaufkommen.
Steigungen: keine Steigungen
Beschilderung: zu Beginn und ab der Rheinbrücke Iffezheim bis Munchhausen beschildert
Anschlusstouren: 2, 10 und 16

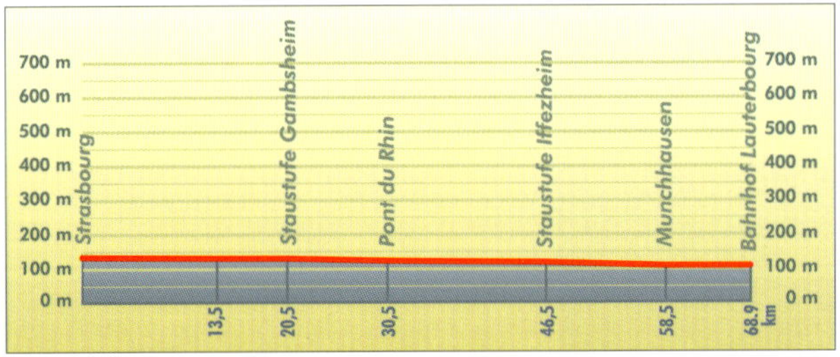

Strasbourg s. S. 31

Von Strasbourg zur Rheinfähre Drusenheim 30,5 km

Am **Quai Louis Pasteur** nach rechts auf den Radweg ~ immer am Kanal entlang, bis zur **Pont de la Porte-du-Canal** ~ nach rechts über die Brücke ~ geradeaus auf den Radweg entlang des **Chemin Goeb** ~ bei der **Rue de la Bréme** wird mit dem Radweg die Straßenseite gewechselt ~ an der Abzweigung zur Rue Mélanie nach rechts zum **Château de Pourtalès (Viertel Robertsau)** abbiegen.

Château de Pourtalès

♿ Das Château wurde um 1750 von der Strasbourger Industriellenfamilie Bussière erbaut. In den Jahren 1870 bis 1914 traf sich hier der europäische Hochadel und die Prominenz und folgte somit der Einladung der Grafen Pourtalès, unter anderem Franz Liszt oder Albert Schweitzer. In den 50er Jahren begann der Verfall des Schlosses und es war schon fast abbruchreif, als 1972 Dr. Leibrecht es kaufte und wieder aufbaute. Heute ist hier ein Seminarhotel untergebracht.

An der Abzweigung bei dem Parkplatz des **Château de Pourtalès** nach rechts um den Parkplatz herum und in einem Linksbogen zum Parkeingang ⇝ an der Schranke vorbei in den Park auf den befestigten Weg ⇝ an der Weggabelung nach rechts ⇝ bei der Kreuzung am Waldrand schräg nach rechts ⇝ der Radweg endet an einer Abzweigung.

VARIANTE Hier haben Sie die Möglichkeit über eine Variante durch die Orte La Wantzenau, Kilstett und Gambsheim zu fahren. Sie treffen in Drusenheim wieder auf die Hauptroute.

Auf der Hauptroute am Abzweig geradeaus weiter ⇝ an der Abzweigung, bei dem Einbahnstraßen-Schild nach rechts zum Rhein ⇝ weiter nach links und dem Straßenverlauf folgen ⇝ an der Stoppstraße nach links auf die **D 2** abbiegen und auf dem Radstreifen bis zur ersten Abzweigung

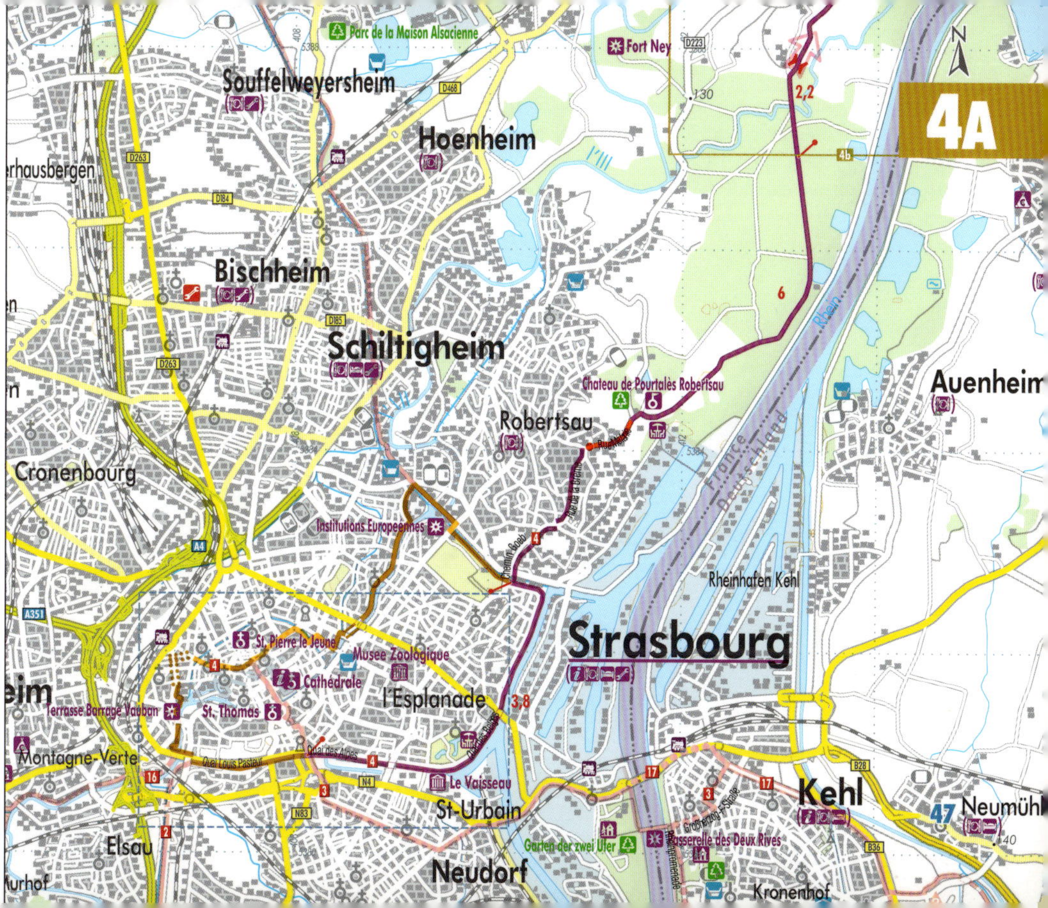

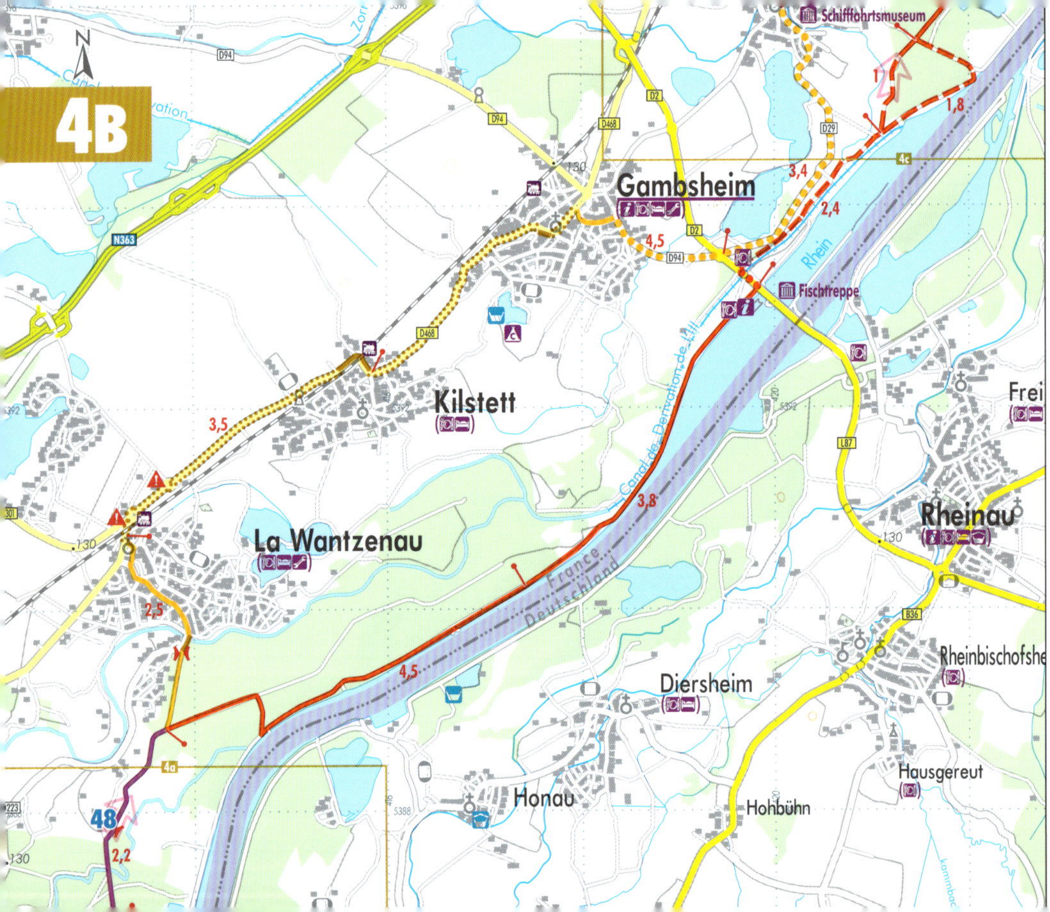

Forêt de la Robertsau

fahren ~ nach rechts und vor dem Werkstor wieder rechts auf einen unbefestigten Weg ~ bei der Weggabelung nach dem Kiesplatz schräg nach links abzweigen.

TIPP Möglicherweise wird Ihnen hier der Weg durch eine Schranke versperrt. Für diesen Fall besteht die Möglichkeit, bei der Abzweigung geradeaus weiterzufahren, der Weg ist allerdings schlecht befahrbar.

An der Kreuzung geradeaus auf einer befestigten Straße weiter ~ nach dem Linksbogen stoßen Sie auf eine befestigte Straße und auf dieser nun bis zur Kreuzung, wo Sie nach rechts auf eine asphaltierte Straße abbiegen ~ folgen Sie dem Straßenverlauf bis zur Rheinfähre Drusenheim.

Drusenheim

PLZ: F-67410

- **Rheinfähre Drusenheim-Greffern**, ✆ 03 88 59 76 40, Fährzeiten: März-Sept. Mo-Fr 6-20 Uhr, Sa, So/Fei 6.30-22 Uhr; Okt.-Feb., Mo-Fr 6-20 Uhr, Sa, So/Fei 7-20 Uhr.
- **Cycles Klingler**, 6 rue du Général de Gaulle, ✆ 03 88 53 30 78

TIPP Wenn Ihnen die Fahrt auf der Straße zu wenig Aussicht bietet, können Sie auch auf dem unbefestigten Dammweg radeln, es gibt zahlreiche Möglichkeiten hinauf und wieder hinunter zu kommen.

Von der Rheinfähre Drusenheim nach Lauterbourg — *38,4 km*

Bei der **Rheinfähre** geradeaus in den für den öffentlichen Verkehr gesperrten befestigten Weg, trotz des Fahrverbots müssen Sie auch hier mit Autoverkehr rechnen.

Sie haben die Möglichkeit, nach dem Port de Dalhunden auf den unbefestigten Dammweg zu wechseln. ⚠ Spätestens auf Höhe von Fort-Louis sollten Sie aber wieder auf den befestigten Weg fahren, da Sie bei der Weggabelung nach links über die Brücke abzweigen müssen, um nicht in einer Sackgasse zu enden.

Bei der Abzweigung mit dem Ortsschild Neuhaeusel geradeaus weiter.

Staustufe Iffezheim

Die Staustufe Iffezheim ist, neben Gambsheim und einem geplanten weiteren Standort bei Neuburgweiher, Teil eines Ausbauprogramms, welches vor allem eine fortschreitende Eintiefung der Flusssohle verhindern soll. Durch die Errichtung der Staustufen zwischen Basel und Strasbourg wurde die natürliche Geschiebeführung des Rheins fast vollständig unterbunden. Das führte dazu, dass die Tiefenerosion des Flusses unmittelbar ab Strasbourg in starkem Maße einsetzte und in relativ kurzer Zeit eine erhebliche Vertiefung des Rheinbettes eintrat. Das hätte gravierende Auswirkungen auf die Höhe des Grundwasserspiegels und den Schiffsverkehr zu den Häfen von Kehl und Strasbourg gehabt. Aber wie es eben in der Natur der Sache liegt, setzte auch nach Errichtung der Staustufe Iffezheim in den siebziger Jahren im unmittelbar unterhalb liegenden Abschnitt eine starke Tiefenabtragung des Flussbettes ein. Als Lösung blieb entweder die künstliche Geschiebezugabe von zirka 300.000 Kubikmetern Kies pro Jahr, um damit die Erosion des Rheins auszugleichen, oder der Bau einer weiteren Staustufe. Die ökologisch ungünstigen Folgewirkungen eines Kraftwerks bzw. einer Staustufe sind jedoch erheblich. So sind durch den bereits erfolgten Bau bei Gambsheim und Iffezheim umfangreiche Flächen, die ursprünglich der Rückhaltung von Hochwasser dienten, durch Dämme vom Fluss abgeschnitten worden. Ihr Wegfall erhöht die Hochwasserspitzen des Rheins. Zudem dichten die Schwebstoffe des Rheinwassers aufgrund des ständigen Überdrucks im Staubecken das Flussbett ab, wodurch die Verbindung zwischen Rhein und Grundwasser unterbrochen und die Produktivität der Auen beeinträchtigt wird. Diesen Prozess soll der Verbund der Altrheinarme mit gleichzeitigem Einbau von kleinen Stau- und Regulierwehren sowie Wasserentnahmestellen entgegenwirken. Kein Zweifel also: Die Reihe technischer Eingriffe am Rhein ist noch längst nicht abgeschlossen.

Rheinuferweg

Nachdem Sie die **Rheinbrücke Iffezheim** unterquert haben, auf dem asphaltierten Weg bleiben nach einem Linksbogen an der Kreuzung rechts ab am Hafen vorbei und dann nach rechts unten zum Rheinufer hinab weiter auf dem befestigten Weg im weiteren Verlauf führt die Route weg vom Ufer, nach links auf den befestigten Radweg, der um den Seitenarm des Rheins herumführt bei der Rheinfähre Plittersdorf geradeaus weiter.

Links geht es hier nach Seltz.

Seltz

Touristinformation, Maison Krumacker, 2 avenue du Général Schneider, 03 88 05 59 79, www.ville-seltz.fr

Centre historique et culturel de la ville de Seltz, 2 avenue du Général Schneider, 03 88 05 59 79, ÖZ: ganzjährig Mo 13.30-17.30 Uhr, Di-Do 8-12 Uhr u. 13.30-17.30 Uhr, Fr 8-12 Uhr und 13.30-16.30 Uhr. Hier wird die Zeit der Kelten, Römer und des Mittelalters veranschaulicht.

Cycles Wurtz, 3 rue Marcel Bisch, 03 88 86 88 57

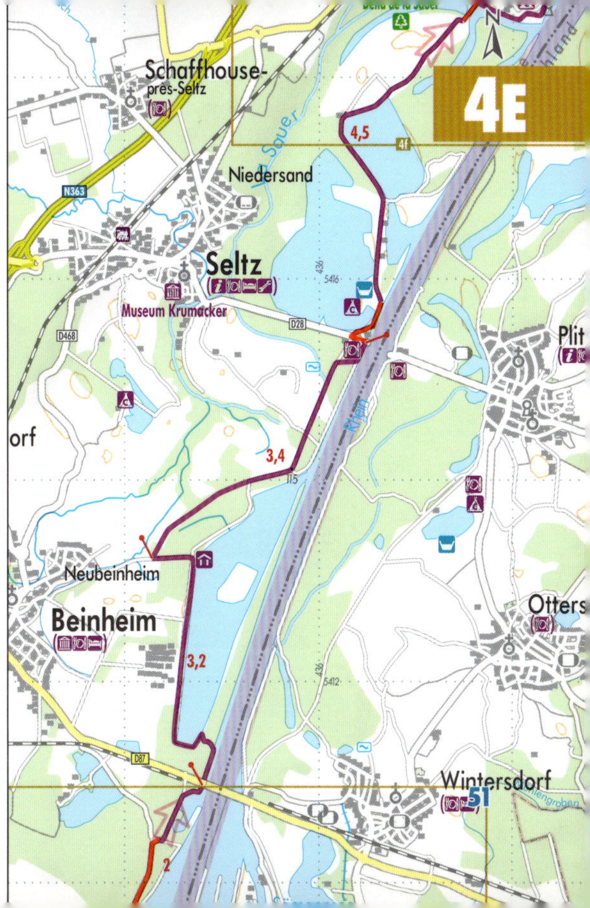

⚠ Bis zum Kieswerk, Achtung auf den LKW-Verkehr! Danach geht es auf einem Radweg weiter bis kurz vor Munchhausen.
Sie befinden sich nun in der Region des Rheinparks „Pamina" mit den Rheinauenwäldern, dem Sauer-Delta und dem Ried – die Beziehung des Menschen zum Rhein/Wasser wird hier in zahlreichen Orten/Museen vorgestellt. Die einzelnen Stationen des Rheinparks sind durch Radwege miteinander verbunden. Nähere Informationen erhalten Sie bei der Projektkoordination PAMINA-Rheinpark, Herrenstr. 15, D-76437 Rastatt, ✆ 07222/381312 od. 381238.
Vor Munchhausen über die Brücke und gleich danach rechts auf den Radweg, der an dem Dorf vorbeiführt.

Munchhausen

PLZ: 67470

- **Touristinformation**, Seltz, ✆ 03 88 05 59 79
- **Maison de la Nature du Delta de la Sauer**, 42 rue du Rhin, ✆ 03 88 86 51 67, ÖZ: ganzjährig Mo-Fr 8.30-12.30 Uhr u. 14-18 Uhr. Haus der Natur des Sauerdeltas und Eingang in das Naturschutzgebiet Seltz-Munchhausen

Der Radweg endet vor einem Seitenarm des Rheins ~ weiter auf der verkehrsberuhigten Straße um den Arm herum ~ bei der T-Kreuzung auf dem Werksgelände nach rechts über die Bahngleise ~ ⚠ Vorsicht LKW! ~ bei der Stoppstraße D 3 nach links abbiegen ~ beim Kreisverkehr nach rechts ~ die Bahngleise überqueren und nach links zum Bahnhof von Lauterbourg abbiegen.

Bei Munchhausen

Lauterbourg

PLZ: 67250

- **Office de Tourisme du Canton Lauterbourg**, Hôtel de Ville, 21 rue de la 1ère Armée, ✆ 03 88 94 66 10, www.lauterbourg.net

TIPP: Wenn Sie die große Elsasstour in einem Rutsch durchfahren möchten, so folgen Sie bis nach Wissembourg der Tour 10 auf S. 91 durch das Vallée de la Lauter. Ab Wissembourg geht es dann wieder zurück nach Basel auf S. 53 mit der Tour 5 weiter.

Tour 5 Von Wissembourg nach Saverne (87,5 km)

Ausgehend von der nördlichsten Stadt des Elsass, gelegen am Fuße der Vogesen, führt diese hügelige erste Tour der Nord-Süd-Route durch viele sehenswerte Orte wie z. B. durch den Kurort Niederbronn-les-Bains mit dem einzigen elsässischen Spielcasino.

Charakteristik

Länge: 87,5 km
Start: Wissembourg
Ziel: Saverne
Wegbeschaffenheit: Die Route verläuft durchgehend auf befestigten bzw. asphaltierten Wegen und Landstraßen.
Verkehr: Mit mäßigem Verkehr ist hinter Wissembourg und Soultz-sous-Forêts zu rechnen, eine lange Strecke im Verkehr ist zwischen Woerth und Dossenheim-sur-Zinsel zu bewältigen.
Steigungen: Diese hügelige Tour weist einige starke Steigungen auf.
Beschilderung: keine Beschilderung
Anschlusstouren: 6, 10, 11 und 15

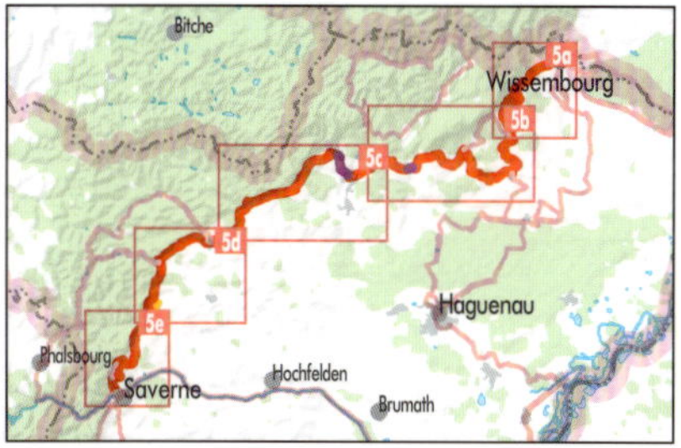

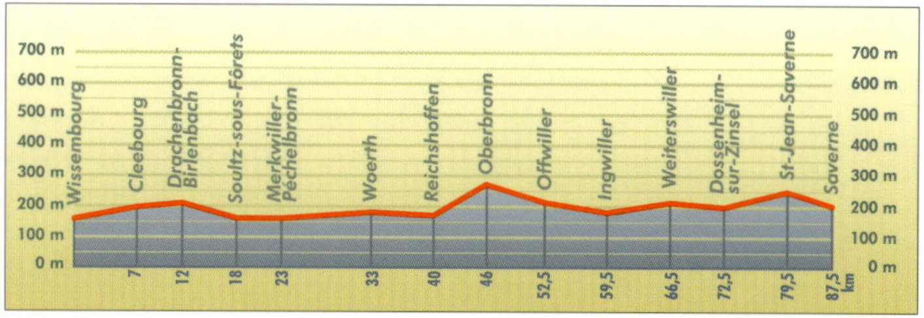

Wissembourg

PLZ: 67163

- **Office de Tourisme**, 11, Place de la République, ✆ 03 88 94 10 11, www.ot-wissembourg.fr
- **Westercampmuseum**, (musée Westercamp) 9 rue du Musée, ✆ 03 88 54 28 14, ÖZ: Wegen umfangreicher Renovierungsarbeiten in 2011 geschlossen. Danach steht das Museum mit erweiterten Öffnungszeiten wieder für Besichtigungen offen. Ausgestellt werden Gebrauchsgegenstände von gestern und heute.
- **St. Peter und Paul Kirche**, die Ursprünge gehen auf das 8. Jh. zurück, vollendet wurde die Kirche im 14. Jh. Nach dem Strasbourger Münster ist es der größte gotische Sakralbau des Elsass.
- **Espace Cycles**, Allée des Peupliers, ✆ 03 88 54 33 77

Benediktinermönche gründeten im 7. Jahrhundert eine Abtei, die durch große Landschenkungen unabhängig wurde und sich zu einem geistig-kulturellen Zentrum entwickelte. Im 9. Jahrhundert verfasste der Mönch Otfried hier ein Werk in althochdeutscher Dichtung, welches sich mit

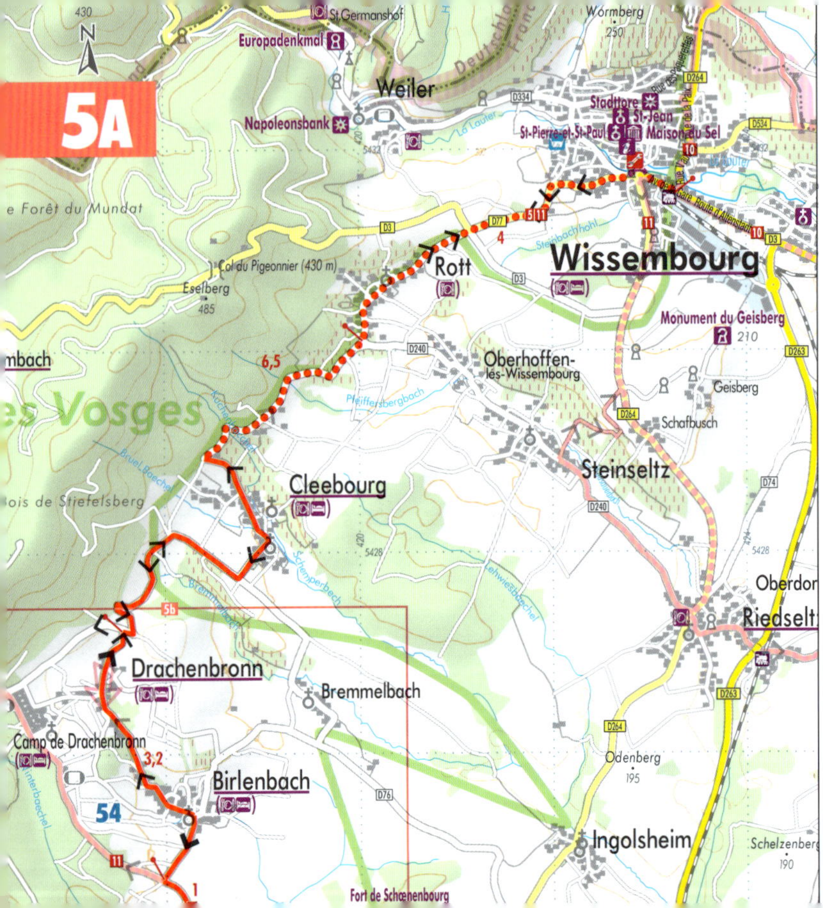

dem Leben Jesu befasste. 1354 trat Wissembourg dem Zehnstädtebund bei. Von der Abtei ist nur noch der viereckige Turm übrig geblieben. Andere Zeugen der romanischen Vergangenheit sind die Kapelle und die St. Ulrich Kirche.

Von Wissembourg nach Soultz-sous-Forêts — *19,5 km*

Vom **Bahnhof** aus nach links in die **Avenue de la Gare** ~ im Kreisverkehr nehmen Sie die Ausfahrt zur **D 77** nach Rott.

Rott

Auf der D 77 durch Rott hindurch ~ vor Cleebourg nach links auf die **D 777** abbiegen.

Cleebourg

PLZ: 67160

- **Weingut Cleebourg**, Route du Vin, ✆ 03 88 94 50 33, ÖZ: für kostenlose Weinproben, Mo-Sa 8-12 Uhr und 14-18 Uhr, So/Fei 10-12 Uhr und 14-18 Uhr. Weinkellereibesichtigungen bei telefonischer Anmeldung.

Folgen Sie dem Straßenverlauf der D 777 durch **Cléebourg** ~ an der T-Kreuzung zur **D 76** nach rechts in Richtung Lobsann abzweigen ~ wieder an der **D 77** nach links abbiegen ~ bei der nächsten Abzweigung nach links auf die **D 152** durch Drachenbronn und Birlenbach hindurch.

Birlenbach

Nach Birlenbach an der **D 65** links abbiegen ~ an der Weggabelung bei dem kleinen Friedhof nach rechts abzweigen ~ an der Kreuzung in Keffenach nach rechts in die **Rue Principale** abbiegen ~ dem Straßenverlauf nach Memmelshoffen folgen.

Memmelshoffen

Bei der Straßengabelung nach links in Richtung Retschwiller ~ gegen Ortsende nach links in die **Rue du Meisenthal** ~ **Meisenthal** durchfahren ~ an der T-Kreuzung zur **D 170** nach links abbiegen.

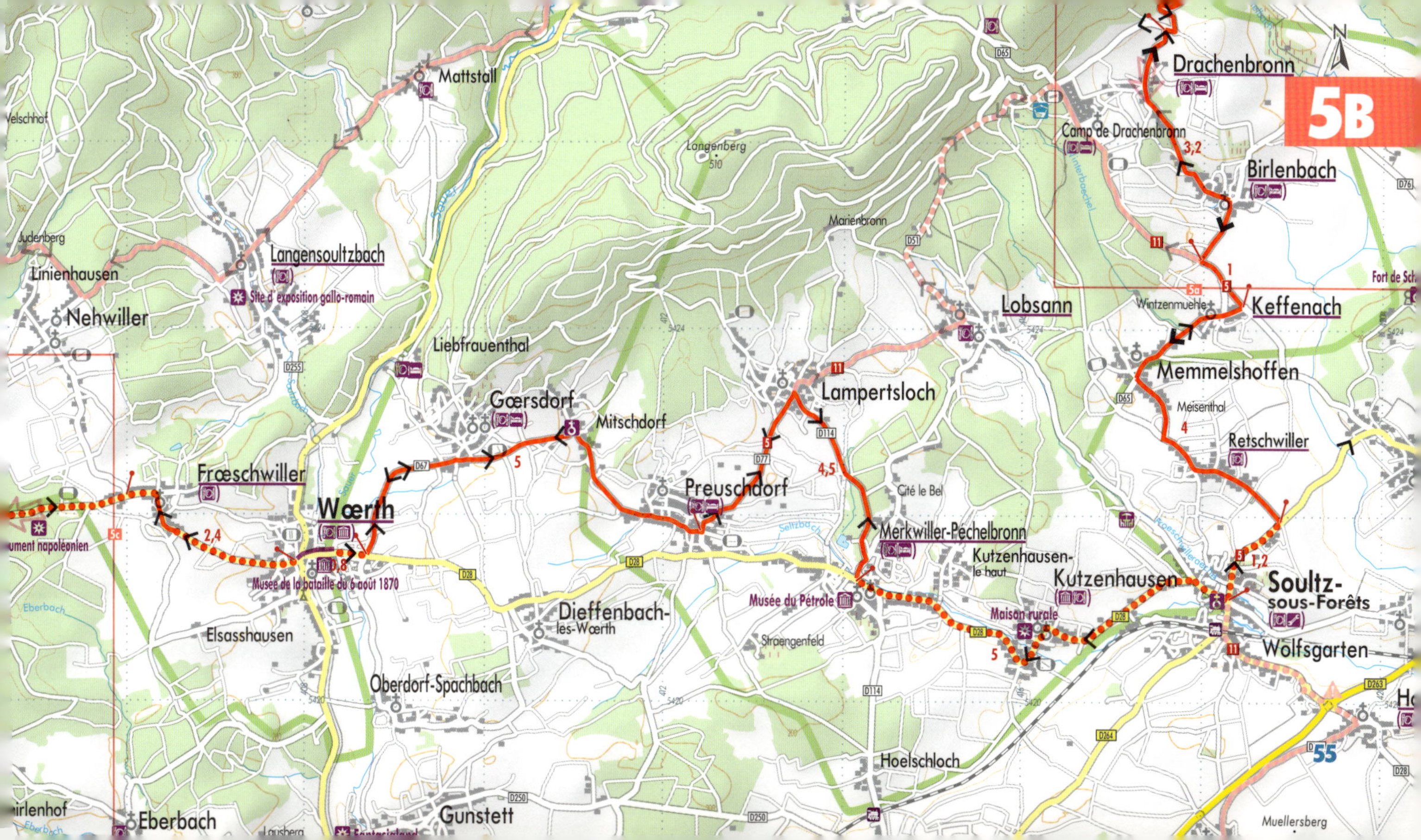
5B
Drachenbronn
Camp de Drachenbronn
Birlenbach
Keffenach
Wintzenmuehle
Fort de Sch
Memmelshoffen
Meisenthal
Retschwiller
Soultz-sous-Forêts
Wolfsgarten
Kutzenhausen
Kutzenhausen-le haut
Maison rurale
Merkwiller-Pechelbronn
Cité le Bel
Musée du Pétrole
Straengenfeld
Lampertsloch
Lobsann
Marienbronn
Langenberg
510
Preuschdorf
Mitschdorf
Gœrsdorf
Liebfrauenthal
Mattstall
Langensoultzbach
Site d'exposition gallo-romain
Judenberg
Linienhausen
Nehwiller
Welschhof
Frœschwiller
Wœrth
Musée de la bataille du 6 août 1870
Elsasshausen
Dieffenbach-les-Wœrth
Oberdorf-Spachbach
Gunstett
Hoelschloch
Eberbach
Muellersberg
Lausberg
Fantasialand
ument napoléonien
Eberbach
D28
D51
D65
D67
D77
D114
D250
D255
D263
D264
D76
55
3,2
1
4
4,5
5
2,4
0,8
1,2
11
5a
5c

Retschwiller

Auf der **D 170** durch den Ort ⤳ an der Kreuzung zur **D 264** rechts nach Soultz-sous-Forêts abzweigen.

Soultz-sous-Forêts

Cycles Liegeois, 28 rue du Dr. Deutsch, ✆ 03 88 80 41 14

Von Soultz-sous-Forêts nach Reichshoffen 21,5 km

An der Ampelkreuzung nach rechts abbiegen ⤳ folgen Sie dem Straßenverlauf der **D 28** durch Kutzenhausen.

Kutzenhausen

PLZ: 67250

Touristinformationspunkt, 1 place de l'église, ✆ 03 88 80 53 00

Bauernhofmuseum, 1, rue de l'église, ✆ 03 88 80 53 00, ÖZ: April-Okt. Di-Fr 10-12 Uhr u. 14-18 Uhr, So/Fei 14-18 Uhr, Juli u. Aug. auch Sa 14-18 Uhr; Nov.-März Mi, So/Fei 14-18 Uhr. Im Januar, 1. Nov. und 25. u. 26. Dez. geschlossen. Ein Bauernhausmuseum (Gutshaus) aus dem 18. Jh.

Dann weiter nach Merkwiller-Pechelbronn.

Merkwiller-Pechelbronn

PLZ: 67250

Touristinformation, 1 route de Lobsann, ✆ 03 88 80 72 36, www.tourisme-pechelbronn.info

Musée du Pétrole de Pechelbronn, 4, rue de l'École, ✆ 03 88 80 91 08, ÖZ: Führung (1 1/4 Std.), April-Okt. Do, So/Fei 14.30-18 Uhr. Interessantes kleines Museum, das Aufschluss gibt über die **Erdölvorkommen** in Merkwiller und den Untertagebau.

Im Ort an der Kreuzung zur **D 114** rechts abbiegen ⤳ dem Straßenverlauf der D 114 nach Lampertsloch folgen.

Lampertsloch

An der ersten Kreuzung in Lampertsloch nach links auf die **D 77** abzweigen ⤳ weiter nach Preuschdorf.

Preuschdorf

In Preuschdorf an der Kreuzung nach links in Richtung Woerth ⤳ nach der Brücke rechts Richtung Post abbiegen ⤳ weiter auf der **D 677** durch Mitschdorf und Goersdorf ⤳ an der Kreuzung zur **D 28** nach rechts abzweigen.

Woerth

PLZ: 67360

Touristinformation, 2 rue du Moulin, ✆ 03 88 09 30 21, www.woerth-en-alsace.com

Musée de la Bataille du 6 Août 1870, Château de Woerth, 2 rue du Moulin, ✆ 03 88 09 30 21. Im Museum wird die blutige Schlacht zwischen deutschen und französischen Truppen am 6. August 1870 dargestellt.

Auf einem Radweg nach Woerth hinein ⤳ an der T-Kreuzung nach links auf die **D 27** und gleich wieder rechts auf die **D 28** ⤳ folgen Sie der D 28 durch Froeschwiller bis nach Reichshoffen.

Reichshoffen

Musée du Fer, 9 rue Jeanne d'Arc, ✆ 03 88 80 34 49, ÖZ: 1. Juni-30. Sept. 14-18 Uhr. Schwerpunkt des Museums stellt die Eisenindustrie dar wie zum Beispiel die Entwicklung des Hochofens von 1767 bis zum TGV von 1986.

Cycles Kieffer, 25 rue du Général de Gaulle, ✆ 03 88 09 91 67

Von Reichshoffen nach Ingwiller 20,6km

Aus dem Kreisverkehr fahren Sie in die **Rue de Woerth** ⤳ vor der Einbahnstraße nach links ⤳ nach rechts in die **Rue du Bailage** ⤳ an der T-Kreuzung nach rechts ⤳ bei der nächsten Möglichkeit wieder rechts in die **Rue du Château** ⤳ an der Kirche vorbei auf der **D 662** weiter nach Niederbronn-les-Bains.

Niederbronn-les-Bains

PLZ: 67110

Touristinformation, Hotel de Ville, ✆ 03 88 80 89 70, www.niederbronn.com

Archäologisches Museum der Nordvogesen, ✆ 03 88 80 36 37, ÖZ: März-Okt., Mo, Mi-Sa Di 14-18 Uhr, Nov.-Feb. So/Fei 14-17 Uhr. Moderne, übersichtliche Darstellung archäologischer Funde der Umgebung und Ausstellung zu römischen Heizverfahren.

5c
Niederbron-les-Bains
Musée archéologique
Montrouge
Schatzert
Gerstenfeld
Cité Guisberg
Blumenhaeusel
Oberbronn
Forêt de Falkenstein
Obermuehlthal
Untermuehlthal
le Wasenkoepfel
520
Dietrichskopf
415
l'Immenkopf
495
Forêt d'Offwiller
Zinswiller
Eichelbach
Haeselbach
Mattenberg
Anc Mais. Forest de Wissbach
Offwiller
Rothbach
Laeschmuehle
Seelhof
Sonnenberg
220
Bischholtz
Kreuzberg
245
Mulhausen
Rieselsberg
220
Uhrwiller
Engwiller
Mietesheim
Ripshuebel
Gumbrechshoffen
Scheuermatt
Lauterbacherhof
Finkenberg
Eulenberg
Les Quatre Vents
Napoléon
Muehlberg
220
Reichshoffen
Musée du Fer
la Prairie
Monument napoléonien
Schirlenhof
Ingelshof
Gundershoffen
Uttenhofen
Griesbach
Eberbach
Thalergraben
La Zinsel du Nord
D28
D26
D141
D198
D242
D642
D326
D119
D250
D53
D662
D86
N62
5b
5d
1
2,4
3,8
5,7
5,5
6
57

Spielcasino, 10 Place des Thermes, ✆ 03 88 80 84 88, ÖZ: Roulette und Black-Jack: Mo-Do 16-2 Uhr, Fr, Sa 16-3 Uhr, So 15-2 Uhr, Spielautomaten: Mo-Do, So 11-2 Uhr, Fr, Sa 11-3 Uhr.

Um 48 v. Chr. von den Römern gegründet, im 5. Jahrhundert von den Barbaren zerstört, erlebte Niederbronn im 19. Jahrhundert seine Blüte als Kurort. Das Wasser wird aus zwei Quellen gewonnen: aus der Römerquelle (Source Romaine) im Stadtzentrum mit 18,1°C und aus der Keltenquelle (Source Celtique) am nördlichen Ortsausgang.

Dem Straßenverlauf ins Zentrum bis zum **Place de l'Hôtel de Ville** folgen ~ nach links abbiegen ~ an der nächsten Kreuzung nach rechts auf die **Rue du Maréchal Leclerc** ~ bei der Weggabelung nach links den Hang hinauf ~ dem sehr hügeligen Straßenverlauf der **D 28** folgen, über Oberbronn, Zinswiller, Offwiller und Rothbach nach Ingwiller. Achten Sie auf die Verkehrschilder.

Die D 28 führt in einem Linksbogen nach Ingwiller ~ an der Kreuzung nach rechts in die **Route de Rothbach**, Beschilderung Richtung Centre Ville ~ bei der Kirche nach rechts.

Ingwiller

PLZ: 67340

Touristinformation, 89 rue du Général Goureau, ✆ 03 88 89 23 45, www.tourisme-hanau-moder.fr

Synagogue, Cour du Château, ✆ 03 88 89 23 45, ÖZ: auf Anfrage und Reservierung. Synagoge aus 1822, teilweise auf den gotischen Kellerruinen der alten Burg der Grafen Lichtenberg errichtet.

Von Ingwiller nach Saverne 25,5 km

Weiter bis zur Kreuzung **D 56** und **D 919**, hier nach links und gleich wieder nach rechts in die **Rue de Weinbourg** ~ nach den Bahngleisen links auf die **Rue Bellevue** ~ an der nächsten Kreuzung nach rechts in die **Côte de Weinbourg** bzw. **D 56** einbiegen ~ auf der D 56 geht es nun über **Weinbourg** nach Weiterswiller.

Weiterswiller

Kirche, ÖZ: 1 Mai-30. Sept. So/Fei 14-18 Uhr. Wandmalereien aus dem 15. Jh., die das Jüngste Gericht, die Schöpfung und die Leidensgeschichte zeigen.

An der T-Kreuzung zur **D 7** nach links abbiegen ~ bis zur Kirche ~ bei der Kirche rechts auf die **D 14** ~ auf der D 14 durch **Neuwiller-lès-Saverne**

TIPP: Um dem Verkehr auf der D 14 zu entgehen, können Sie an der Gabelung in Neuwiller-lès-Saverne links abbiegen und einen kleinen Umweg durch die Felder fahren.

Auf der D 14 weiter bis nach Dossenheim-sur-Zinsel.

Dossenheim-sur-Zinsel

PLZ: 67330

Gemeindeamt, ✆ 03 88 70 00 04

Refuge fortifié (befestigter Kirchhof), 80 cour de l'Eglise, ✆ 03 88 70 04 45, ÖZ: 1. April-31. Okt. So/Fei 14-18 Uhr. 1. Juli-31. August tägl. 14-18 Uhr. Überreste einer Fluchtstätte aus dem Mittelalter mit Dauerausstellung zur Geschichte des Ortes.

Gegen Ortsende über eine Brücke, die über die Zinsel führt und anschließend nach rechts auf die **D 219** ~ dem Verlauf der D 219 folgend durch Ernolsheim-lès-Saverne hindurch ~ noch vor der Brücke , die über die Autobahn A 4 führt, nach rechts auf die **D 716** abbiegen ~ an der T-Kreuzung zur **D 619** nach rechts.

St-Jean-Saverne

PLZ: 67700

Église Saint-Jean-Baptiste, Saint-Jean-Saverne, ✆ 03 88 91 02 60, ÖZ: Mo-So 9-18 Uhr, romanische Kirche einer ehemaligen Benediktinerinnenabtei aus dem 12. Jh.

Dem Straßenverlauf durch das Dorf folgen ~ noch vor dem Ortsschild Eckartswiller links in eine kleine Straße ~ an der T-Kreuzung nach rechts ~ bei der nächsten nach links ~ anschließend wieder rechts ~ an der Kreuzung links hinunter zur Autobahnunterführung ~ an der T-Kreuzung nach rechts abbiegen ~ an der Stoppstraße in **Ottersthal** nach links auf die **D 115**.

Bei der Kreuzung zur **N 4** links ab auf die **Route de Paris** ~ die Eisenbahn überqueren und nach links in die **Grand' Rue** einbiegen ~ Sie stoßen an die Fußgängerzone und fahren nach links weiter in die **Rue de la Gare**.

Saverne

PLZ: 67700

- **Touristinformation**, Zone Pietone - 37, Grand' Rue, ✆ 03 88 91 80 47, www.ot-saverne.fr
- **Château du Haut-Barr**, ✆ 03 88 91 80 47, ÖZ: ganzjährig. Romanische Ruinen aus dem 12. Jh., im 16. Jh.s restauriert.
- **Museum du Château des Rohan**, Pavillon du Château des Rohan, ✆ 03 88 91 06 28, ÖZ: 2. Jan.-14. Juni u. 16. Sept.-31. Dez. tägl. 14-18 Uhr außer Di, So/Fei 10-12 Uhr u. 14-18 Uhr; 15. Juni-15. Sept. tägl. 10-12 und 14-18 Uhr außer Di. Das Museum befindet sich im Schlosskeller. Dort kann man die Sammlung der Louise Weiss besichtigen: ethnographisch

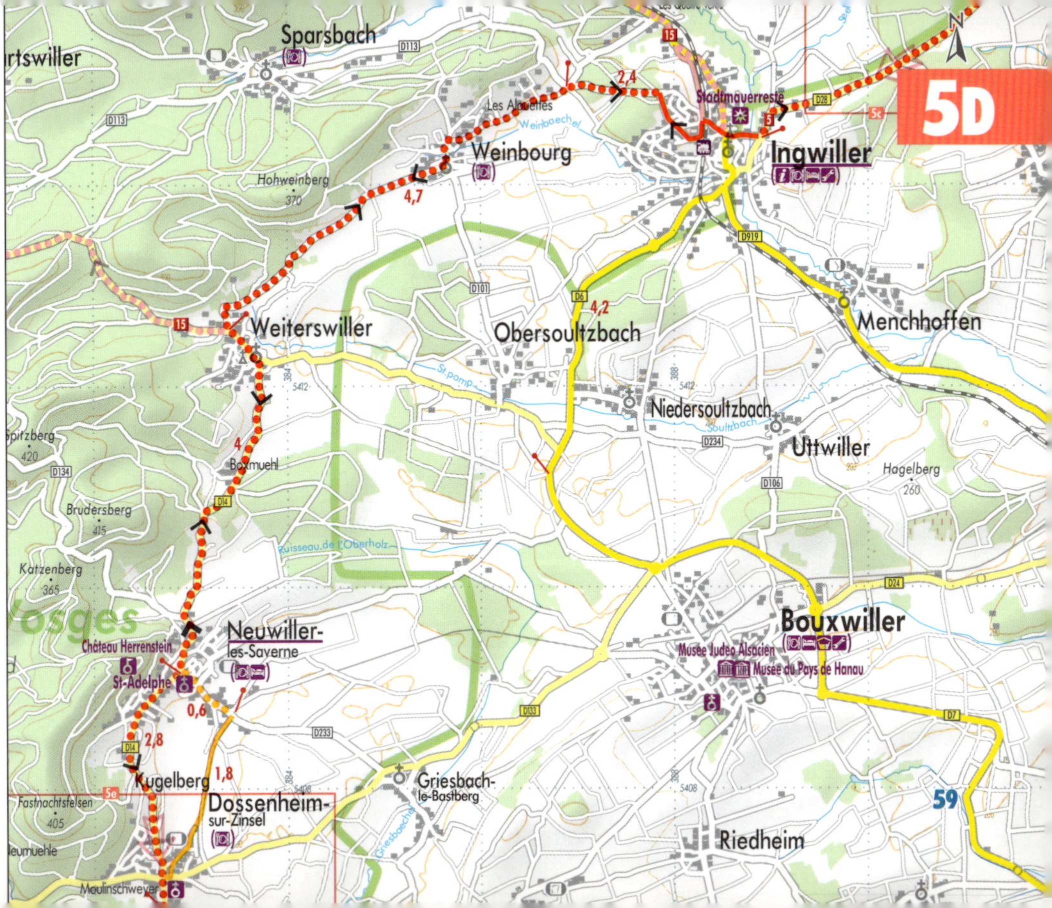

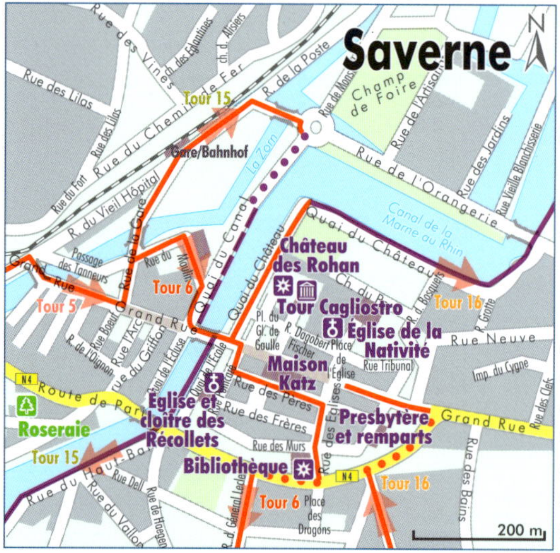

interessante Objekte, Dekore und Zeichnungen aus dem 19. und 20. Jh. und außerdem archäologische und historische Exponate der Region.

Botanischer Garten, 85 Grand' Rue, ✆ 03 88 91 21 00, ÖZ: 1. Mai-30. Juni u. Sept. Mi-Fr 14-18 Uhr, Sa, So/Fei 10-18 Uhr; Juli-Aug. tägl. 10-19 Uhr. Auf einer Höhe von 335 m gedeihen hier unter anderem tropische und alpine Blumen- und Baumarten.

Rosengarten, ✆ 03 88 71 83 33, ÖZ: 1. Juni-30. Sept. täglich. Blütezeit ab Juni bis zum ersten Frost. Der Rosengarten, am Fuße des Col de Saverne gelegen, trug wesentlich dazu bei, aus Saverne die „Rosenstadt" zu machen.

Cycles Ohl, 10 rue Saint Nicolas, ✆ 03 88 91 17 13

Saverne hat bis heute seine, seit über zwölf Jahrhunderten von verschiedensten geschichtlichen und kulturellen Strömungen beeinflusste, historische Rolle bewahrt. Das bedeutendste historische Bauwerk der Stadt ist sicher das Château des Rohan, das Ende des 18. Jahrhunderts errichtet wurde. Vorher stand an dessen Stelle eine Burg, die aber 1779 zur Gänze abbrannte. Im Château befindet sich ein Museum und eine Jugendherberge. Sehenswert sind die Reste der römischen Stadtmauer, eine mittelalterliche Mauer, die Ricollet-Kirche aus dem 14. Jahrhundert mit ihrem gotischen Kreuzgang aus rotem Sandstein und die alten, typisch elsässischen Fachwerkhäuser in der Altstadt.

Tour 6 Von Saverne nach Obernai (57 km)

Ausgehend von Saverne, einer am Rand der Vogesen gelegenen schmucken Stadt, führt diese hügelige Tour über eine der ältesten elsässischen Städte, Rosheim, in das an der Weinstraße gelegene Obernai.

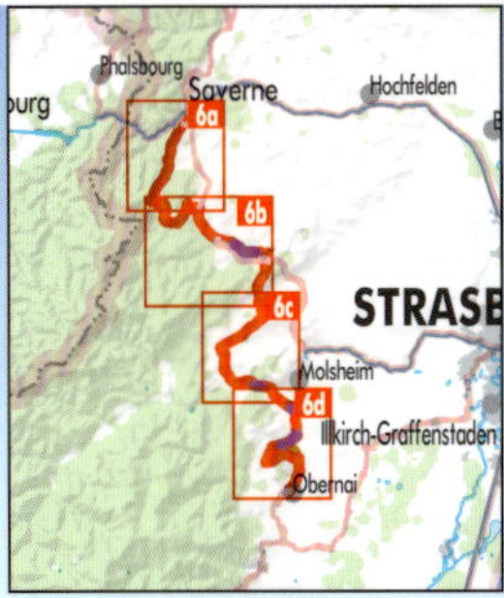

Charakteristik

Länge: 57 km
Start: Saverne
Ziel: Obernai
Wegbeschaffenheit: Die Route verläuft hauptsächlich auf befestigten bzw. asphaltierten Landstraßen.
Verkehr: Mäßiger Verkehr ist zwischen Wasselonne und Balbronn, Dinsheim und Dorlisheim und in Rosheim zu bewältigen.
Steigungen: Diese hügelige Strecke weist nur wenige starke Steigungen auf.
Beschilderung: Ausschilderung ab Rosheim
Anschlusstouren: 5, 7 und 15

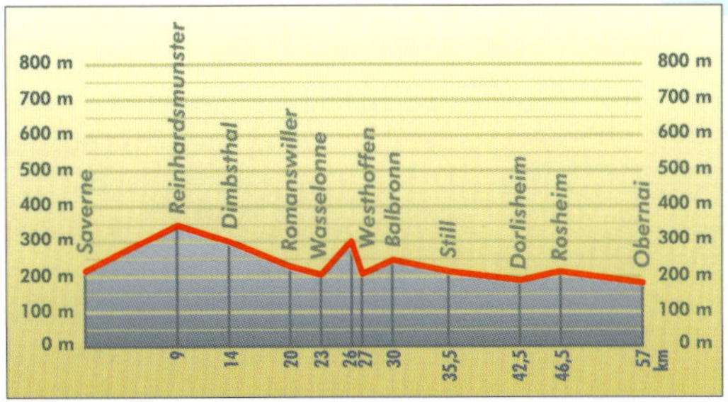

Saverne s. S. 59

Von Saverne nach Westhoffen 27 km

Auf der **Rue de la Gare** bis zu dem kleinen Platz mit dem Denkmal von **Père Libermann** ~ nach rechts in die **Rue du Moulin** ~ am **Quai du Canal** nach rechts ~ an der Kreuzung zur **Grand' Rue** nach links ~ Sie stoßen wieder an eine Fußgängerzone und biegen nach rechts in

Saverne

die **Rue Poincaré** ein ~ nach links in die **Rue des Pères** ~ weiter bis zur **Rue des Églises** und dort nach rechts abbiegen ~ an der Kreuzung vor der Kirche nach rechts ~ auf der **Route de Paris** bzw. der **N 4** bis zur nächsten Ampel und nun nach links in die **Rue du Général Leclerc** bzw. die **D 171** ~ bei der Abzweigung am Ortsausgang nach links auf die **D 102**.

Haegen

Bei der Abzweigung, an der die D 102 einen Linksbogen macht, nach rechts in die **Rue Haut** und den Hang hinauf ~ an der Kreuzung

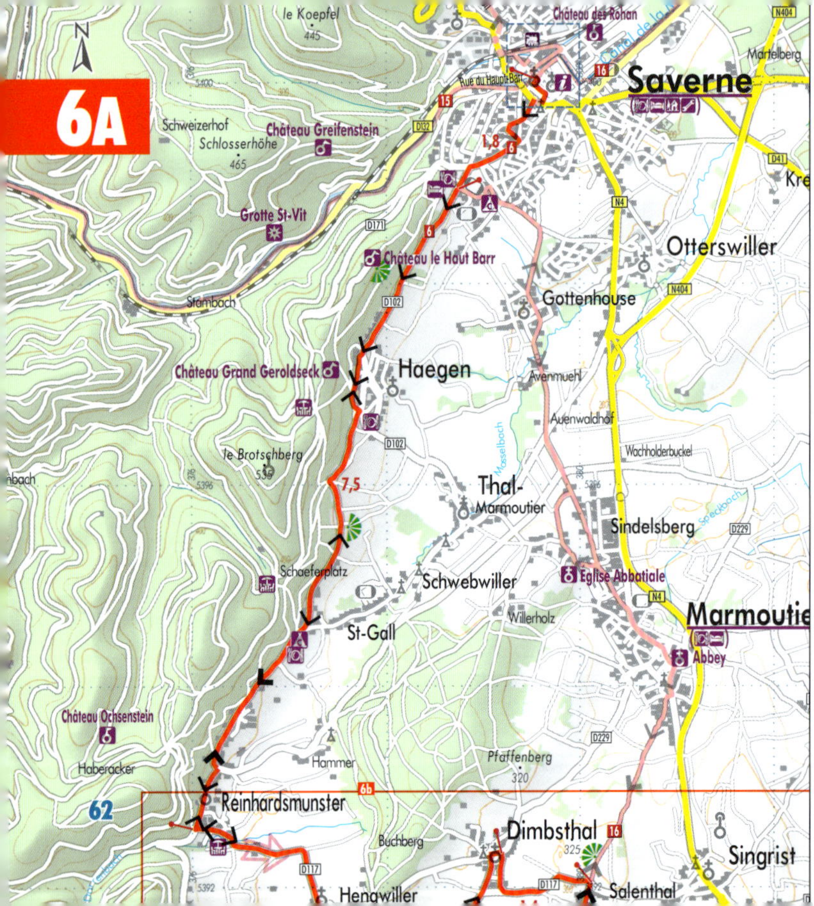

Saverne

geradeaus in die **Rue Saint Gall** ⤳ bei der T-Kreuzung in **St-Gall** nach rechts auf die Vorfahrtsstraße **Rue du Hirschberg** abbiegen.

Reinhardsmunster

In Reinhardsmunster bei der ersten Möglichkeit nach rechts in die **Rue Principale** ⤳ gegen Ortsende nach links in die **Rue Bentz** (**D 117**).

Hengwiller

An der Kreuzung bei der Kirche nach rechts in die **Rue de Birkenwald** ⤳ vor dem Sackgassenschild nach links.

Birkenwald

Auf dem **Chemin de l'Étang** nach Birkenwald hinein ⤳ an der T-Kreuzung nach links in die **Rue de Général Leclerc** ⤳ vorbei an der Kirche und dem Schloss bei der nächsten Möglichkeit nach links auf die **D 229** abbiegen.

Dimbsthal

An der Kreuzung in Dimbsthal nach rechts ⤳ nach der Kirche wieder nach rechts gegen die Einbahnstraße **Rue de la Fontaine** abbiegen (für Anlieger frei) ⤳ bei der T-Kreuzung nach links auf die **D 117** ⤳ im weiteren Verlauf stoßen Sie an die **D 817** und biegen nach rechts ab.

Salenthal

In Salenthal an der T-Kreuzung nach links und gleich wieder nach

Wasselonne

rechts in die **Rue Principale** ⤳ dem Straßenverlauf der **D 817** durch Allenwiller folgen ⤳ im spitzen Winkel stoßen Sie an die **D 917**, wo Sie nach rechts und bei der nächsten Gelegenheit nach links abbiegen ⤳ unter der Bahnlinie hindurch auf der D 917 nach Romanswiller.

Romanswiller

Bei dem Platz, an dem die D 917 nach rechts abknickt, fahren Sie nach links an dem kleinen blauen Haus vorbei ⤳ nach rechts in die **Rue de la Diligence** ⤳ an der Weggabelung nach rechts die Straße hinunter in Richtung Friedhof ⤳ bei der folgenden Gabelung nach rechts in die **Rue du Château** ⤳ an der Vorfahrtsstraße nach links auf die **D 224** ⤳ am Ortsende auf dem Radweg weiter nach Was-

selonne am Ortseingang endet der Radweg und Sie fahren auf der D 224 weiter bis zur T-Kreuzung nach rechts auf die **D 260** und dem Straßenverlauf durch das Zentrum folgen.

Wasselonne

PLZ: 67310

- **Touristinformation**, Place du Général Leclerc, 03 88 59 12 00
- **Cycles Regel**, 85 rue du Général de Gaulle, 03 88 87 03 93; **Motos Wasselonne**, 2 route de Strasbourg, 03 88 87 15 87

Weiter auf der **D 75** über den Bach Mossig und am Friedhof vorbei auf der D 75 nach Westhoffen.

Westhoffen

PLZ: 67310

- **Gemeindeamt**, 11 rue Staedel, 03 88 50 38 21

Erstmals 739 erwähnt, erhielt Westhoffen 1332 das Stadtrecht von Ludwig II. von Bayern. Sehenswert sind der Stadtglöckelturm aus dem 14. Jahrhundert und die Sankt Martinskirche. Westhoffen ist eine Wein- und Obststadt, vor allem Kirschbäume sind hier zu finden.

Von Westhoffen nach Obernai 30 km

Folgen Sie dem Verlauf der **D 75** durch Westhoffen hindurch nach Balbronn.

Balbronn

Auf der Dorfstraße Balbronn durchqueren am Ortsende links ab auf die **D 54** an der T-Kreuzung zur **D 675** nach links dann auf die **D 54**, die im weiteren Verlauf in die **D 118** mündet.

Still

An der Kreuzung rechts ab über die kleine Brücke auf der D 118 durch Still hindurch an der **D 392** links weiter dem Straßenverlauf (D 392) durch Dinsheim und Mutzig folgen beim Kreisverkehr geradeaus.

Dorlisheim

Cycles Motsch, 22 Grand'rue, ✆ 03 88 38 16 65

In Dorlisheim an der Kreuzung bei der Weinhandlung Rapp nach rechts in die **Rue de Rosheim** ~ am Kreisverkehr schräg nach links in die **Rue d'Obernai** ~ bei der Abzweigung am Dorfende nach rechts und im weiteren Verlauf die N 420 überqueren.

Auf der **Route du Vin** nach Rosheim ~ die Bahngleise überqueren ~ unmittelbar vor der Stoppstraße nach rechts abbiegen ~ auf dem parallel zur Hauptstraße verlaufenden Weg bis zum Kreisverkehr ~ geradeaus ins Zentrum.

Rosheim

TIPP: An der Kreuzung mit der D 207 besteht die Möglichkeit, eine Abkürzung nach Bischoffsheim zu nehmen.

Rosheim

PLZ: 67560

Touristinformation, 94 rue du Général de Gaulle, ✆ 03 88 50 75 38, www.rosheim.com

St. Peter-und-Paul-Kirche, typisches Bauwerk der Staufischen Romanik. Zeichnet sich durch harmonische Architektur aus. Silbermann-Orgel von 1733.

Cycles Guillotin, 38 rue du Général de Gaulle, ✆ 03 88 50 44 88

Rosheim, eine alte Weinstadt, direkt an der Weinstraße gelegen, kann ein besonderes architektonisches Erbe aufweisen. Erstmals 778 erwähnt, begann die eigentliche Entwicklung der Stadt im Mittelalter. Zu dieser Zeit entstanden die Stadtfestungen, von denen heute noch einige gut erhaltene Überreste bestehen, wie zum Beispiel die drei Stadttore, welche man entlang der Durchfahrtsstraße passiert. Es sind diese die Porte Basse, die Porte de l'École und die Porte du Lion. Berühmtestes Gebäude neben der Église St. Pierre-et-St. Paul ist die „Maison paienne" (Heidenhaus) – es gilt als das älteste Steinhaus im Elsass. An den zahlreichen Patrizierfachwerkhäusern erkennt man den Reichtum des Bürgertums, der aus der Re-

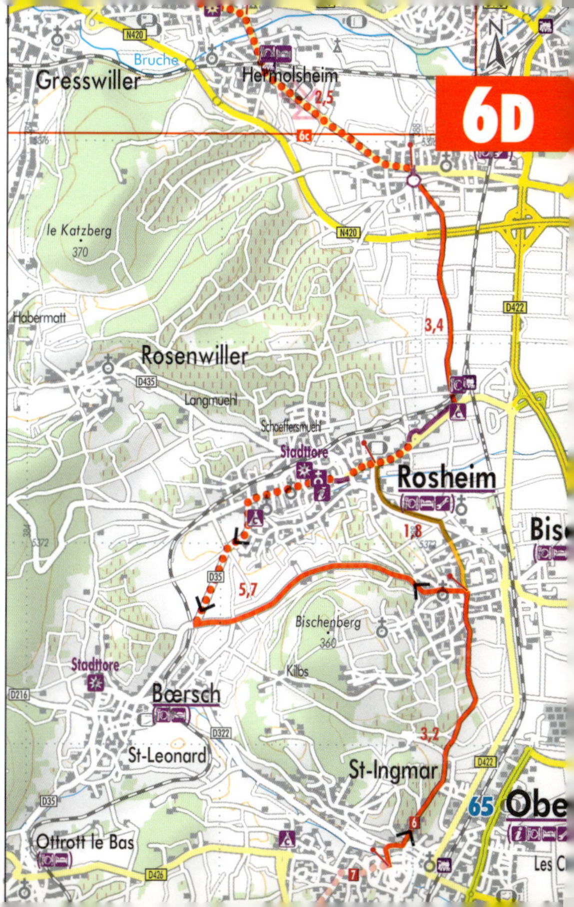

naissance herrührt und auf den Weinbau zurückzuführen ist. Im Dreißigjährigen Krieg wurde die Stadt verwüstet, erlebte aber im 18. Jahrhundert eine neue Blütezeit, von der unter anderem das Bürgermeisterhaus und die Säulenfassade der St.-Stephan-Kirche zeugen.

Am Ortsende nach links auf die **D 35** ~ bei der Abzweigung unmittelbar vor der Bahnüberführung links ab auf die **D 216**.

Bischoffsheim

Auf der D 216 an der Kirche vorbei bis zur **Rue Monseigneur Frey** ~ nach rechts abbiegen ~ an der Weggabelung nach links in die **Rue des Cerisiers** ~ dem Straßenverlauf bis nach Obernai folgen.

Auf der **Rue de la Montagne** bis zum Friedhof ~ nach rechts in die **Rue de la Victoire** ~ nach einer Linkskurve geht es geradeaus in die **Rue du Chanoine Gyss,** die bis zum **Hôtel-de-Ville** führt.

Obernai, Place du Marché

Obernai

PLZ: 67210

- **Touristinformation**, Place de Beffroi, ✆ 03 88 95 64 13, www.obernai.fr
- **Atout Cycles**, 27 rue du Marèchal Koenig, ✆ 03 88 49 90 56
- **Cycl'hop**, 101 rue du Général Gouraud, ✆ 03 88 48 34 44

Obernai

Die Stadt der Heiligen Odilia – im 7. Jahrhundert angeblicher Sitz des gefürchteten Grafen Attich und nach der Überlieferung Geburtsort der Heiligen Odilia, welche dort eine Abtei gründete. Im 14. Jahrhundert – nach der römischen Vorherrschaft – wurde die Stadt Mitglied des Zehnstädtebundes Dekapolis und erlebte im 16. Jahrhundert ihre Blüte, welche im Dreißigjährigen Krieg durch Zerstörung ein jähes Ende fand. Besonders erwähnenswert sind der Marktplatz, ganz in goldenen und karminroten Farben gehalten, in dessen Mitte sich ein Brunnen mit der Statue der Heiligen Odilia erhebt, das Rathaus, aus dem 14.-17. Jahrhundert stammend, der Kapellturm, 60 Meter hoch im spätgotischen Stil, der Sechs-Eimer-Brunnen, ein eleganter Säulenbrunnen aus der Renaissance und die Peter- und Paulskirche, welche im 19. Jahrhundert im gotischen Stil erbaut wurde.

Tour 7 Von Obernai nach Colmar (58,5 km)

Malerische Weinorte und Fachwerkdörfer wie das einst um ein Kloster herum aufgebaute Andlau oder Dambach-la-Ville mit seinem historischen Stadtbild reihen sich bei dieser Tour aneinander.

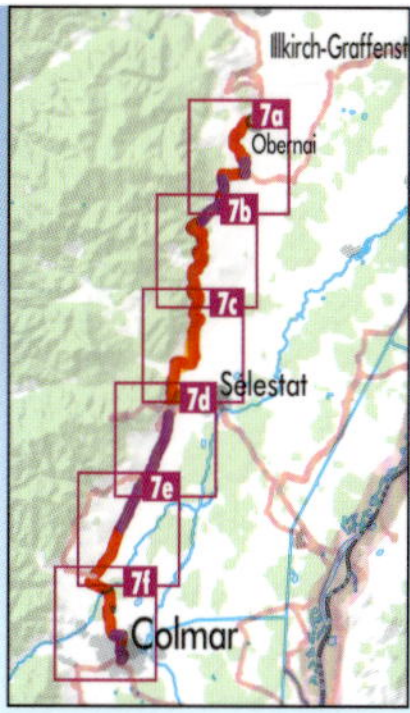

Charakteristik

Länge: 58,5 km
Start: Obernai
Ziel: Colmar
Wegbeschaffenheit: Die Route verläuft auf befestigten bzw. asphaltierten Radwegen und Landstraßen.
Verkehr: mäßiger Verkehr in Obernai, von Itterswiller bis Dambach, zwischen Scherwiller und Châtenois und hinter Bennwihr
Steigungen: Die ersten 20 Kilometer dieser Tour verlaufen recht hügelig, ab Dambach-la-Ville kommen kaum noch Steigungen bzw. Gefälle vor.
Beschilderung: zwischen Barr und Colmar partielle Ausschilderung
Anschlusstouren: 6, 8, 18, 21, 23

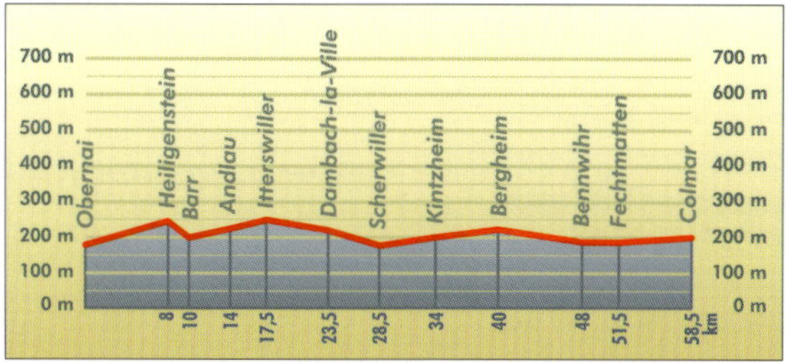

Obernai s. S. 66

Von Obernai nach Dambach-la-Ville 23,5 km

An der T-Kreuzung vor dem Rathaus nach rechts in die **Rue du Général Gouraud** einbiegen ~ dieser Straße bis zur **Rue de Bernardswiller** folgen und danach links ~ auf der **D 709** gelangen Sie an einen Kreisverkehr und radeln geradeaus weiter.

Bernardswiller

Bernardswiller

Am Ortseingang nach rechts ins Zentrum abbiegen ~ bei der Kirche schräg nach links in die **Rue l'École** ~ an der Kreuzung bei der Weinstube geradeaus auf die **D 709**.

Goxwiller

Bei der T-Kreuzung am Dorfanfang von Goxwiller nach rechts in die für den motorisierten Verkehr gesperrte Straße ~ an der folgenden Abzweigung nach links ~ bei der T-Kreuzung nach links ~ bei dem Stoppschild rechts abbiegen.

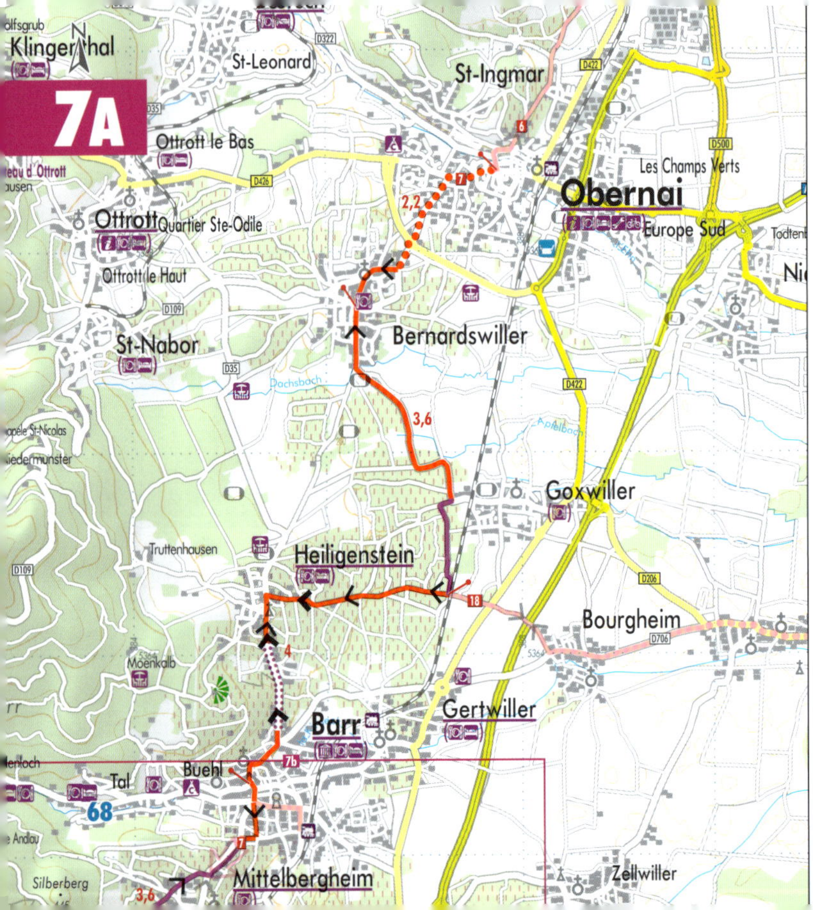

Heiligenstein

In dem Dorf stoßen Sie auf die **D 35/ Rue Principale** und biegen nun nach links ab ~ auf dieser Straße zum Ortsende und auf den Radstreifen wechseln ~ vor dem Ortsschild Barr endet der Radstreifen.

Barr

PLZ: 67140

- **Touristinformation**, Place de l'Hôtel de Ville/rue des Bouchers, ✆ 03 88 08 66 65, www.pays-de-barr.com
- **Musée de la Folie Marco**, 30 rue Docteur-Sultzer, ✆ 03 88 08 94 72, ÖZ: Mai u. Okt. Sa/So 10-12 Uhr u. 14-18 Uhr, Juni-Sept. Mo, Mi-So 10-12 Uhr u. 14-18 Uhr, Dez. Sa/So 14-18 Uhr und während der anderen Monate auf Anfrage für Gruppen. Louis Felix Marco ließ von 1760-1763 dieses Haus errichten. Das Haus ging seitdem durch mehrere Hände und zeigt heute, als Eigentum der Stadt, elsässisches Mobiliar des 17.-19. Jhs. vervollständigt durch Geschirrsammlungen und Erinnerungen an die Lokalgeschichte.

Im Zentrum der Stadt befindet sich der Rathausplatz mit dem 1640 errichteten Hôtel de Ville geschmückt mit einem Uhrengiebel. Der romanische Kirchturm der evangelischen Kirche stammt aus dem 12. Jahrhundert und nebenan findet man das Musée de la Folie de Marco.

Barr ist eine kleine Weinstadt und hat vor allem einen berühmten Wein hervorgebracht: den Grand Cru Kirchberg. Am 1. Sonntag im Okt. findet das Weinlesefest statt, welches viele Besucher anlockt.

In der Nähe der Stadt befindet sich das berühmte Kloster Mont Ste-Odile, das man über die Straße

D 854 erreicht. Es ist dies die bedeutendste Wallfahrtsstätte des Elsass und außerdem ein guter Aussichtspunkt, um das Rheintal zu überblicken. Auf dem Berg befindet sich auch die sogenannte Heidenmauer, die mit zirka 10 Kilometern Länge und aus 300.000 Quadern bestehend ein interessantes frühgeschichtliches Dokument darstellt. Der Begriff „Heidenmauer" wurde von Papst Leo IX. geprägt, der das Bauwerk für eine Festungsmauer hielt. Doch es wurden auch Geschichten über Hexenplätze und Feentreffpunkte verbreitet.

An der T-Kreuzung nach rechts ~ bei dem kleinen Platz links hinunter ~ bei der nächsten Möglichkeit nach rechts und gleich wieder nach links in die **Rue Taufflieb** abbiegen ~ an der Ampel schräg nach rechts in die **Rue St. Marc** bzw. **D 362** ~ bei der Stopptafel geradeaus in den **Chemin de l'Oberberg** ~ an der Abzweigung nach rechts ab ~ im weiteren Verlauf weisen die Radwegweiser erneut nach rechts und Sie stoßen auf die **D 362** ~ hier links ~ bei der nächsten Möglichkeit nach rechts abbiegen ~ den Hang hinunter bis zur Stoppstraße ~ geradeaus in den für motorisierte Fahrzeuge gesperrten Weg ~ an der **D 62** auf diese schräg nach rechts abbiegen.

Andlau

PLZ: 67140

- **Touristinformation**, 5 rue du Général de Gaulle, ✆ 03 88 08 22 57
- **Abteikirche**, romanische Kirche aus dem 12. Jh. mit Glockenturm aus der Barockzeit und Hallenkrypta aus dem 11. Jh., in der Kunstschätze und Statuen verwahrt werden.
- **Spesbourg**, erstmals wurde diese Burg um 1320 herum offiziell erwähnt. 1968 wurde sie als zu schützendes Denkmal eingetragen. Es finden dort Feste und Theateraufführungen statt.

Andlau, ein kleines Städtchen im grünen Tal der Andlau, weist Spuren aus der Romanik und der Renaissance auf. Die Abtei wurde 880 von Richardis, einer Urenkelin Karls des Großen, gegründet. Nach der Legende sah sie im Wald

Andlau, Château du Spesbourg

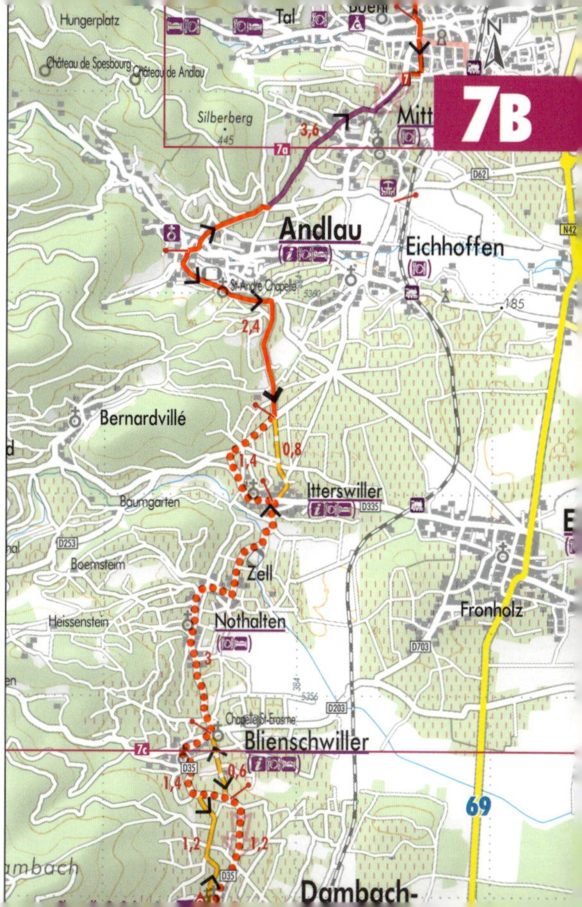

eine Bärin, die ein Nest für ihre Jungen baute. An dieser Stelle ließ sie das Kloster errichten. Als ihr Gemahl, Karl III. der Dicke, sie im Jahr 887 verstieß, zog sie sich in ihr Kloster zurück und verstarb neun Jahre später. 1049 wurde Richardis von Papst Leo IX. heilig gesprochen. Die Abtei wurde während der Französischen Revolution aufgelöst.

Der Ort besitzt einige sehenswerte Gebäude, wie zum Beispiel das Haus der Herren auf der Place de la Mairie. Auf den benachbarten Anhöhen liegen die Ruinen alter Burgen, wie die des Château du Haut-Andlau aus dem 13. Jahrhundert und die des im 13. Jahrhundert errichteten Château Spesbourg, das im 16. Jahrhundert einem Brand zum Opfer fiel.

Blienschwiller

Bei der Stoppstraße geradeaus weiter ⇝ am Ortsende nach links auf die **D 253** ⇝ dem Verlauf der D 253 bis zur Vorfahrtsstraße **D 35** folgen und rechts ⇝ bei der Abzweigung zur D 253 auf der D 35 nach links.

TIPP ⚠ Um dem mitunter starken Verkehr zu entgehen, fahren Sie an der Kreuzung zur D 35 geradeaus in den unbefestigten Weg, der nur für Anlieger freigegeben ist. Dann über die Kreuzung in Itterswiller geradeaus und weiter auf der Hauptroute.

Itterswiller

PLZ: 67140

ℹ **Verkehrsamt**, Rathaus, ✆ 03 88 85 50 12

In der Dorfmitte nach rechts in die **Route Romaine** ⇝ an der Stoppstraße geradeaus auf der **D 35** weiter ⇝ dem Straßenverlauf folgen, durch Nothalten hindurch ⇝ an der Kreuzung zur **D 203** nach rechts abbiegen.

Blienschwiller

PLZ: 67650

ℹ **Verkehrsamt**, Rathaus, Rue du Winzenberg, ✆ 03 88 92 40 16

Im Zentrum nach links auf die **D 35** und dieser bis Dambach-la-Ville folgen.

TIPP ⚠ Sie können dem Autoverkehr ausweichen, wenn Sie in der Linkskurve der D 35 nach Blienschwiller nach rechts in den befestigten Weg folgen, der in den Weinberg hinaufführt.

Dem Verlauf folgend stoßen Sie an eine Kreuzung und radeln geradeaus weiter ⇝ bei der Weggabelung nach links ⇝ am Stoppschild nach rechts und auf der Hauptroute weiter.

⚠ Am Ortseingang nehmen Sie die Abzweigung nach rechts zur **Chapelle St-Sébastien** ⇝ bei der Weggabelung nach links ⇝ wiederum nach links bei der nächsten Gabelung ⇝ an der T-Kreuzung im Ort nach rechts.

INS ZENTRUM ⚠ Wenn Sie das Zentrum von Dambach-la-Ville sehen möchten, biegen Sie bei dem blauen Fachwerkhaus nach links ab.

Dambach-la-Ville

PLZ: 67650

ℹ **Touristinformation**, Place du Marché, ✆ 03 88 92 61 00

♁ **St. Sebastianus-Kapelle**, früher verbunden mit der heutigen sehenswerten Ruine des Schlosses Bernstein (1/2 Std. Fußmarsch). Die Kapelle besteht aus Turm, Schiff und Chorhaube. Das interessanteste und wertvollste Stück stellt der Holzaltar dar, der von den Brüdern Winterhalder geschnitzt wurde.

Besichtigung von Dambach-la-Ville und seinem Weinberg durch den Winzer mit der touristischen Kleinbahn, Domaine Ruhlmann, 34 rue du Maréchal Foch, ✆ 03 88 92 41 86, Gruppenführungen von April-Okt.

Eine Legende erzählt, dass vor langer Zeit das Dorf Tannenbach (seinen Namen erhielt es wegen der vielen Tannen und dem Bach) nur wenige Häuser zählte. Eines Tages wagte sich ein kleiner Junge aus dem Dorf, trotz der Warnungen seiner Eltern, und ging in den von Bären heimgesuchten Wald. Auf einer Lichtung sah er einen großen Bären, der sich eifrig an etwas zu schaffen machte. Der Junge versteckte sich in einem Busch und konnte so das Tier genauer beobachten, welches eine riesige Beerentraube in seinen Pfoten hielt. Aus dieser presste er den Saft und ließ ihn in sein Maul tropfen. Als der Durst gestillt war, trollte sich der Bär und der Junge wagte sich aus seinem Versteck hin zu der Stelle, wo der Bär eben noch gewesen war. Er sammelte einige Beeren und kostete sie – sie schmeckten vorzüglich. Er pflückte weitere und brachte sie seinen Eltern, die natürlich ebenso begeistert von dem Geschmack waren und mehr davon wollten. Der Junge führte sie also zu der Stelle ... Es handelte sich bei den Beeren natürlich um Weintrauben. Dank dieser wunderbaren Entdeckung wurde der Junge nicht bestraft – der Bär allerdings wurde von den Männern des Dorfes verjagt, damit sie die Weinstöcke nutzen konnten. So begann die Weinwirtschaft in Dambach, und der Bär bekam seinen Platz im Stadtwappen.

Dambach-la-Ville

Das Städtchen Dambach ist heute tatsächlich für seine Weine (Grands crus classés du Frankenstein) berühmt. Zahlreiche Winzerbetriebe laden in ihren schönen Höfen zu Weinproben ein. Dambach betritt man durch das Stadttor, einem Teil der Stadtmauer aus dem Jahre 1340. Die Altstadt bezaubert durch schmale Gässchen und durch diese gelangt man zum Marktplatz auf dem sich das Renaissance Rathaus befindet und ein achteckiger Brunnen, den ein Bär mit Weinkrug ziert.

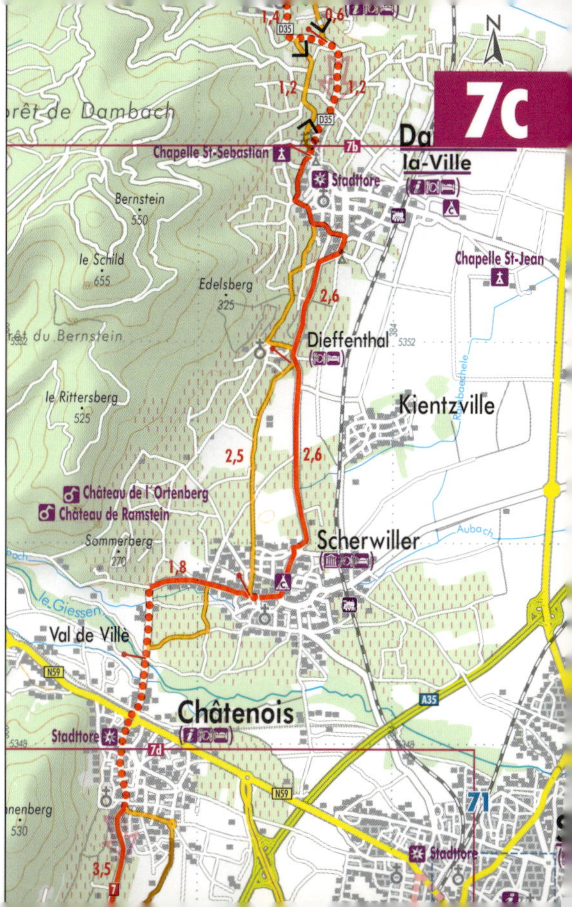

Scherwiller

Von Dambach-la-Ville nach Bergheim 16,5 km

An der Kreuzung am Ortsausgang links in die **Rue des Remparts** und bergab am Burgtor vorbei ⁓ links in die **Rue du Vignoble** ⁓ an der T-Kreuzung mit der **D 35** rechts ⁓ in einer Rechtskurve Dambach verlassen ⁓ dem Straßenverlauf nach links und im Anschluss durch Dieffenthal folgen.

Dieffenthal

Weiterhin auf der **Route du Vin** nach Scherwiller ⁓ beim Kreisverkehr am Ortsbeginn gerade ⁓ in der Ortsmitte der **D 35** nach rechts in Richtung Châtenois folgen.

Scherwiller

PLZ: 67750

Touristinformation, 2 Corps de garde, ✆ 03 88 92 25 62 oder 58 33 33

Scherwiller besitzt eine mittelalterliche Burg und ist Sitz der Grafen von Ortenberg. Hier beendete Herzog Anton von Lothringen 1525 den Bauernaufstand mit einem Sieg über die „Rustauds". Auch in Scherwiller erfreuen die alten Fachwerkhäuser die Augen der Besucher. Jeden August findet eine Feier zu Ehren des Rieslings statt, als dessen Hauptstadt sich Scherwiller bezeichnet.

Den Ort verlassen und nach einer Linkskurve auf Châtenois zu ⁓ im Ort den Kreisverkehr geradeaus überqueren ⁓ der D 35 weiterhin durch Châtenois folgen.

Châtenois

PLZ: 67730

Touristinformation, 2 rue Clemenceau, ✆ 03 88 82 75 00 oder 82 02 74, www.châtenois-scherwiller.com

Châtenois war früher im Besitz des Bischofs von Strasbourg. Es gibt dort einen bemerkenswerten Kirchturm mit vier Ecktürmchen und den Tour des Sorcières (Hexenturm), der sich auf dem Stadttor befindet.

Châtenois, Hexenturm

Darauf brüten jedes Jahr die Störche. In der Kirche gibt es zwei Holzschnitte, sowie zwei Holztafeln und eine Silbermannorgel zu besichtigen.

Gemäß dem Straßenverlauf aus Châtenois hinaus und weiter nach Kintzheim ⁓ dort geradeaus auf die Kirche zufahren ⁓ vor der Kirche links und wiederum links auf die **D 159** in Richtung Orschwiller.

Kintzheim

PLZ: 67600

Touristinformation, ✆ 03 88 82 09 90

Adlerburg, Burg von Kintzheim, ✆ 03 88 92 84 33, ÖZ: April-Okt., 14-16 Uhr, Juni-Aug., 14-17 Uhr, 14. Juli-20. Aug., 10-11.15 Uhr, 1.-11. Nov., Mi, Sa, So 14-16 Uhr, Adlerschau: Mo-Fr 15 Uhr (Mi, Juni 14.30 Uhr) und 16 Uhr, Sa, So, Fei 15 Uhr,16 Uhr und 17 Uhr, 14. Juli-20. Aug., 11.15 Uhr, 14.30 Uhr, 15.45 Uhr, 17.30 Uhr. Es werden Adler, Kondore und Geier vorgeführt.

Affenberg, ✆ 03 88 92 11 09, ÖZ: 25. März-31. Okt. tägl., März, April, Okt. u. Nov. 10-12 Uhr u. 13-17 Uhr; Mai, Juni u. Sept. 10-12 Uhr u. 13-18 Uhr; Juli u. Aug. 10-18 Uhr. 280 Affen leben in einem 24 ha großen Wald.

Beim Friedhof rechts ab ⁓ am Ortsende auf den Rad- bzw.

bei Kintzheim

Anrainerweg und immer geradeaus weiter bis nach Bergheim.

Bergheim

PLZ: 68750

Hexenhaus, Place de l'Eglise, ✆ 03 89 73 18 64, ÖZ: Juli-Aug. Mi-So 14-18 Uhr, Sept.-Okt. So 14-18 Uhr. Dauerausstellung über die Hexenprozesse in Bergheim im 16. und 17. Jh.

Von Bergheim nach Colmar — 18,5 km

An der **D 421** nach rechts ~ bei der zweiten Abzweigung nach links in die **Rue des Romains** ~ nach dem Rechts-Links-Bogen fahren Sie gegen die Einbahnstraße (für Radfahrer erlaubt) ~ an der **D 42** nach links abbiegen ~ auf Höhe des Sony Werksgeländes rechts ab in den Anliegerweg ~ vor den beiden Teichen, die hinter Bäumen versteckt liegen, nach links abzweigen ~ geradeaus über die D 106, die **D 416** und die **D 3 bis** radeln Sie bis nach Bennwihr.

Bennwihr

An der Stoppstraße geradeaus ~ am Ortsende wieder geradeaus auf die Vorfahrtsstraße **D 1 bis** ~ beim Kreisverkehr geht es geradeaus auf die **D 10** ~ nach der Überquerung des Flusses Weiss nach links abbiegen ~ dem Verlauf des verkehrsberuhigten Weges folgen (Zone 30) bis zu dem Gasthaus und nun nach rechts abbiegen ~ bei der Kreuzung nach rechts ~ nach dem Sportplatz nach links ~ der Radweg endet am Waldrand und es geht geradeaus weiter auf der schmalen Straße ~ unmittelbar vor der N 83 nach links auf den Radweg.

Noch vor der Brücke über die N 83 an der Ampel ~ geradeaus und gleich wieder nach links in die **Rue de Morat** ~ am Ende der Rue de Morat schräg nach links zur Unterführung ~ auf der anderen Seite der Bahngleise auf der **Rue des Trois-Épis** ein kurzes Stück nach links und dann rechts in die **Rue E.-Richard** ~ an der Ampel

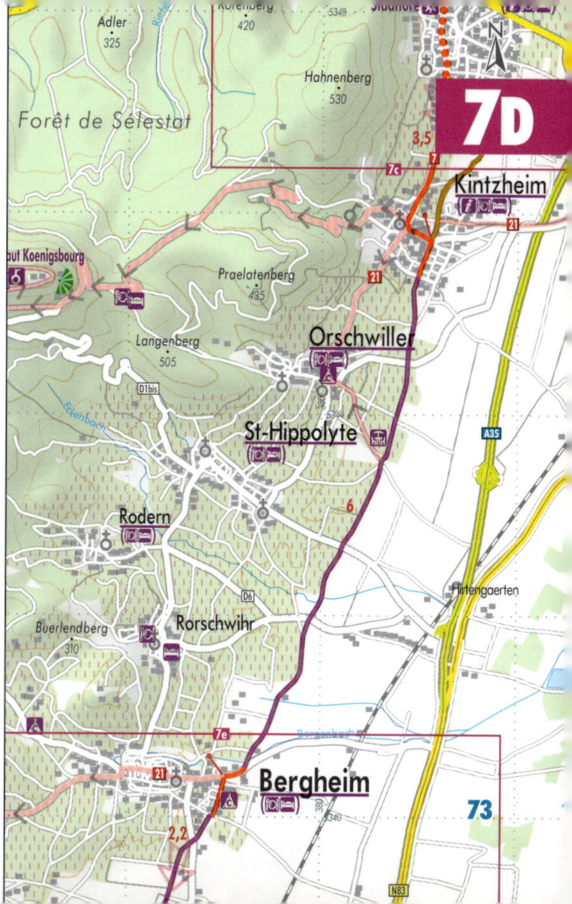

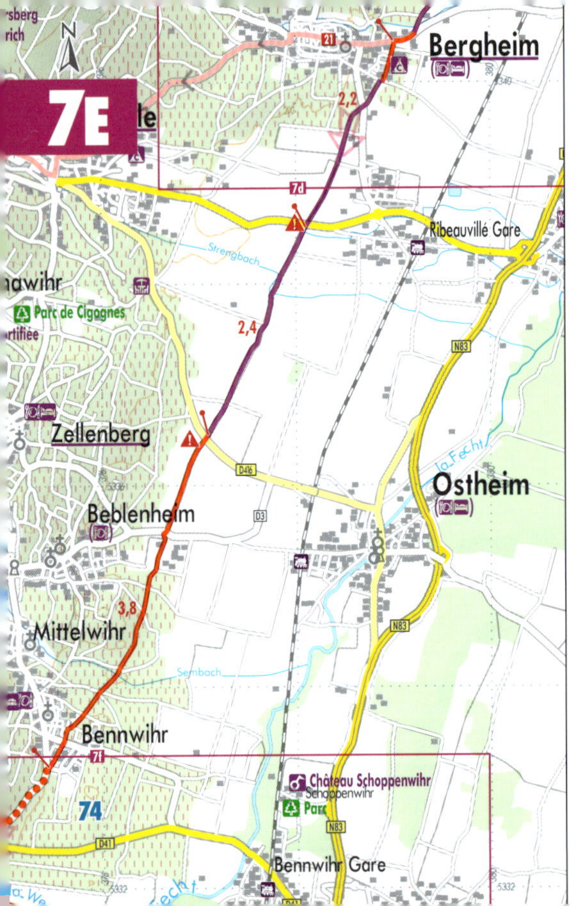

nach rechts, hin zum **Place Jean-de-Lattre-de-Tassigny**.

Colmar

PLZ: 68000

Touristinformation, 32 cours Saint Anne, ✆ 03 89 20 68 92, www.ot-colmar.fr

Musée d'Unterlinden, 1 rue d'Unterlinden, ✆ 03 89 20 15 50, ÖZ: 2. Mai-31. Okt. tägl. 9-18 Uhr; 1. Nov.-30. April Mo, Mi-So 9-12 Uhr u. 14-17 Uhr, geschlossen: 1.1., 1.11., 25.12. Hier kann man den von Grünewald gemalten Isenheimer Altar, alte Kunst des Martin Schongauer und Lukas Cranach bewundern.

Musée du Jouet (Spielzeugmuseum), 40 rue Vauban, ✆ 03 89 41 93 10, ÖZ: 1. Juli-30. Sept. tägl. 10-19 Uhr; 1. Okt.-30. Juni Mo, Mi-So 10-12 Uhr u. 14-18 Uhr, geschlossen: 1.1., 1.5., 1.11. u. 25.12. Es wird hier altes Spielzeug ausgestellt: Puppen, ein animiertes Marionettentheater und Miniaturzüge.

Musée Bartholdi, 30 rue des Marchands, ✆ 03 89 41 90 60, ÖZ: 1. März-31. Dez., Mo, Mi-So 10-12 Uhr und 14-18 Uhr, geschlossen: 1.5., 1.11. u. 25.12. Dies ist das Geburtshaus von Auguste Bartholdi, dem Schöpfer der Freiheitsstatue. Es werden hier Modelle seiner zahlreichen Denkmäler augestellt.

Bergheim

Museum d'histoire naturelle et d'ethnographie, 11 rue Turenne, ✆ 03 89 23 84 15, ÖZ: 1. Feb.-31. Dez. Mo, Mi-So 10-12 Uhr u. 14-17 Uhr, geschlossen: 1.5., 1.11. u. 25.12. Das Museum befindet sich im Herzen „Klein-Venedigs", in einem Gebäude aus dem 16. Jh. Dieses Haus hat im 19. Jh das Rathaus enthalten. Das Museum bietet 10 Säle, wo man regionale, zoologische, mineralogische, ethnologische und ägyptische Sammlungen sowie einzigartige ethnografische Werke entdecken kann.

Eglise des Dominicains (Dominikanerkirche), ✆ 03 89 24 46 57, ÖZ: Ende März-31. Dez. 10-13 Uhr u. 15-18 Uhr. Klosterkirche, stammt aus dem 13./14. Jh. und ist ein Paradebeispiel für die Baukunst der Bettlerorden. In der Kirche kann man das Tafelgemälde des berühmten Colmarer Malers Martin Schongauer „Madonna im Rosenhag" und bemerkenswerte Glasmalereien aus dem 14. Jh. besichtigen. Die ehemaligen Klosteranlagen beherbergen die Stadtbibliothek. Die Kirche befindet sich in der Rue des Serruriers und ist von Mitte März-Mitte Dez. tägl. geöffnet (10-18 Uhr).

Stiftskirche St. Martin, Place de la Cathédrale, ✆ 03 89 41 27 20, ÖZ: tägl. außer Sonntag Morgens und während der Gottesdienste, 1. Mai-31. Okt. 8-19 Uhr; 1. Nov.-

30. April 8-18.30 Uhr. Erbaut von 1234 bis Ende 14. Jh., besticht durch Klarheit und Einheitlichkeit.

Matthäuskirche, ✆ 03 89 41 44 96, ÖZ: Mitte April-Mitte Mai u. Ende Juli-Mitte Okt. 10-12 Uhr u. 15-17 Uhr; Besichtigung während der Gottesdienste und Konzerte nicht gestattet. Zwischen 1290 und 1340 nach dem Vorbild der Dominikanerkirche erbaut. Heute eine Kirche der evangelischen Gemeinde.

Kopfhaus, Rue des têtes. 1609 in rheinischer Renaissance errichtetes Bauwerk, hat seinen Namen von 105 Masken, die das Haus zieren.

Ehemalige Wachstube (Corps de garde), Place de la Cathédrale. An der Stelle der St. Jakobs Kapelle, bemerkenswertes Renaissance Portal mit Erker.

Pfisterhaus, Rue des marchands. Erbaut 1537 auf Auftrag Ludwig Scherers, dieses Haus beinhaltet Merkmale der Renaissance und des Mittelalters, sehenswert die Fassadenmalerei des Christian Bockstorffer.

Colmar

Koifhus, (Ancienne Douane), Place de l'Ancienne Douane. Das 1480 im Stil der Gotik und der Renaissance erbaute Gebäude diente jahrhundertelang als Lager, Markt und Zollhalle. Heute ein Kongresszentrum mit allen erforderlichen modernen Einrichtungen.

Palais des Hohen elsässischen Rates, (Conseil Souverain) erbaut 1769-1771, beherbergte den obersten Gerichtshof der Provinz Elsass.

Fischerstaden, (Quai de la Poissonnerie) eine Anzahl von Fachwerkhäusern, die sich malerisch entlang des Flüsschens Lauch reihen. Wenn man der rue de la Poissonnerie folgt, gelangt man rasch zu „Klein Venedig" (Petite Venise), dem romantischen und alten Stadtviertel, wo ehemals vor allem Schiffer und Fischer lebten.

Aqualia, 7 rue du Pigeon, ✆ 03 89 24 66 00

La Cyclothèque, 31 route d'Ingersheim, ✆ 03 89 79 14 18

Cycles Geiswiller, 6 boulevard du Champ de Mars, ✆ 03 89 41 30 59

Colmar Vélo Lacarre, Parking Lacarre, ✆ 03 89 29 31 72

Im Jahr 823 wurde „Columbarium" erstmals erwähnt. Es war damals ein fränkischer Königshof und wurde von Kaiser Friedrich Barbarossa zur Reichsstadt erhoben. Die Stadt wuchs, da sich zahlreiche Handwerker und

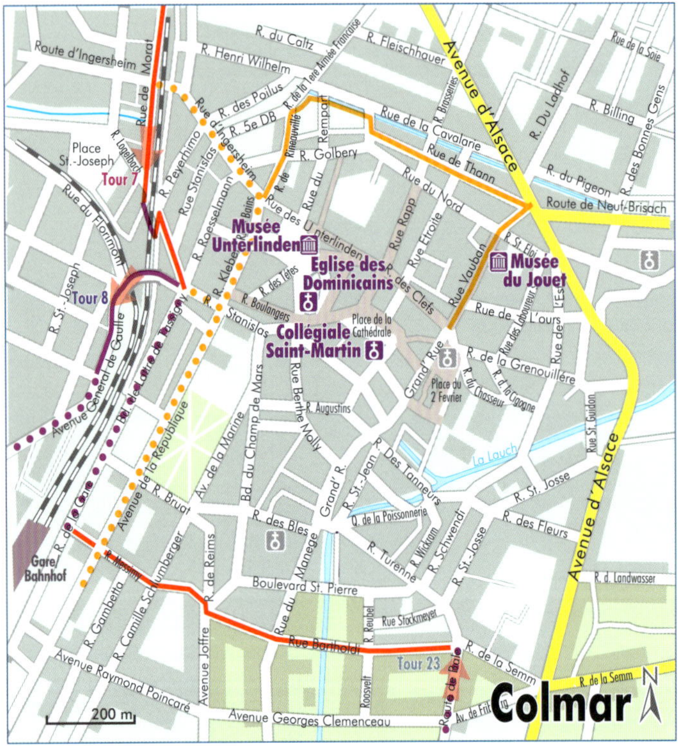

Colmar

Händler niederließen. Colmar erlebte eine wechselvolle Geschichte: Auseinandersetzungen mit dem Bischof von Strasbourg und dem Landadel, der sich mit dem Bischof verbündete, um sich des Stadtobersten Roesselmann zu entledigen. Dieser wurde geächtet, suchte aber bei Rudolf von Habsburg Hilfe und eroberte mit dessen Hilfe die Stadt zurück. 1278 gewährte Rudolf von Habsburg Colmar das Stadtrecht.

Der blühenden Wirtschaft der Stadt liegt der Weinhandel zugrunde, welcher mit ganz Europa betrieben wurde. 1354 trat Colmar dem Zehnstädtebund bei, um sich wirtschaftlich gegen die Bischöfe von Strasbourg behaupten zu können. Colmar wuchs auch zu einem geistigen Zentrum heran. Nach dem Dreißigjährigen Krieg wurde es vom französischen Staat annektiert und danach zu einem Verwaltungszentrum, denn die Präfektur das Départements Haut-Rhin und das Oberlandesgericht ließen sich dort nieder. Die Bevölkerungszahl wuchs an und gleichzeitig wurde Colmar als Industriestandort immer wichtiger. Trotzdem blieben in Colmar die historischen und kulturellen Spuren erhalten.

Tour 8 Von Colmar nach Mulhouse (56,7 km)

Ein kulturelles Highlight dieser Tour ist neben der denkmalgeschützten Altstadt Colmars, der Hauptstadt des elsässischen Weines, sicherlich das Freilichtmuseum Ecomusée in Ungersheim.

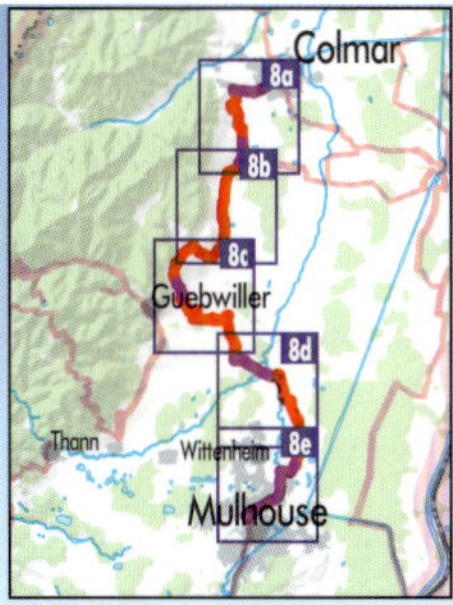

Charakteristik

Länge: 56,7 km
Start: Colmar
Ziel: Mulhouse
Wegbeschaffenheit: Die Tour verläuft auf befestigten bzw. asphaltierten Radwegen und Landstraßen, bei Merxheim sind zirka 4 Kilometer der Route unbefestigt.
Verkehr: mäßiger Verkehr hinter Eguisheim und Hattstatt, zwischen Westhalten und Orschwihr, bei Merxheim und in Ensisheim, starker Verkehr auf der D 201 und der D 55 vor Mulhouse
Steigungen: keine starken Steigungen
Beschilderung: Ausschilderung von Colmar bis Pfaffenheim und in Mulhouse
Anschlusstouren: 9, 23 und 27

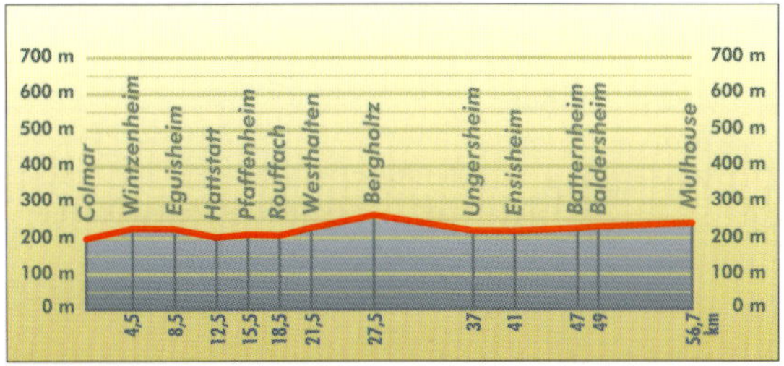

Colmar s. S. 74

Von Colmar nach Rouffach 18,5 km

Am **Place Jean-de-Lattre-de-Tassigny** rechts abbiegen und auf dem Radweg über die Eisenbahnbrücke ~ anschließend auf dem Radstreifen entlang der **Avenue du Général-de-Gaulle** bis nach Wintzenheim.

Wintzenheim

PLZ: F-68920

Skirama, Maison du Val Munster, 8 rue Principale-La Forge, ✆ 03 89 71 12 16

Ab dem Ortsanfang gibt es wieder einen Radweg, der nach der Kreuzung zur **N 83** für ein kurzes Stück abbricht ~ an der **Rue Feldkirch** links ~ geradeaus geht es im weiteren Verlauf nach Wettolsheim.

Wettolsheim

An der Kreuzung nach rechts in die **Rue Herzog**.

VARIANTE
Für die kürzere Variante durch den Ort halten Sie sich hier geradeaus.

Nach der Kirche am **Place de Général-de-Gaulle** links in die **Rue de Château** abbiegen ~ bei der **Route du Vin** fahren Sie nach links ~ am Ortsende nach rechts in die **Rue de Marbach** ~ Sie stoßen auf eine Stoppstraße und fahren geradeaus auf die **Rue de Colmar** ~ beim Stoppschild nach links in die **Rue de Traminer** ~ an der Vorfahrtsstraße **Grand' Rue** nach links.

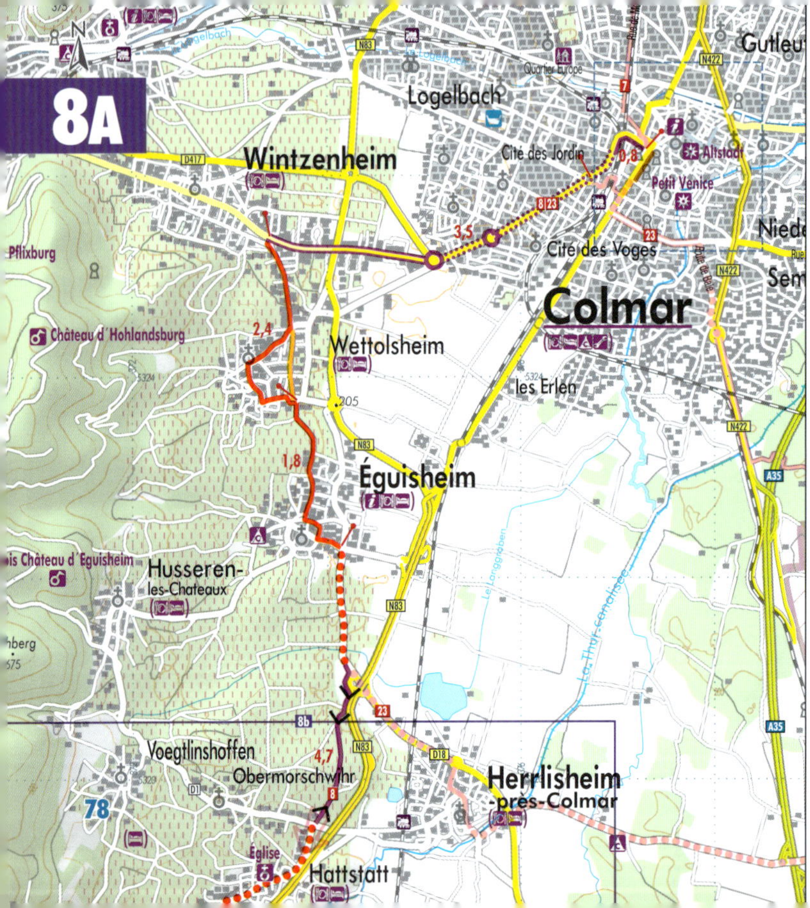

INS ZENTRUM Möchten Sie dem Zentrum einen Besuch abstatten, halten Sie sich hier rechts.

Eguisheim

PLZ: 68420

Touristinformation, 03 89 23 40 33

An der Kreuzung zur **D 1 bis** nach rechts in Richtung Herrlisheim abbiegen ⤳ kurz vor der Auffahrt zur N 83 nach rechts in den Wirtschaftsweg einbiegen ⤳ auf dem Weg bis zur Kreuzung mit der D 1, dort geht es geradeaus auf die **D 1 XI**.

Hattstatt

Folgen Sie der D 1 XI bis zum Ortsausgang ⤳ nach links in die **Rue de Maréchal Leclerc** ⤳ an der Kreuzung zur **D 1 V** geradeaus ⤳ kurz vor der N 83 nach rechts auf den Weg der parallel zur **N 83** verläuft.

Eguisheim

Pfaffenheim

Der Weg stößt an die D 1 VI, hier rechts abbiegen ⤳ bei der ersten Möglichkeit nach links in die Rue de la Tuillerie ⤳ an der Stoppstraße nach links und gleich wieder nach rechts in die Rue du Stade ⤳ ⚠ am Sportplatz vorbei und weiter geradeaus (nicht den Radwegweisern folgen!) bis zur T-Kreuzung und nach links abbiegen ⤳ bei der nächsten Gelegenheit nach rechts ab.

Rouffach

PLZ: 68250

- **Touristinformation**, Place de la Rèpublique, ✆ 03 89 78 53 15, www.ot-rouffach.com
- **Maria Himmelfahrt Kirche**, (Notre Dame de l'Assomption), 9 place de la République, die ältesten Teile, wie das Querhaus, stammen aus dem 11. Jh., die Kirche weist verschiedene architektonische Stile auf, da bis ins 19. Jh. Veränderungen an ihr vorgenommen wurden.
- **Hexenturm** (tour des sorcières), wurde zwischen dem 13. und 15. Jh. errichtet und diente bis ins 18. Jh. als Gefängnis für Frauen, die der Hexerei angeklagt waren. Heute nisten darauf die Störche.
- **Freibad**, Rue de la piscine, ✆ 03 89 78 52 26, ÖZ: Juni-August
- Cycles et Sports 68, 20 rue du Maréchal Lefebvre, ✆ 03 89 78 50 80

In der Merowingerzeit war Rouffach ein Königsgut, das sich der Strasbourger Bischof aneignete. Es entstand eine Siedlung, die im Jahr 1105 niedergebrannt wurde. Der Ort wurde wieder aufgebaut und erhielt 1238 das Stadtrecht. Im Dreißigjährigen Krieg wurde Rouffach abermals zerstört, dennoch blieben viele historische Gebäude erhalten. Erwähnenswert sind die Frauen von Rouffach, die Kaiser Heinrich V. den Garaus machten, weil er ein junges Mädchen hatte entführen lassen. Am Ostersonntag griffen sie zu den Waffen und stürmten mit ihren Männern die Kaiserburg. Der Kaiser flüchtete und ließ Krone, Zepter und Mantel zurück, welche die Frauen der Hl. Maria als Opfergabe zum Altar brachten.

Von Rouffach nach Ungersheim 19 km

Bei der Kreuzung zur Vorfahrtsstraße geradeaus ~ an der Weggabelung nach links ~ bei dem Stoppschild geradeaus in die **Rue Louis Pasteur** ~ bei der Kreuzung geradeaus in die **Rue des Vosges** ~ an der Stoppstraße nach rechts und aus Rouffach heraus ~ an der Kreuzung nach rechts und dem Weg bis Westhalten folgen.

Westhalten

An der T-Kreuzung zur Vorfahrtsstraße nach rechts abbiegen ~ links ab in die **Rue de la Fontaine** ~ bei der nächsten Möglichkeit nach rechts in die **Rue de la Liberté** ~ nach links

Maria Himmelfahrt Kirche

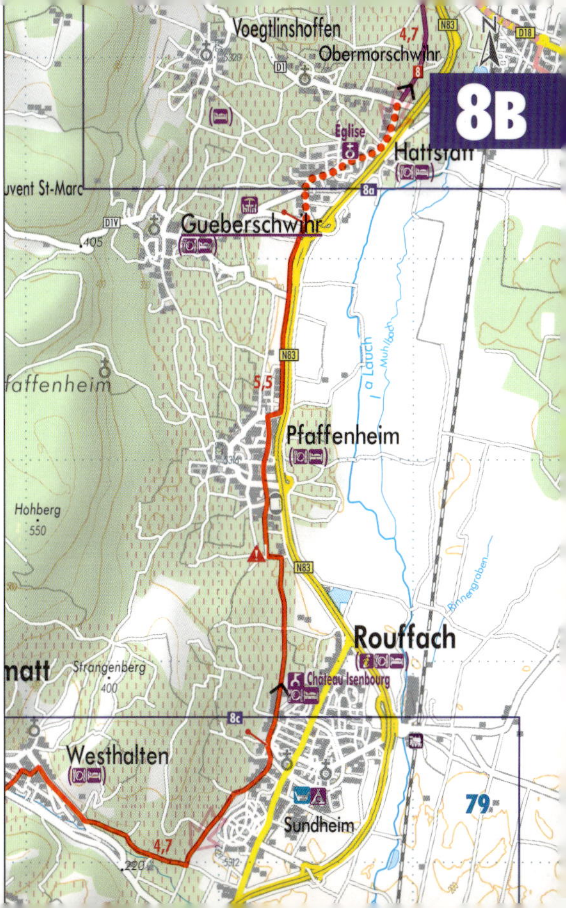

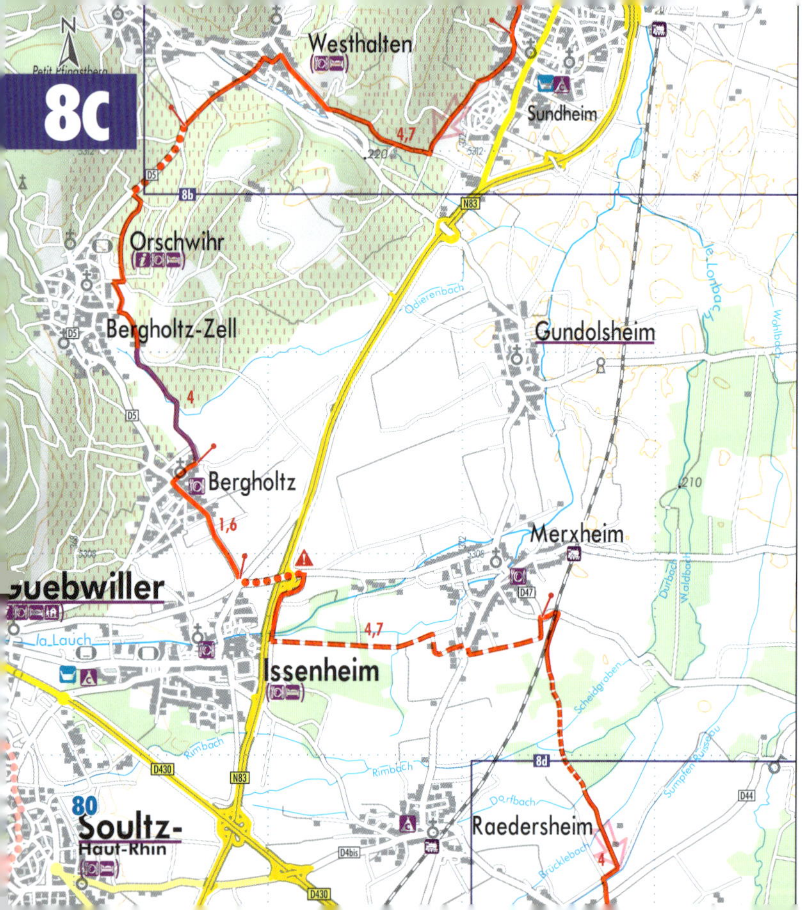

in die **Rue d'Orschwihr** ~ die Hauptstraße überqueren ~ im weiteren Verlauf zur **D 5** und links weiter ~ noch vor der Reklametafel von Nicolas Zusslin nach links abzweigen ~ bei dem Schild „Durchfahrt verboten" rechts (für Radfahrer frei) ~ an dem Wegkreuz wiederum nach rechts ~ über den kleinen Bach und gleich wieder nach links abbiegen ~ bei der T-Kreuzung nach links ~ nach dem Rechtsbogen bei der Gabelung nach rechts hinunter auf einen Radweg, der bis nach Bergholtz führt.

Westhalten

Bergholtz

Bei der zweiten Möglichkeit nach rechts abzweigen ~ an der Kirche vorbei, links in die Rue d'Issenheim und Bergholtz verlassen ~ am Kreisverkehr links in Richtung Merxheim ~ auf der Brücke über die N 83 und gleich die erste Abzweigung nach rechts ~ die Vorfahrtsstraße überqueren ~ parallel zur N 83 bis zur ersten Abzweigung nach der Brücke über die Lauch und nach links abbiegen ~ auf Höhe des grünen Hauses nach rechts abbiegen und dem Wegverlauf folgen.

Merxheim

Die Stoppstraße überqueren und schräg nach rechts in die **Rue des Champs** ~ an der T-Kreuzung nach links auf den unbefestigten

Weg, der bis zur **D 47** führt ⁓ nach rechts abbiegen ⁓ gleich nach der Unterquerung der Bahnlinie rechts ab ⁓ an der T-Kreuzung nach rechts und wenige Meter weiter nach links zur **D 44** hin abbiegen. Über die D 44 geradeaus gegen die Einbahnstraße **Rue de Paris** ⁓ an der Weggabelung nach links in die **Rue du Château d'Eau**

Ensisheim

Ungersheim

PLZ: 68190

Le Bioscope, ✆ 03 44 62 30 77, ÖZ: Juni und Sept. 10-18 Uhr; Juli-Aug. 9.30-19 Uhr; 1. Okt.-12. Nov. 10-17 Uhr. Ein neuartiger Erkundungspark des Lebens mit Attraktionen und verschiedenen Themen, angelegt in Form von 3 Pavillons und 6 Themenwelten.

Hallenbad, 10 rue des Lilas, ✆ 03 89 48 04 37

Von Ungersheim nach Mulhouse *19,2 km*

Geradeaus über die Stoppstraße ⁓ bei der nächsten Kreuzung zur **Rue du Chemin de Fer** wieder geradeaus und dem Straßenverlauf bis zur **D 4 bis** folgen ⁓ nach rechts abbiegen.

In Ensisheim am Kreisverkehr schräg nach links in Richtung Zentrum abbiegen ⁓ über die Ill und auf der **Rue de la 1er Armée Français** durch das Zentrum.

Ensisheim

PLZ: 68190

Mulhouse, Stephanskirche

Bad, Chemin de l'Eiblen, ✆ 03 89 81 08 00

Beim Kreisverkehr nach rechts abbiegen ⤳ am nächsten Kreisverkehr wieder nach rechts abbiegen ⤳ immer geradeaus am Friedhof vorbei weiter gegen die Einbahnstraße ⤳ nach dem Quatelbach nach rechts auf den befestigten Weg ⤳ an der Kreuzung nach links und anschließend nach rechts auf die **D 201**.

Battenheim

Bei der Kirche nach rechts auf die **D 20 II** abbiegen ⤳ bei der ersten Gelegenheit nach links in die **Rue du Moulin** ⤳ geradeaus weiter auf der **Rue de Baldersheim** ⤳ ab dem Dorfende ist der Weg bis Baldersheim unbefestigt.

Baldersheim

An der Vorfahrtsstraße nach rechts abbiegen ⤳ auf der **Rue de Ruelisheim** weiter bis zum Kreisverkehr ⤳ nach rechts auf den Radstreifen abbiegen ⤳ nach der Brücke rechts hinunter auf den Radweg, der entlang der Ill nach Mulhouse führt.

Der befestigte Radweg endet an der Ecke Rue de Brest / Rue de Quimper ⤳ ein kurzes Stück noch auf dem unbefestigten Radweg bis dieser dann auf die **Rue de Quimper** mündet ⤳ weiter auf dem Radstreifen bis zur **Rue de Kingersheim** ⤳ nach links abbiegen ⤳ bei der Ampel nach links auf die **Avenue de Colmar** abbiegen ⤳ auf dem Radweg über die Brücke in Richtung Zentrum.

Mulhouse

PLZ: 68100

- **Touristinformation**, 9 avenue Foch, ✆ 03 89 35 48 48, www.tourisme-mulhouse.com
- **Stephanskirche**, Place de la Réunion. Zwischen 1858 und 1868 errichtete, heute protestantische Kirche mit wunderschönen Kirchenfenstern aus dem 14. Jh.
- **Johanneskapelle**, Grand' Rue. Wurde 1269 vom Johanniterorden errichtet. Sehenswert sind die Wandmalereien aus dem 16. Jh., derentwegen die Kapelle 1893 unter Denkmalschutz gestellt wurde.

Nationales Automobilmuseum, (Cité de l'Automobile Musée national-collection Schlumpf) 192 avenue de Colmar, ✆ 03 89 33 23 23, ÖZ: 3. Jan.-4. Feb. Mo-Fr 13-17 Uhr, Sa/So 10-17 Uhr; 5. Feb.-3. Apr. tägl. 10-17 Uhr; 1. April-5. Nov. tägl. 10-18 Uhr; 6. Nov.-1. Jan. tägl. 10-17 Uhr, 4. Apr.-30.Okt. tägl. 10-18 Uhr, 31. Okt.-31. Dez. tägl. 10-17 Uhr Gegründet von den Brüdern Schlumpf, seit 1981 Staatseigentum, weltgrößtes Automobilmuseum mit 500 Exponaten von 98 verschiedenen Herstellern.

Eisenbahnmuseum, (Cité du Train) 2 rue Alfred de Glehn, ✆ 03 89 42 83 33, ÖZ: 1. Jan.-4. Jan. 10-17 Uhr; 5. Jan.-5.Feb. Mo-Fr. 10-14 Uhr; Sa/So 10-17 Uhr, 6. Feb.-2. Apr. tägl. 10-17 Uhr; 3. Apr.-29. Okt. tägl. 10-18 Uhr, 30. Okt.-31. Dez. tägl. 10-17 Uhr, 25. Dez. geschlossen. Gezeigt wird eine große Anzahl von Lokomotiven, Personenwagen und Luxuswagen; außerdem Sonderschau über 150 Jahre Eisenbahngeschichte.

Stoffdruckmuseum, (Musée de l'Impression sur Etoffes), 14, rue Jean-Jacques Henner, ✆ 03 89 46 83 00, ÖZ: Di-So 10-12 Uhr und 14-18 Uhr. Es wird die Geschichte des Stoffdruckes in Europa gezeigt und es können unterschiedlichste Gewebe besichtigt werden.

Elektrizitätsmuseum (Musée EDF Electropolis), 55 rue du Pâturage, ✆ 03 89 32 48 60, ÖZ: Di-So 10-18 Uhr. Anhand von zahlreichen elektrischen Experimenten und Vorführungen werden dem Besucher umfangreiche Informationen und Einsichten geboten. Das bedeutendste Exponat ist ein dampfbetriebener Generator.

Historisches Museum, (Musée Historique) Place de la Réunion, ✆ 03 89 33 78 17, ÖZ: Mi-Mo 13-18.30 Uhr, Feiertags geschlossen. Erzählt die Geschichte der Stadt. Es gibt auch zahlreiche Archäologie-, Puppen- und Spielzeugsammlungen zu besichtigen.

Tapetenmuseum, (Musée du Papier Peint) 28 rue Zuber in Rixheim, ✆ 03 89 64 24 56, ÖZ: 10-12 Uhr und 14-18 Uhr, 1. Nov-30. Apr. Mi-Mo 10-12 Uhr und 14-18 Uhr. 130.000 Ausstellungsstücke dokumentieren die Entwicklung der Tapete vom 18. Jh. bis heute.

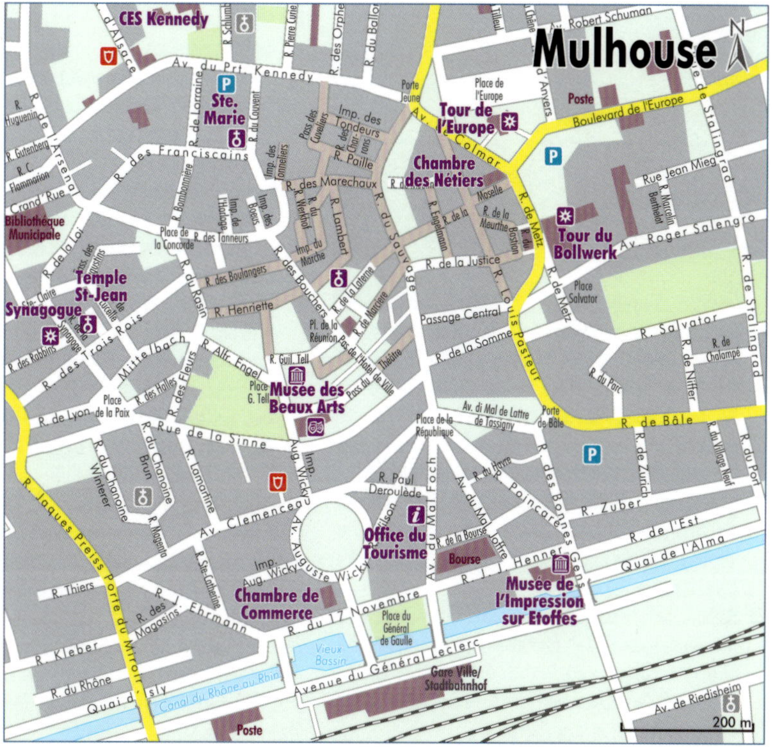

Mulhouse

Textil- und Bekleidungsmuseum, (Musée du Textile et des Costumes de Haute-Alsace) Château de Wesserling, ✆ 03 89 38 28 08, ÖZ: April-30. Sept. Di-So 10-12 Uhr u. 14-18 Uhr; 18. Juni-24. Sept. auch Mo; Okt.-31. März Di-So 10-12 Uhr u. 14-17 Uhr. 1996 in einem renovierten Industriegebäude von 1819 eröffnet, zeigt es eine Sammlung von Kostümen, die mehr als 200 Jahre Textilgeschichte erzählen.

Kunstmuseum, (Musée des Beaux-arts) 4 Place Guillaume-Tell, ✆ 03 89 33 78 11, ÖZ: Mi-Mo 13-18.30 Uhr, Feiertags geschlossen. Unter anderem werden Bilder von Boucher, Pieter Bruegel d. J. und Lukas Cranach ausgestellt.

Rathaus, befindet sich auf der Place de la Réunion, welcher das Herz von Mulhouse darstellt. Es wurde im rheinischen Renaissancestil errichtet und hat eine wunderschöne, farbige Fassade. Auf einem Giebel hängt der „Klapperstein", eine Kopie des „Halsschmucks", welchen Verleumder zu tragen hatten.

Stadtmauer, wurde im 19. Jh. aufgrund des großen Wachstums der Stadt abgerissen. Man kann ihrem Verlauf aber von Tor zu Tor folgen: Junges Tor (porte jeune), Basler Tor (porte de Bâle), Spiegeltor (porte du miroir), Obertor (porte haute). Die einzigen Relikte dieser Festung sind der Nessel-Turm, der Teufelsturm und der Bollwerk-Turm.

Europa-Turm, befindet sich auf dem Europaplatz, dem neuen Stadtzentrum. Vom Aussichtsrestaurant auf dem 100 m hohen Turm hat man eine großartige Aussicht über die Stadt und ihre Umgebung.

Zoologischer und Botanischer Garten, 51 rue du jardin zoologique, ✆ 03 89 31 85 10, ÖZ: Mai - Aug., 9-19 Uhr, April, Sept. 9-18 Uhr, März, Okt., Nov. 9-17 Uhr, Dez., Jan., Feb. 10-16 Uhr. Es leben dort mehr als 1.000 Tiere, auch seltene und vom Aussterben bedrohte Arten (Halbaffen, Tapire ...). Im Botanischen Garten kann man mehr als 2.000 Blumenarten bewundern.

Piscine Pierre et Marie Curie, ✆ 03 89 32 69 00

Im 9. Jahrhundert wird Mulhouse zum ersten Mal erwähnt, eine Mühle an der Ill, um die sich nach und nach ein Dorf entwickelte. Zu Beginn des 13. Jahrhunderts wurde die Stadt befestigt und erhielt 1308 von Friedrich Barbarossa schließlich den Status Reichsstadt. Mulhouse war Verbündete der Schweizer Kantone und somit autonom, deshalb blieb es vom Dreißigjährigen Krieg verschont. 1523 schloss sich die Stadt den Thesen Ulrich Zwinglis an. 1746 gründeten Koechlin, Schmalzer, Dollfus und Feer eine Stoffdruckmanufaktur. Dieser Wirtschaftszweig breitete sich aus und machte Mulhouse zu einem Industriezentrum. 1798 trat die Stadt dem französischen Staat bei und beschloss damit einen großen Aufschwung – chemische und mechanische Fabriken entstanden. Die Kriege bremsten den Aufstieg etwas, besonders im 2. Weltkrieg entstanden einige sehr große Schäden, aber dank eines Wiederaufbauprogramms wurden Mulhouse und seine Industrie schnell wieder saniert. Seit 1975 gibt es auch eine Universität, die sich vor allem in Textil- und Chemiefachschulen der berufsorientierten Ausbildung widmet.

Mulhouse, Place de la Réunion

Tour 9 Von Mulhouse nach Basel (55 km)

Die letzte Tour der Nord-Süd-Route startet in Mulhouse, der zweitgrößten Stadt des Elsass, und führt über malerische kleine Orte zurück nach Basel.

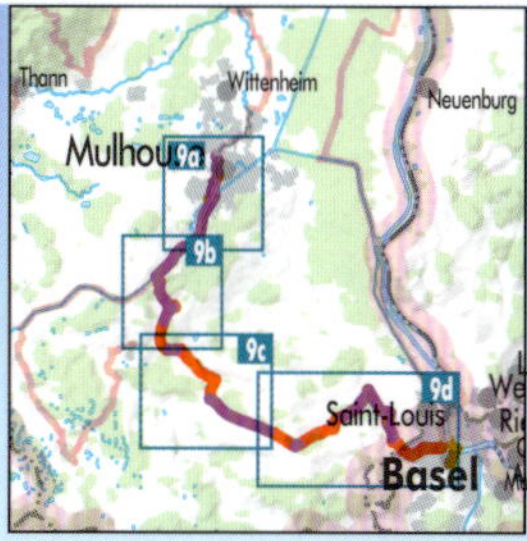

Charakteristik

Länge: 55 km
Start: Mulhouse
Ziel: Basel
Wegbeschaffenheit: Die Route verläuft durchgehend auf befestigten bzw. asphaltierten Radwegen und Landstraßen.
Verkehr: mäßiger Verkehr in Mulhouse, zwischen Didenheim und Brunstatt, zwischen Walheim und Emlingen, vor Tagsdorf und abschnittsweise von Blotzheim nach Basel
Steigungen: Die letzten 30 Kilometer der ansonst ebenen Strecke verlaufen leicht hügelig.
Beschilderung: nicht durchgängige Ausschilderung zwischen Mulhouse und Illfurth
Anschlusstouren: 1 und 27

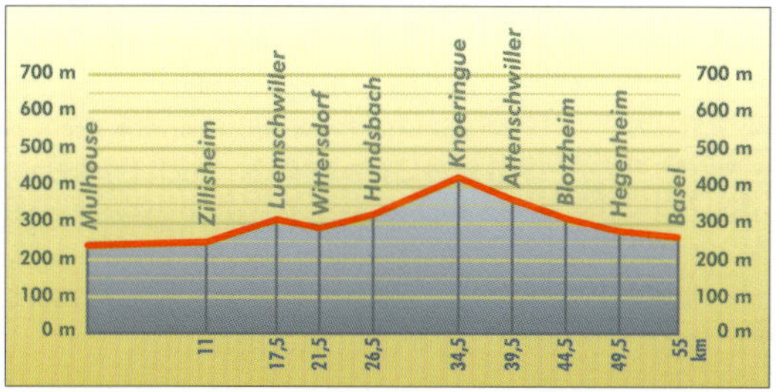

Mulhouse s. S. 82

Von Mulhouse nach Wittersdorf 20,4 km

Vor dem Automobilmuseum müssen Sie auf die Straße wechseln ⇝ nach rechts in die **Rue Thierstein** abbiegen ⇝ an der nächsten Ecke nach links in die **Rue de la Passerelle**, wo auch bald ein Radstreifen auftaucht ⇝ am **Quai du Forst** nach

Mulhouse, Automobilmuseum

rechts ⇝ an der Kreuzung zur Rue de Strasbourg endet der Radstreifen ⇝ geradeaus auf den **Quai de la Cloche** ⇝ an der nächsten Kreuzung wieder geradeaus in die **Rue de Siphon** ⇝ an der Ecke zum **Boulevard de la Marne** nach links abbiegen ⇝ an der Ampel nach rechts auf den Radweg entlang des **Boulevard Charles Stössel** ⇝ bei der nächsten Ampel nach links in die **Rue André Koechlin Dolfus** ⇝ am **Quai des Cigognes** nach rechts abbiegen und dem Radweg entlang des Kanals **L´Ill** folgen ⇝ unter den Bahngleisen hindurch und

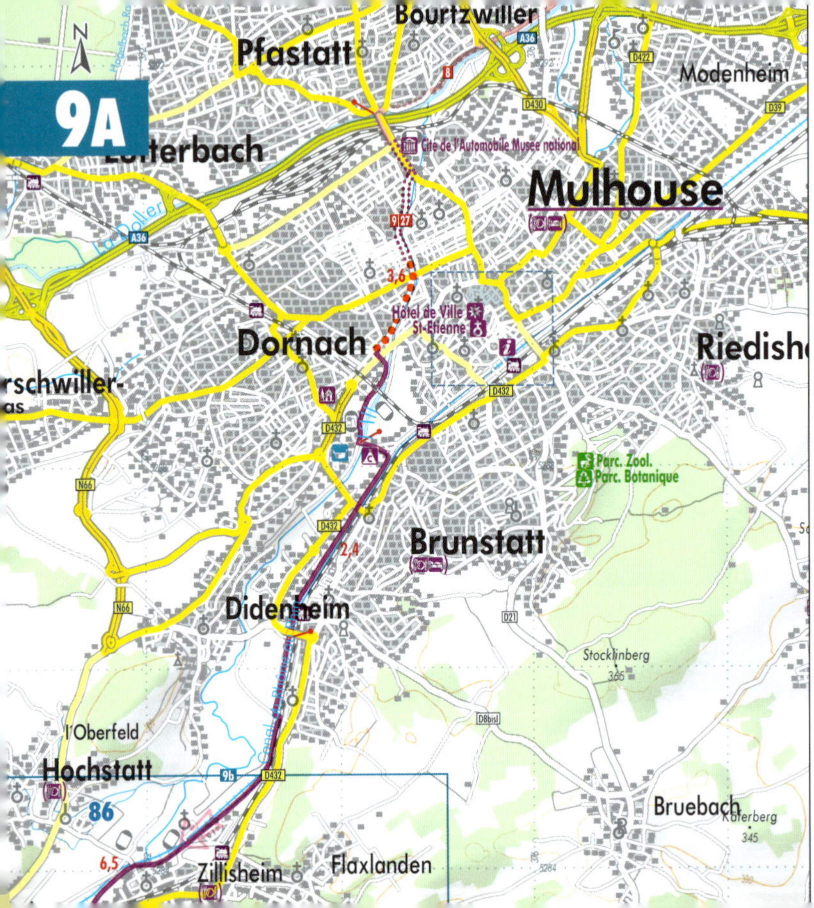

an einem Sportplatz vorbei ~ nach dem Sportplatz links auf die Brücke und den Kanal überqueren ~ geradeaus weiter bis zum nächsten Kanal, dem **Canal du Rhône au Rhin** ~ hier rechts und dem Radweg entlang des Kanals folgen.

Brunstatt

Am Ortsende von Brunstatt auf die linke Kanalseite wechseln ~ auf diesem Weg etwa 6 km bis nach Illfurth.

Illfurth

Die Brücke noch unterqueren und dann links hinauf zur Straße ~ nach rechts abbiegen ~ bei der Kreuzung nach rechts in die **Grand' Rue** einbiegen ~ an der T-Kreuzung nach links ~ beim Stoppschild geradeaus in die **Rue de la Barriere** ~ die Bahngleise überqueren und nach rechts in den **Chemin du Buig** abbiegen ~ an der Kreuzung zur **D 432** nach links.

Tagolsheim

Bei der Weggabelung nach links in die Anliegerstraße ~ an der Kreuzung zur Hauptstraße geradeaus in die **Rue des Vallons** und dem Straßenverlauf folgen.

Luemschwiller

An der ersten Kreuzung nach rechts in die **Rue de Walheim** ~ an der nächsten Ecke nach rechts, in den für den motorisierten Verkehr gesperrten Weg.

Walheim

An der Abzweigung nach rechts ~ beim Stoppschild nach links in die **Rue de Wittersdorf** bzw. **D 16** (⚠ die Radwegweiser sind nicht eindeutig).

Wittersdorf

Von Wittersdorf nach Basel 34,6 km

An der ersten Kreuzung nach links in die Anliegerstraße ~ an der nächste Ecke links hinauf zur Kirche und weiter bis nach Emlingen.

Emlingen

An der T-Kreuzung nach rechts auf die **D 6 b** ~ ⚠ bei der **D 419** nach links abbiegen.

Tagsdorf

Noch in der Linkskurve der D 419 nach rechts auf die **Rue de la Vallée** bzw. **D 16** und weiter nach Hundsbach.

Mulhouse, Théâtre Municipal

Hundsbach

Am Dorfanfang nach rechts auf die **D 16 II** in Richtung Willer ab ⤳ kurz vor Willer bei dem Wegkreuz nach links auf den Radweg ⤳ immer geradeaus bis nach Knoeringue.

Knoeringue

An der Kreuzung nach links und gleich wieder nach rechts ⤳ auf der **Route des Romains** rechts an der Kirche vorbei ⤳ bei der Weggabelung nach links auf die **D 16** ⤳ noch vor der Siedlung Neuhof nach links in den Wirtschaftsweg, der am Waldrand entlangführt ⤳ an der Stopptafel nach rechts auf die **D 21** ⤳ wenige Meter weiter auf die **D 21 IV** einbiegen ⤳ auf dieser bis Attenschwiller über Michelbach-le-Haut.

Attenschwiller

An der Kreuzung nach links auf die **D 16 VI** abbiegen ⤳ bei der Kreuzung zur D 419 geradeaus in den Wirtschaftsweg ⤳ dem Verlauf bis nach Blotzheim folgen.

Blotzheim

Rechts auf den Radweg entlang der **D 12 b** ⤳ ab dem Ortsende sind nur noch Radstreifen vorhanden ⤳ bei dem Gewerbegebiet von Hésingue nach links zur **D 105**

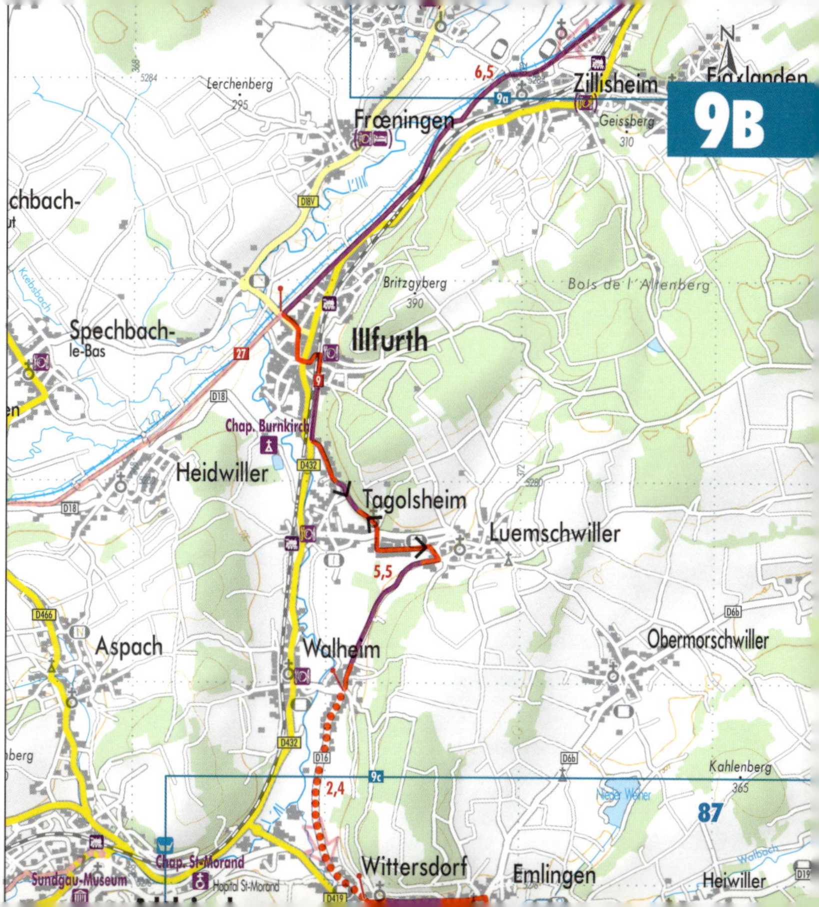

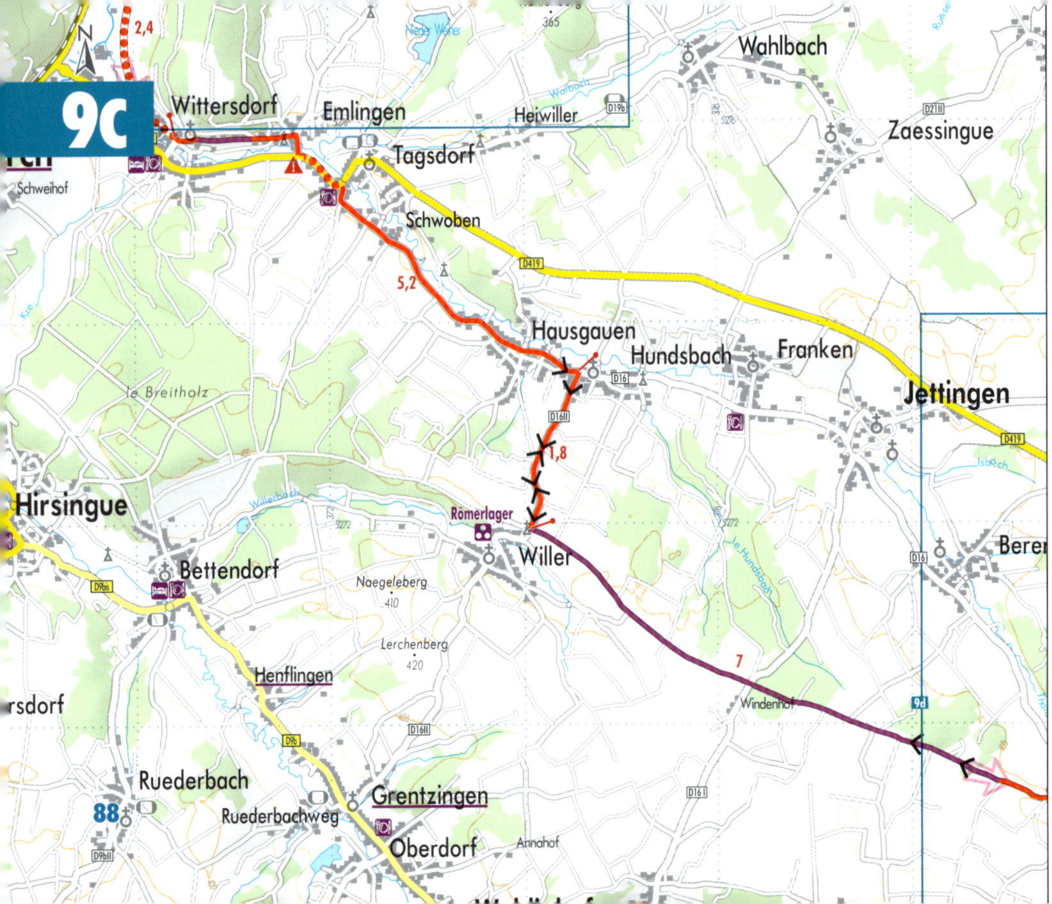

abbiegen, benutzen Sie den Radweg auf der linken Straßenseite und folgen Sie dem Verlauf.

Hésingue

Bei der Weggabelung am Dorfanfang schräg nach rechts ~ an der Hauptstraße nach rechts ~ an der T-Kreuzung bei der Kirche nach links auf die **D 12 b** abbiegen ~ am Ende des Dorfes beginnt ein Radstreifen, der bis vor Hégenheim führt.

Hégenheim

Nach einem kurzen Stück auf dem Radweg wieder auf die Straße wechseln und derem Verlauf bis zur T-Kreuzung bei der Post folgen ~ nach links abbiegen ~ bei der Abzweigung zur **D 469** nach rechts abbiegen ~ das Dorf verlassen und zur Grenze.

Von der Grenze aus auf dem **Grabenring** bis zur **Basler Straße** und links in diese einbiegen ~ entlang der Basler Straße geht es dann geradeaus in die **Allschwiler Straße** und weiter in die **Ahornstraße** ~ am **Spalenring** geradeaus in die **Birmannsgasse** ~ bei der **Missionsstraße** nach rechts ~ am Spalentor geradeaus in die Altstadt von Basel.

Basel s. S. 16

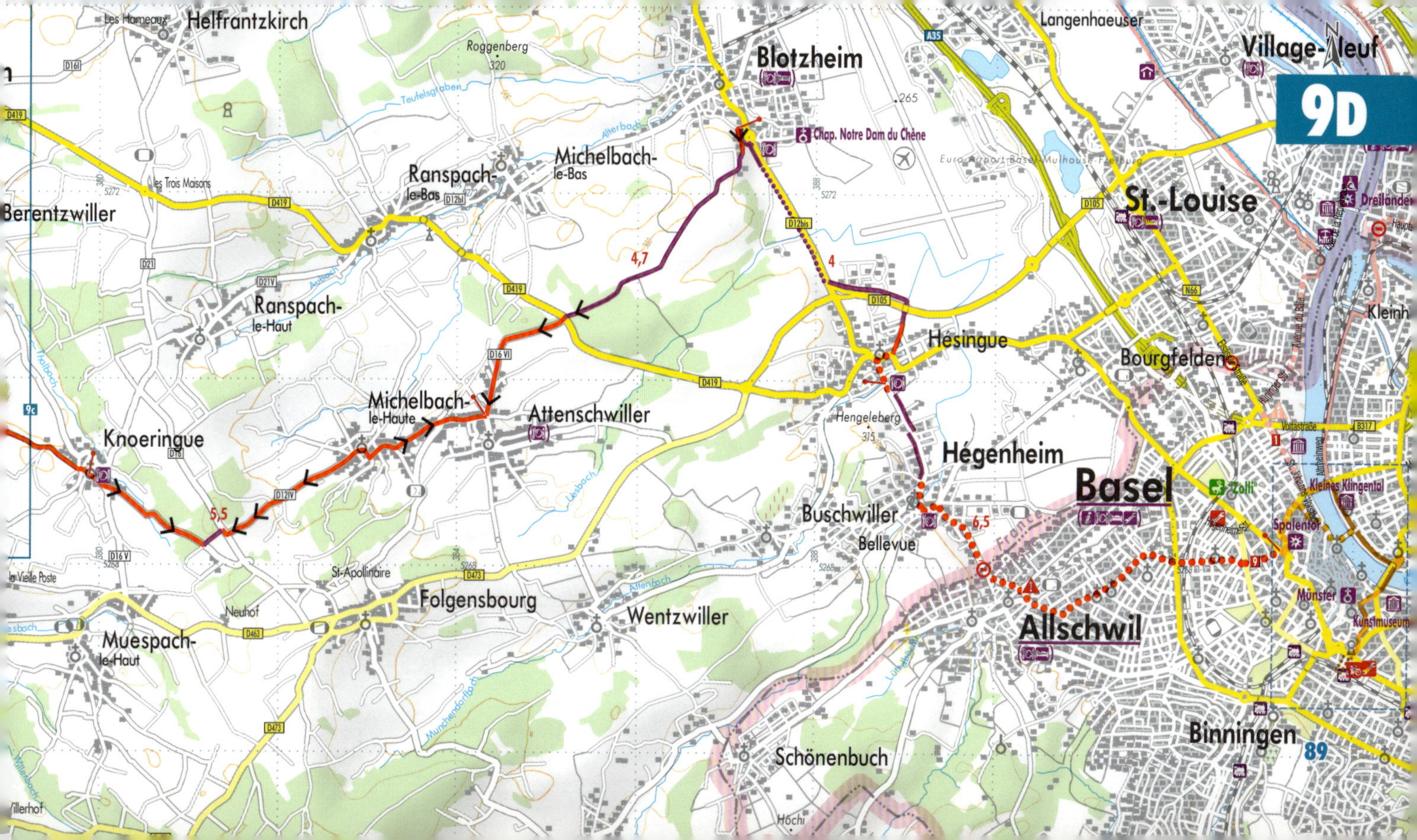
9D
Helfrantzkirch
Les Hameaux
Roggenberg
320
Blotzheim
Chap. Notre Dam du Chêne
Village-Neuf
Langenhaeuser
Teufelsgraben
Michelbach-
le-Bas
Ranspach-
le-Bas
Les Trois Maisons
Berentzwiller
Euro-Airport Basel-Mulhouse-Freiburg
St.-Louise
Dreiländer
4,7
4
Ranspach-
le-Haut
Hésingue
Bourgfelden
Kleinh
Michelbach-
le-Haute
Attenschwiller
Hengeleberg
315
Hégenheim
Knoeringue
Basel
"Zolli"
Kleines Klingental
Spalentor
Buschwiller
Bellevue
5,5
6,5
St-Apollinaire
la Vieille Poste
Folgensbourg
Wentzwiller
Neuhof
Allschwil
Münster
Kunstmuseum
Muespach-
le-Haut
Binningen
89
Schönenbuch
Höchi
D419
D105
D12bis
D16VI
D12IV
D16V
D473
D463
D21
D21V
N66
B317
A35
Voltastraße
9c

Radtouren im Département Bas Rhin 518,6 km

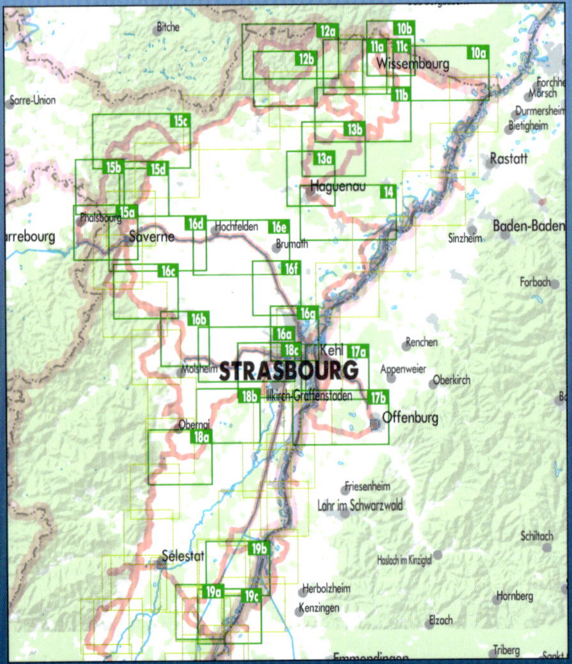

Tour 10 Deutsch-Französischer Radwanderweg in der Vallée de la Lauter

Tour 11 Rundfahrt Wissembourg – Soultz-sous-Forêts

Tour 12 Burgen-Rundfahrt in der Vallée de la Sauer

Tour 13 Rundfahrt Haguenau – Woerth

Tour 14 Von Haguenau zum Rhein

Tour 15 Rundfahrt Saverne – La Petite Pierre

Tour 16 Rundfahrt Strasbourg – Saverne

Tour 17 Rundfahrt Kehl – Offenburg

Tour 18 Von Barr nach Strasbourg

Tour 19 Rundfahrt Marckolsheim

Tour 10 Deutsch-Französischer Radwanderweg in der Vallée de la Lauter (47,8 km)

Diese beinahe steigungsfreie Rundtour kann als Verbindungsroute der Süd-Nord-Route mit der Nord-Süd-Route fungieren.

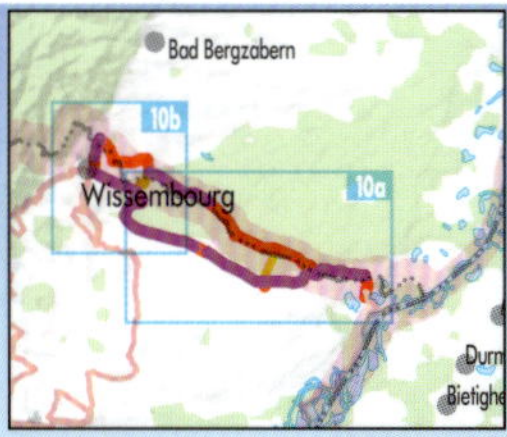

Charakteristik

Länge: 47,8 km

Start/Ziel: Lauterbourg

Wegbeschaffenheit: Die Route verläuft bis auf zwei Teilstücke bei Scheibenhardt und Schweighofen ausschließlich auf befestigten bzw. asphaltierten Radwegen und Landstraßen.

Verkehr: außer auf der D 3 und der D 263, also in und um Wissembourg, keine Verkehrsbelastung

Steigungen: Die Strecke verläuft bis auf eine Ausnahme in Schweigen-Rechtenbach steigungsfrei.

Beschilderung: Europäische Randwanderweg-Beschilderung (blaues Schild mit gelbem Radfahrer)

Anschlusstouren: 5 und 11

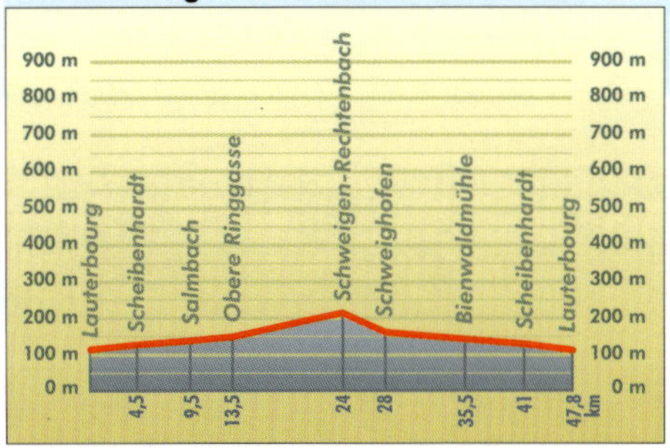

Lauterbourg

PLZ: 67250

ℹ **Office de Tourisme du Canton Lauterbourg**, Hôtel de Ville, ☎ 03 88 94 66 10, www.lauterbourg.net

Von Lauterbourg nach Schweighofen 28,9 km

Vom **Bahnhof** in Lauterbourg bis zur Hauptstraße **D 3** ⇝ schräg nach links auf die **D 248** in Richtung Zentrum ⇝ dem Verlauf der **Route de la Chapelle** bis zur T-Kreuzung folgen ⇝ nach rechts auf die **D 468** abbiegen ⇝ an der Kreuzung in Neulauterburg nach links in die **Scheibenhardter Straße** einbiegen ⇝ auf diesem Radweg bis zum Dorfanfang von Scheibenhardt ⇝ die L 545 nach links in Richtung Kröllhütte überqueren ⇝ an der Kreuzung Mühlweg weiter geradeaus auf den unbefestigten Radweg.

Scheibenhardt

Am Ende des Radweges nach links ⇝ nachdem Sie die Lauter bzw. die Grenze überquert haben, nach rechts in die **Rue de la Compagnie** ⇝ ⚠ an der Stoppstraße geradeaus auf den Radweg, der nach Niederlauterbach führt.

Niederlauterbach

Am Ende des Radweges weiter geradeaus durch eine Wohnhaussiedlung ⇝ an der T-Kreuzung rechts und sofort wieder links abbiegen ⇝ im weiteren Verlauf auf dem Radweg nach Salmbach.

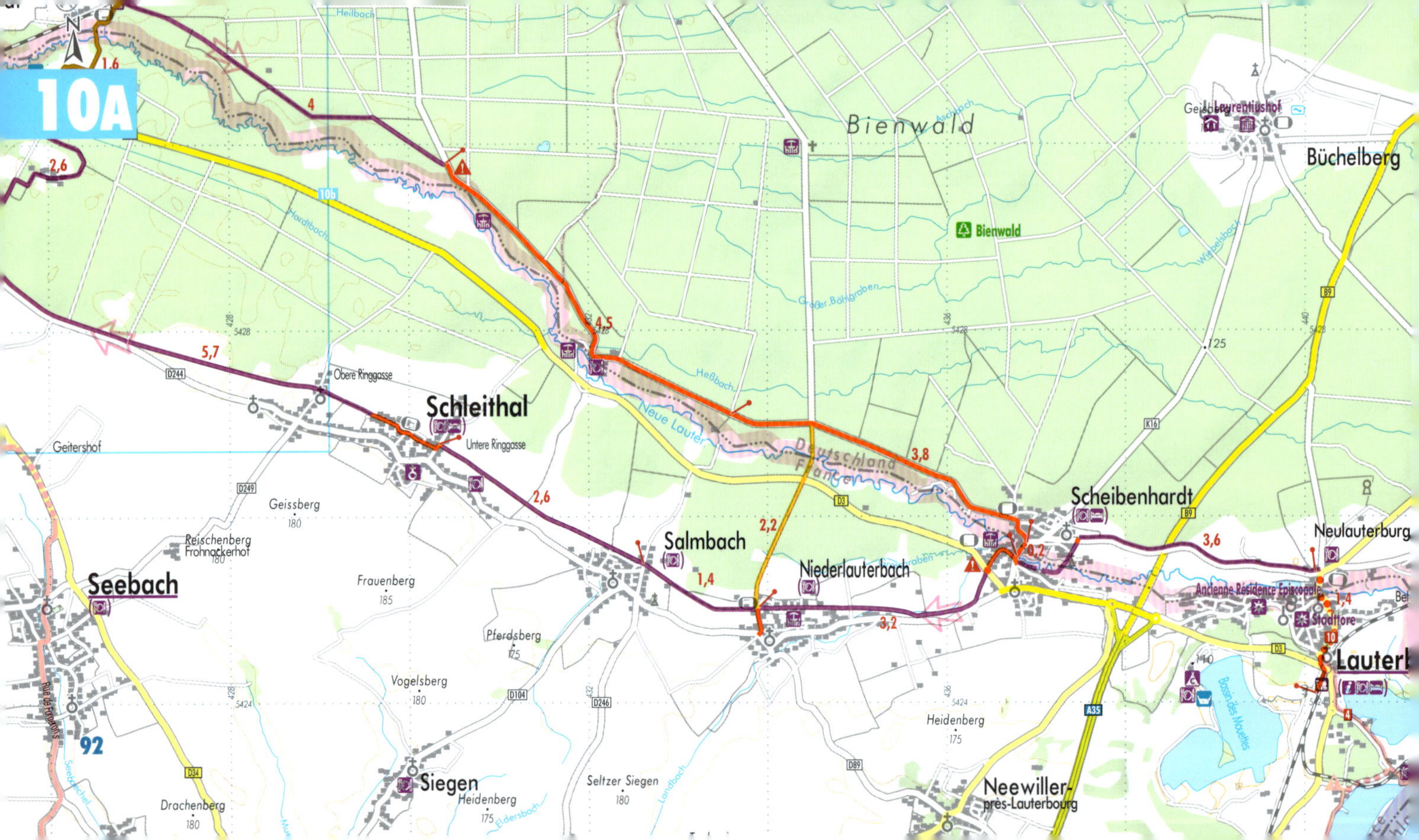

10A
Bienwald
Büchelberg
Laurentiushof
Bienwald
Schleithal
Obere Ringgasse
Untere Ringgasse
Geitershof
Geissberg
Reischenberg
Frohnackerhof
Seebach
Frauenberg
Salmbach
Niederlauterbach
Scheibenhardt
Neulauterburg
Ancienne Résidence Episcopale
Stadttore
Lauterb
Deutschland
France
Neue Lauter
Heilbach
Hardtbach
Heßbach
Großer Bohgraben
Wiebelsbach
Pferdsberg
Vogelsberg
Siegen
Heidenberg
Seltzer Siegen
Drachenberg
Heidenberg
Neewiller-près-Lauterbourg
Basin des Mouettes
Rue de Frohnackerhof
92

Salmbach

An der Kreuzung geradeaus, am Ortsrand entlang und auf dem nächsten Radweg nach Schleithal.

Schleithal

An der Stoppstraße nach links abbiegen ~ bei der nächsten Möglichkeit nach rechts in die **Rue de la Paix** einbiegen ~ dem Straßenverlauf bis zur nächsten Stoppstraße folgen ~ weiter geradeaus auf den Radweg ~ ⚠ an der Vorfahrtsstraße **D 3** links und auf den rechtsseitigen Radstreifen ~ noch vor Altenstadt Gleise überqueren.

Altenstadt

Den Kreisverkehr geradeaus überqueren und dem Straßenverlauf nach Wissembourg folgen ~ dort nach dem Bahnhof rechts in die **Rue Vauban** ~ das Hotel de la Gare und das Hotel d'Alsace passieren ~ geradeaus in Richtung centre ville.

Wissembourg s. S. 53

Den Kreisverkehr rechts bergauf in Richtung Schweigen verlassen ~ nach Ortsende dem Straßenverlauf in die Bundesrepublik Deutschland folgen ~ an der **L 546** rechts in Richtung Schweighofen ~ kurvig geht es nach Windhof ~ dort der Linkskurve folgen und geradeaus weiter nach Schweighofen.

Wissembourg

Schweighofen

Von Schweighofen nach Lauterbourg 18,9 km

Bei der Abzweigung zum Flugplatz rechts in die **Speckstraße** abbiegen ~ ⚠ die Bahngleise vorsichtig überqueren und danach schräg nach links in den **Scheibenhardter** bzw. **Schweighofer Weg** ~ etwa 4,5 km auf diesem unbefestigten Weg ~ an der Vorfahrtsstraße **L 545** nach rechts abbiegen und auf dieser bis nach Scheibenhardt.

Scheibenhardt

An der Abzweigung in Richtung Wissembourg nach rechts zur Grenze hin ~ noch vor den Grenzbalken nach links in den unbefestigten Radweg einbiegen und nun die gleiche Strecke zurück, die Sie von Lauterbourg nach Scheibenhardt geführt hat.

Tour 11 Rundfahrt Wissembourg – Soultz-sous-Forêts (63,5 km)

Wissembourg, eine mittelalterliche Stadt an der Grenze zur Pfalz gelegen, bildet den Ausgangs- und Endpunkt dieser hügeligen Rundfahrt. Lohnenswert ist ein Besuch des Keramikzentrums Betschdorf.

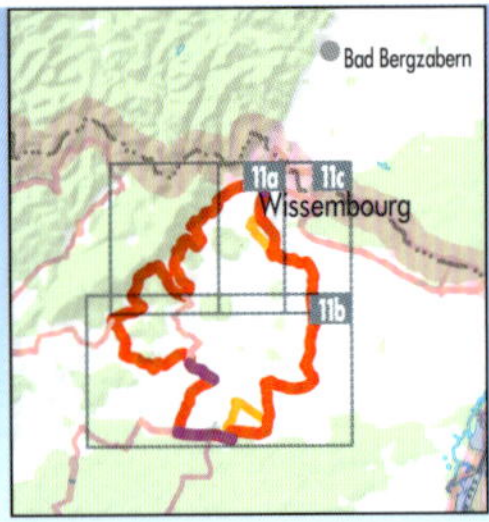

Charakteristik

Länge: 63,5 km
Start/Ziel: Wissembourg
Wegbeschaffenheit: Die Tour verläuft auf befestigten bzw. asphaltierten Landstraßen und Radwegen.
Verkehr: kurze Teilstrecken in mäßigem Verkehr, in und um Wissembourg stärkeres Verkehrsaufkommen
Steigungen: Diese hügelige Strecke weist mitunter starke Steigungen auf.
Beschilderung: keine Ausschilderung
Anschlusstouren: 5, 10 und 13

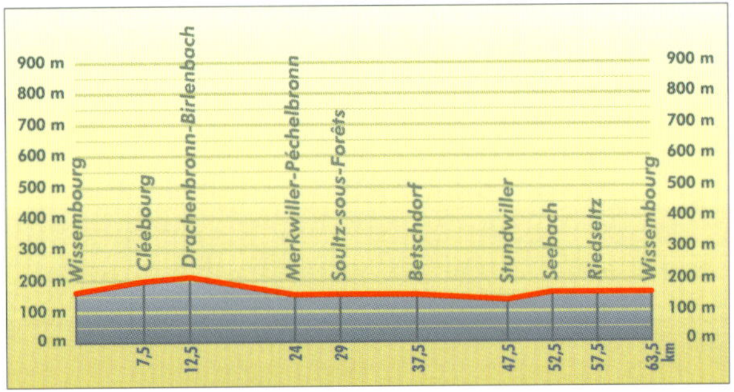

Wissembourg s. S. 53

Von Wissembourg nach Merkwiller-Pechelbronn 24 km

Vom Wissembourger Bahnhof aus nach links in die **Avenue de la Gare** ⇝ im Kreisverkehr nehmen Sie die Ausfahrt zur **D 77** nach Rott.

Rott

Auf der D 77 durch Rott hindurch ⇝ vor Cleebourg nach links auf die **D 777** abbiegen.

Cleebourg s. S. 54

Dem Straßenverlauf der D 777 durch Cleebourg folgen ⇝ an der T-Kreuzung zur **D 76** nach rechts in Richtung Lobsann abzweigen ⇝ wieder an der **D 77** nach links ⇝ bei der nächsten Abzweigung nach links auf die **D 152** ⇝ durch Drachenbronn und Birlenbach hindurch.

Birlenbach

Nach Birlenbach an der **D 65** nach rechts abbiegen ⇝ am Stoppschild nach links auf die **D 77**, die im weiteren Verlauf in die **D 51** übergeht.

Lobsann

Distillerie Hoeffler, 17 rue des Jardins, ÖZ: Mo-Sa 8-12 Uhr und 13.30-18 Uhr. Hier wird das Handwerk der Schnapsbrennerei veranschaulicht.

Im Dorf nach der Kirche rechts auf die **D 77**.

Lampertsloch

An der Kreuzung zur D 114 nach links und bei der T-Kreuzung zur D 314 nach rechts abzweigen.

Merkwiller-Pechelbronn s. S. 56

Von Merkwiller-Pechelbronn nach Rittershoffen 18 km

Am Stoppschild nach links auf die D 28 ~ dem Verlauf der D 28 bis Soultz-sous-Forêts folgen.

Soultz-sous-Forêts s. S. 56

Im Ort bei der zweiten Ampelkreuzung nach rechts auf die **D 264** ~ über die Bahngleise und danach links auf die **D 28**, hier verläuft nun auch ein Radweg bis zum Ortsausgang ~ bei dem Kreisverkehr und an der ⚠ Stoppstraße **D 263** geradeaus.

Hohwiller

An der T-Kreuzung nach rechts auf die **D 199**.

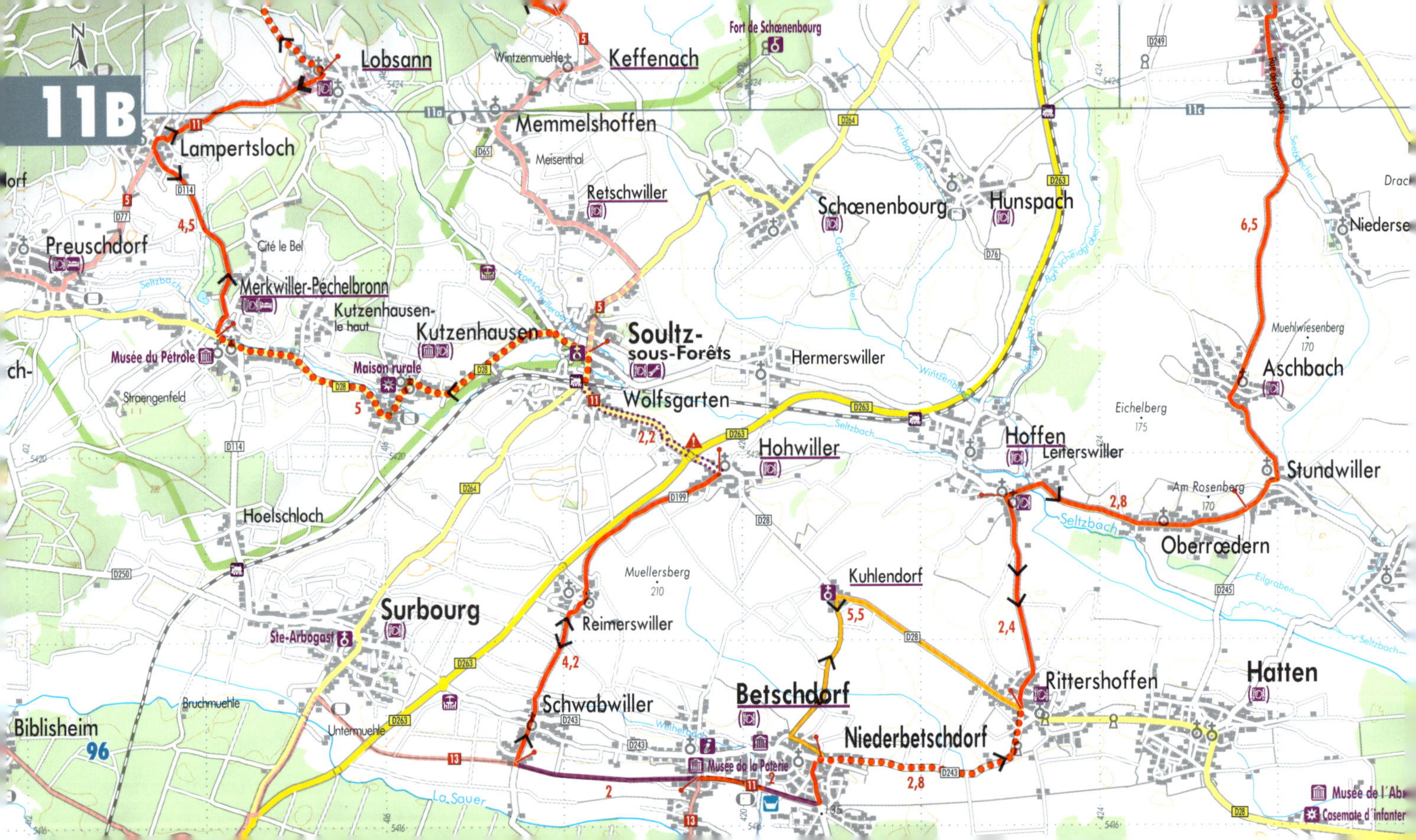
11B
N
Lobsann
Keffenach
Wintzenmuehle
Fort de Schœnenbourg
Memmelshoffen
Lampertsloch
Meisenthal
Retschwiller
Schœnenbourg
Hunspach
Preuschdorf
Cité le Bel
Merkwiller-Pechelbronn
Kutzenhausen-le haut
Kutzenhausen
Soultz-sous-Forêts
Hermerswiller
Musée du Pétrole
Maison rurale
Wolfsgarten
Straengenfeld
Hohwiller
Hoffen
Leiterswiller
Aschbach
Muehlwiesenberg
Eichelberg
Stundwiller
Am Rosenberg
Oberrœdern
Niederse
Hoelschloch
Muellersberg
Kuhlendorf
Surbourg
Reimerswiller
Ste-Arbogast
Schwabwiller
Betschdorf
Rittershoffen
Hatten
Niederbetschdorf
Bruchmuehle
Untermuehle
Biblisheim
Musée de la Poterie
La Sauer
Seltzbach
Musée de l´Ab
Casemate d´infanter
4,5
5
2,2
6,5
2,8
2,4
5,5
4,2
2
2,8
96

Reimerswiller

An der Weggabelung am Dorfeingang nach links ~ in einem Rechtsbogen geht es vorbei an einer Kapelle den Hang hinauf ~ an der **Rue des Bergers** nach links abbiegen.

Schwabwiller

An der Stoppstraße D 243 geradeaus ~ bergab und an der Kirche vorbei ~ nach Ortsende dem befestigten Radweg nach links in Richtung Betschdorf folgen ~ nach einer großen Lagerhalle auf der rechten Seite endet der Radweg ~ links abbiegen und kurz darauf wieder rechts in die **Rue de la Gare Isebahnstross**.

Betschdorf

Beim Kreisverkehr links in die **Rue des Jardins** ~ auf die Vorfahrtsstraße schräg nach links einbiegen ~ an der T-Kreuzung mit der **D 243** rechts in Richtung Rittershoffen

TIPP Um dem starken Verkehr zu entgehen, können Sie hier die, in der Karte dargestellte, Variante über Kuhlendorf wählen.

Auf der mitunter verkehrsreichen **D 243** weiter nach Rittershoffen.

Rittershoffen

Von Rittershoffen nach Wissembourg — *21,5 km*

An der Kreuzung geradeaus auf die **D 76** ~ die Stoppstraße überqueren, weiter auf der weniger befahrenen D 76.

Leiterswiller

Im Dorf an der T-Kreuzung nach rechts auf die **D 52** und auf dieser über Oberroedern weiter nach Stundwiller.

Stundwiller

Bei der Abzweigung zur **D 245** nach links ~ durch Aschbach auf der D 245, die im Ort scharf nach rechts abknickt.

Seebach

Im Dorfkern knickt die D 245 zuerst nach rechts und an der nächsten Ecke nach links ab ~ im weiteren Verlauf stoßen Sie an die **D 34**, an der Sie links abbiegen ~ nach Geitershof links auf die **D 240**.

Riedseltz

Nach dem Sportplatz an der Kreuzung nach rechts in die **Rue Jeanne d'Arc** ~ an der nächsten Ecke nach rechts auf die **Rue Principale** ~ an der Weggabelung am Ortsende halten Sie sich links und fahren auf der **D 264** weiter bis nach Wissembourg.

Wissembourg

Tour 12 Burgen-Rundfahrt in der Vallée de la Sauer (42,4 km)

Sehenswerte Burgenruinen und Schlösser wie die imposante Burg Fleckenstein im Naturpark der Nordvogesen laden bei dieser landschaftlich hübschen Tour zu oft hügeligen Abstechern ein.

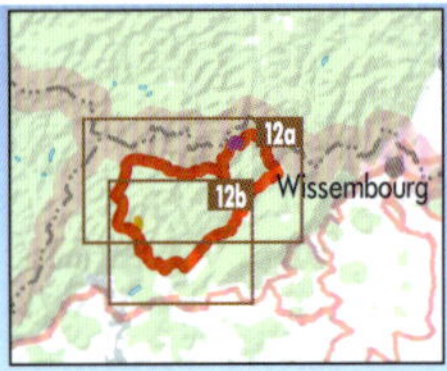

verläuft diese Tour auf asphaltierten Landstraßen und Wegen.

Charakteristik

Länge: 42,4 km
Start/Ziel: Lembach
Wegbeschaffenheit: Bis auf den kurzen, schlecht befahrbaren Waldweg bei Gimbelhof verläuft diese Tour auf asphaltierten Landstraßen und Wegen.
Verkehr: in Lembach und auf der D 3 bis Obersteinbach teilweise stärkeres Verkehrsaufkommen
Steigungen: vor allem bei den Abstechern zu den Burgen starke Steigungen
Beschilderung: Ausschilderung mit roten Pfeilen
Anschlusstouren: nicht direkt mit anderen Touren kombinierbar

Lembach

PLZ: 67510

Touristinformation, 23 route de Bitche, ✆ 03 88 94 43 16

Festung der Maginot-Linie, ✆ 03 88 94 48 62, Führungen: Mai, Juni, 10 Uhr, 14 Uhr, 15 Uhr, 16 Uhr, Juli-Sept., 10 Uhr, 11 Uhr, 14 Uhr, 15 Uhr, 16 Uhr, 17 Uhr, Okt.-Nov., 10 Uhr, 14 Uhr, 15 Uhr.

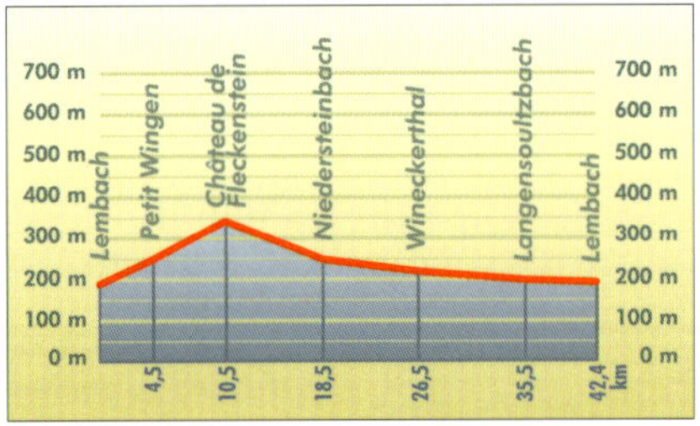

Burg Fleckenstein (12. Jh.), ✆ 03 88 94 41 07. Gut erhaltene Burgruine mit Burgmuseum. Führungen möglich.

Von Lembach nach Obersteinbach 19,5 km

Ausgangspunkt ist der Rathausplatz ~ links auf die **D 3** bis zum Ortsausgang ~ zur **D 503** nach rechts.

Wingen

Auf der **D 503** (Rue Principale) geradeaus weiter nach **Petit Wingen** ~ an der Kreuzung beim Restaurant links ~ am Parkplatz geradeaus, achten Sie auf die Ausschilderung nach Gimbelhof.

Gimbelhof

Vor dem Restaurant rechts auf den unbefestigten Weg; ⚠ schlechter und steil abfallender Weg ~ an der **D 525** links.

TIPP: Hier besteht die Möglichkeit, rechts zum Château du Fleckenstein hinauf zu radeln.

Dem weiteren Routenverlauf folgen ~ an der T-Kreuzung links auf die **D 925** ~ bei der Vorfahrtsstraße **D 3** rechts ~ dem Verlauf der D 3 über **Niedersteinbach** bis nach Obersteinbach folgen.

Obersteinbach

PLZ: 67510

Haus der Burgen, 42, rue Principale, ✆ 03 88 09 50 65, ÖZ: März-April Sa/So 14-17.30 Uhr; Mai-Juni u. Sept-Okt. Sa, So/Fei 15-18 Uhr; Juli-Aug. Di-Do, Sa, So 15-18 Uhr. Diavorführung zum Burgenbau, Ausstellung zu den Burgen, Schlössern und Wehreinrichtungen der Region.

12A
Schönau
Wegelnburg
Dachsberg
425
Burg Blumenstein
Adels Berg
400
Deutschland
France
Château de Wasigenstein
Wengelsbach
Hichtenberg
465
Hirschthal
Hohenburg
Schlossberg
Loewenstein
585
Kohlerlehrpfad
P'tit Fleck
Château de Fleckenstein
Gimbelhof
Château de Lutzelhardt
Arnsberg
430
Château du Petit-Arnsbourg
Obersteinbach
Château de Froensbourg
Niedersteinbach
Homberg
450
Petit Wingen
Wingen
Stoebelsberg
460
Forêt de Dietrich
Château Scheneck
Mohnenberg
545
Château Wineck
Kehlenhof
Herrenhof
Parc nat. régional
Disteldorf
Lembach
Forêt de Katzenthal
Wineckerthal
Nagelsthal
Château Vieux-du Windstein
Château Nouveau-du Windstein
Guensthal
Windstein
Gruenenthal
La Verrerie
Musée de la Ligne Maginot
Pfaffenbronn
le Martinet
Mattstall
99
2,2
5,7
1,4
1,6
0,4
2
4,2
4,5
7
1
1,8
6,5

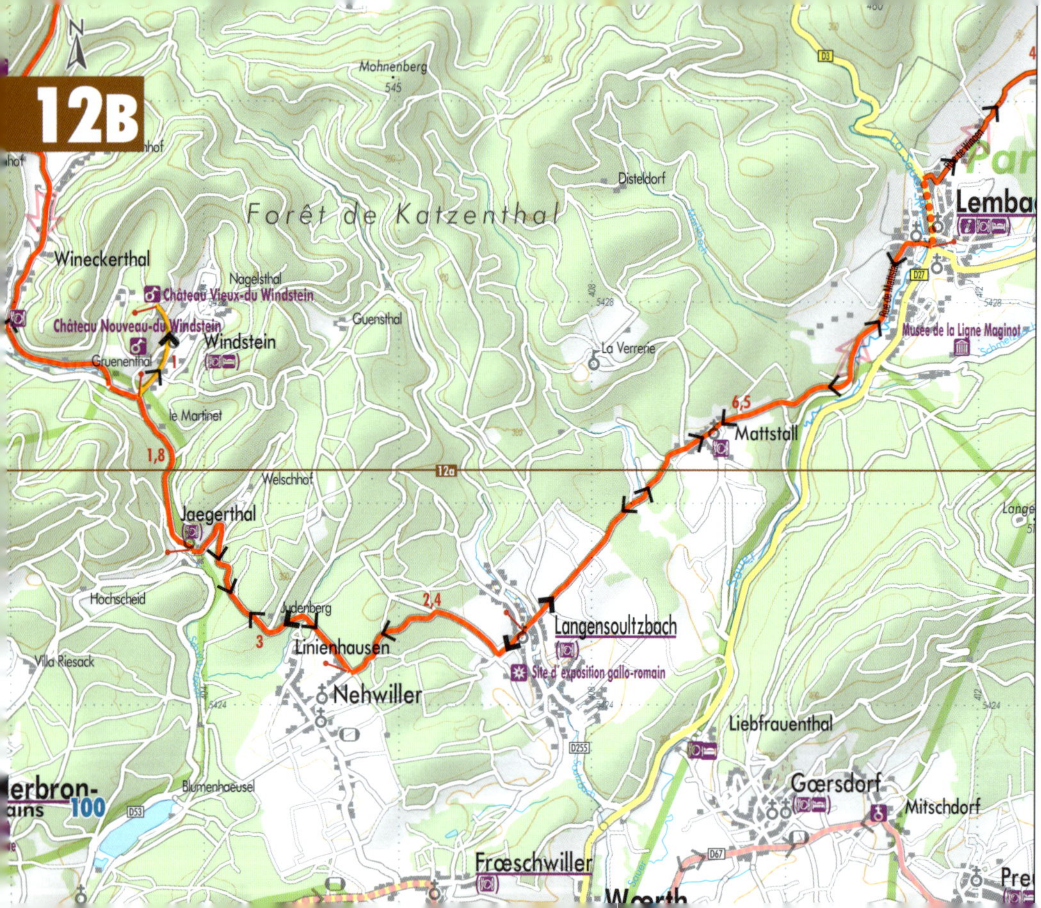

Von Obersteinbach nach Lembach 22,9 km

Auf der D 3 durch Obersteinbach.

Sehenswert sind die Hinkelsteine auf der linken Straßenseite am Ortsausgang; durch ein Loch in den Steinen lässt sich die Landschaft auf ungewöhnliche Art und Weise fokussieren.

Über den Steinbach und danach schräg nach links auf die **D 53** und weiter bis nach Jaegerthal ~ an der Kreuzung nach der Kirche links auf die **D 121** bis Nehwiller ~ an der Stelle, wo die D 121 nach rechts abknickt, nach links ~ beim Friedhof links.

Langensoultzbach

PLZ: 67360

- **Rathaus**, ✆ 03 88 09 31 01, www.langensoultzbach.fr.st
- **Gallo-romanische Ausstellung**, Kirche Langensoultzbach, ✆ 03 88 09 31 01, ÖZ: ganzjährig auf Anfrage. Ausstellung mit dem Thema „Götter, Göttinnen und heilige Stätten der Nordvogesen", gallo-romanisches Museum und Grabsäulen.

An der T-Kreuzung nach rechts und gleich wieder nach links in Richtung Lembach ~ bei der Weggabelung nach rechts den Hang hinauf.

Mattstall

Auf der **Rue Principale** geradeaus durch das Dorf.

Lembach

An der ersten Kreuzung nach rechts ~ über die Sauer und weiter zum Rathaus und somit zum Startpunkt.

Tour 13 Rundfahrt Haguenau – Woerth (37,5 km)

Diese Rundtour führt durch den Haguenauer Forst über das Töpferdorf Betschdorf zurück zum Ausgangspunkt Haguenau.

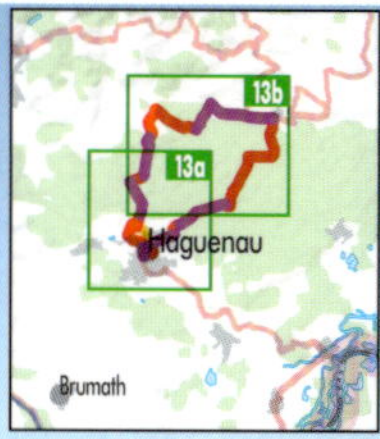

Charakteristik

Länge: 37,5 km

Start/Ziel: Haguenau

Wegbeschaffenheit: Die Route verläuft ausnahmslos auf befestigten bzw. asphaltierten Radwegen und Straßen.

Verkehr: Bis auf zwei kleine Abschnitte in Surbourg und Haguenau gibt es auf dieser Tour keine Verkehrsbelastung.

Steigungen: Allein drei Kilometer vor Walbourg bis in den Ort ist diese Strecke etwas hügelig, ansonsten verläuft sie steigungsfrei.

Beschilderung: Es ist keine Ausschilderung der Route vorhanden, vereinzelt tauchen Radwegweiser auf.

Anschlusstouren: 11 und 14

St. Georgskirche

Haguenau

PLZ: 67500

Touristinformation, Place de la Gare, ✆ 03 88 06 59 99, www.ville-haguenau.fr

Musée Historique, 9 rue du Maréchal Foch, ✆ 03 88 93 79 22, ÖZ: Mo 14-18 Uhr, Di-Fr 10-12 u. 14-18 Uhr, Sa/So 15-17.30 Uhr, Di geschl. Es wird die Lokalgeschichte dokumentiert.

Musée Alsacien, 1 place Joseph Thierry, ✆ 03 88 73 30 41, ÖZ: Mo-Fr 9-12 u. 13.30-17.30 Uhr, Sa/So 14-17 Uhr, Di vormittag geschl. Schaustücke der Volkskunst, des Handwerks und der Religion werden gezeigt.

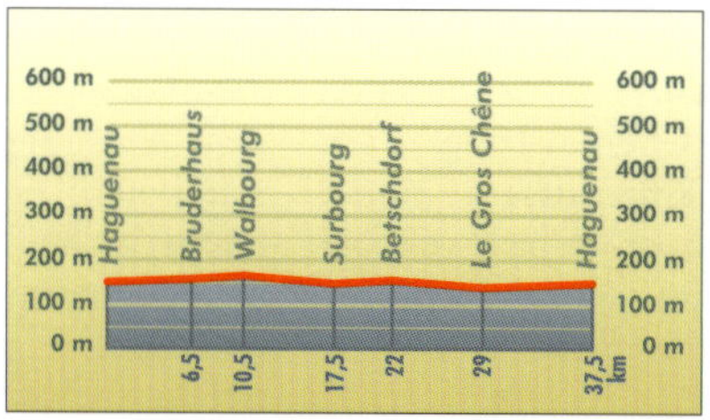

St. Georgskirche, wurde im 12. Jh. unter Herzog Friedrich dem Einäugigen errichtet und vereint Romanik und Gotik.

St. Nicolaskirche, wurde im 12. Jh. von Friedrich Barbarossa gegründet. Sehenswert ist das Holzgestühl der Kirche (18. Jh.).

Cycles Rischmann, 10 rue Branly, ✆ 03 88 93 34 10; **Mondovélo**, 12 allée Joseph Bump, ✆ 03 55 66 53 00; **Techno Cycles**, 18a route de Bitche, ✆ 03 88 73 47 25

Die Stadt entwickelte sich im riesigen Haguenauer Forst und war seinerzeit eine der Lieblingsresidenzen der Stauffer. Haguenau war sogar Hauptort des Zehnstädtebundes im 14. Jahrhundert. Im Haguenauer Wald lebten viele Einsiedler und Mönche, auch der Hl. Arbogast soll dort verweilt haben, wo auch die Bezeichnung „Heiliger Wald" herrühren soll. Im 11. Jahrhundert begann die Geschichte der Stadt, als der Eguisheimer Graf eine Burg errichten ließ, aus der sich im 12. Jahrhundert

eine Kaiserpfalz entwickelte. 1164 erhielt Haguenau Stadt- und Marktrecht von Friedrich Barbarossa und wurde 1260 zur Reichsstadt erhoben. Im 15. Jahrhundert erlebte die Stadt zwar einen geistigen wie auch wirtschaftlichen Aufschwung, aber in der Folgezeit ging es bergab. 1648 wurde Haguenau Teil des Königreichs Frankreich. 1677 ließ Louis XIV. es zwei Mal in Brand stecken und fast völlig vernichten. Erst nach 1700 ging es dank der entstehenden Holzwirtschaft wieder bergauf. Zwischen dem 18. und dem 20. Jahrhundert bildete vor allem der Handel mit Landwirtschaftsprodukten die Einkommensquelle der Stadt.

Von Haguenau nach Betschdorf — 22 km

Vom Bahnhof in Haguenau aus nach links auf den Radweg entlang des **Boulevard de l'Europe** ~ auf Höhe des Autohauses nach links über den Kanal und gleich wieder rechts ab in den **Boulevard Pasteur** ~ an der nächsten Ecke nach links in den **Chemin Long** ~ am Ortsende rechts in die **Rittergasse** ~ an der darauffolgenden T-Kreuzung rechts ~ alsbald dem Radschild im spitzen Winkel nach links folgen und weiter nach Hundshof.

Hundshof

Am Ende des Ortes über die Fahrradbrücke ~ geradeaus in ein Waldstück ~ an der **D 27** links ~ der linksseitige Radweg wechselt alsbald nach rechts ~ wiederum durch ein kleines Waldstück ~ an der Kreuzung dem Asphaltweg nach rechts folgen ~ an der Weggabelung abermals dem Asphaltband folgen, diesmal jedoch nach links ~ durch das Waldgebiet ~ im weiteren Verlauf eine Links-/Rechtskurve fahren ~ bergauf geht es in den Ort Walbourg.

Walbourg

Die Kreuzung in der Ortsmitte schräg nach links in Richtung Biblisheim überqueren ~ den Ort verlassen und etwas bergab nach Biblisheim.

Biblisheim

Im Ort zwei Mal rechts ⚠ die Radschilder weisen fälschlicherweise geradeaus ~ nach Ortsende ein Waldstück durchqueren ~ vor der Kreuzung mit der **D 263** links auf einen befestigten Radweg ~ in weiterer Folge auf dem Radstreifen der **D 264** auf Surbourg zufahren ~ nach dem Ortsschild von Surbourg rechts in einen Asphaltweg ~ die D 263 unterqueren und weiter in Richtung Betschdorf ~ nach einer großen Lagerhalle auf der rechten Seite endet der Radweg.

Betschdorf

Von Betschdorf nach Haguenau — *15,5 km*

Nach rechts wenden und Betschdorf verlassen ~ dem Asphaltband durch ein Waldstück folgen ~ an der Kreuzung nach der Brücke rechts ab in die **Route Forestière de Heuscheuer** ~ an der T-Kreuzung links ~ an der Weggabelung bei dem **Gasthaus le Gros Chêne** links ~ an der Kreuzung bei dem nächsten Parkplatz nach rechts ~ nach der Schranke geht es auf einem Radweg weiter ~ aus dem Wald heraus und bei der Abzweigung nach links.

Vor dem Holzlagerplatz nach rechts ~ an der Weggabelung nach links in die **Rue de la Ferme Oberlin** ~ am Stoppschild nach rechts auf den Radstreifen, entlang der **Route de Soufflenheim** ~ bei dem Kreisverkehr **Rond Point de Landau** nach links über die Brücke in die **Grand' Rue** ~ im weiteren Verlauf wird die Grand' Rue eine Einbahnstraße ~ hier nach rechts in die Straße **Fosse des Tanneurs**, auf den Radweg ~ am Ende dieser Straße nach links in Richtung Tourismusbüro und Bahnhof ~ an der Kreuzung geradeaus in die **Rue de la Vieille Ile** ~ weiter bis zur Ampel und den Boulevard de l'Europe überqueren.

Haguenau

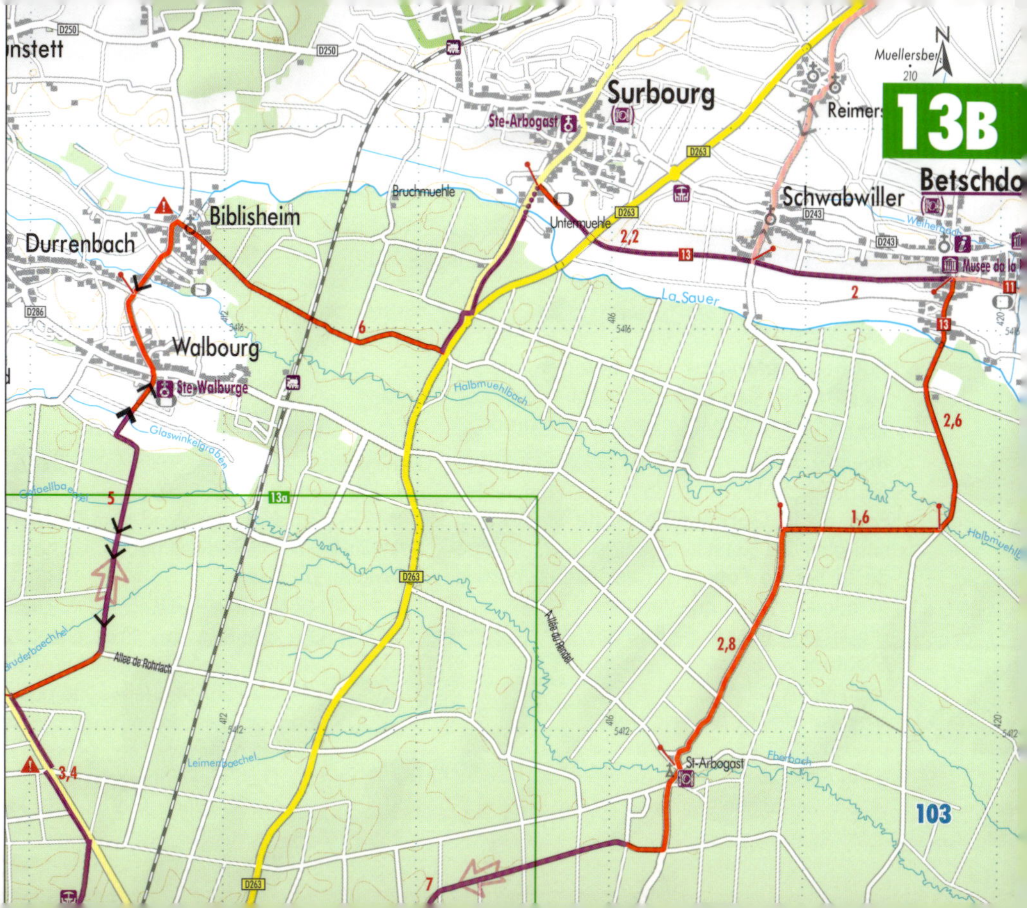

Tour 14 Von Haguenau zum Rhein (18,3 km)

Diese kurze und steigungsfreie Verbindungstour führt von Haguenau zum Rhein.

Charakteristik

Länge: 18,3 km

Start: Haguenau

Ziel: Rheinfähre Dorlisheim

Wegbeschaffenheit: Die Route verläuft auf befestigten bzw. asphaltierten Radwegen, Straßen und auf Radstreifen.

Verkehr: mäßiges Verkehrsaufkommen um Kaltenhouse und Drusenheim, ansonsten verkehrsfreie Strecke

Steigungen: Es gibt keine kräftigen oder stetigen Steigungen.

Beschilderung: keine Ausschilderung der Route vorhanden

Anschlusstouren: 4 und 13

Haguenau s. S. 101

Ausgangspunkt ist der Bahnhof ~ durch den **Parc de la Gare** zur **Route de Strasbourg** und über die Ampel ~ geradeaus in die **Rue de la Ferme Falk** ~ an der Ampelkreuzung geradeaus ~ bei der Vorfahrtsstraße geradeaus in die **Rue des Moutons** ~ an der T-Kreuzung nach rechts auf den Radweg entlang der **Route de Bischwiller** bzw. **D 329** ab ~ am Ortsausgang endet der Radweg, auf der D 329 weiter nach Kaltenhouse.

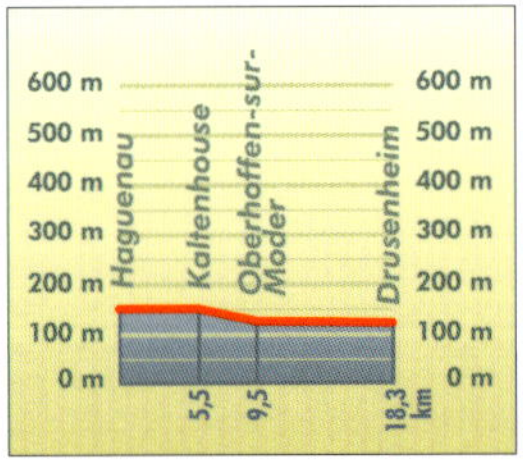

Kaltenhouse

Am Kreisverkehr weiter geradeaus auf der D 329 ~ vor dem Ortsschild von Bischwiller nach links auf den Radweg nach Oberhoffen-sur-Moder ab.

Oberhoffen-sur-Moder

An der **Rue des Pres** endet der Radweg, weiter nach rechts ~ den Kreisverkehr geradeaus überqueren und an der Kirche vorbei ~ am nächsten Kreisverkehr gerade auf die **D 37** in Richtung Bischwiller ~ an der Gabelung links ab in die **Rue des Champs** und den Ort verlassen ~ an der darauffolgenden Gabelung dem Asphaltband nach links folgen ~ an der Kreuzung gemäß dem Radschild nach rechts ~ eine Linkskurve fahren ~ immer geradeaus weiter ~ zur Rechten werden alsbald einige Öltanks sichtbar ~ der Rechtskurve folgen ~ an der T-Kreuzung links ~ an der Weggabelung bei den Öltanks nach rechts ~ nach links auf den asphaltierten Weg. Am Dorfrand von Rohrwiller stoßen Sie auf die **D 429** und biegen nach links ab.

Rohrwiller

Auf der D 429 geht es nach Drusenheim ~ dort an der T-Kreuzung nach rechts.

Drusenheim

PLZ: F-67410

- **Rheinfähre Drusenheim-Greffern**, ✆ 03 88 59 76 40, Fährzeiten: März-Sept. Mo-Fr 6-20 Uhr, Sa, So/Fei 6.30-22 Uhr; Okt.-Feb., Mo-Fr 6-20 Uhr, Sa, So/Fei 7-20 Uhr.
- **Cycles Klingler**, 6 rue du Général de Gaulle, ✆ 03 88 53 30 78

Beim Kreisverkehr nach links ~ an der nächsten Ecke rechts abbiegen ~ bis zur **Rheinfähre** immer geradeaus.

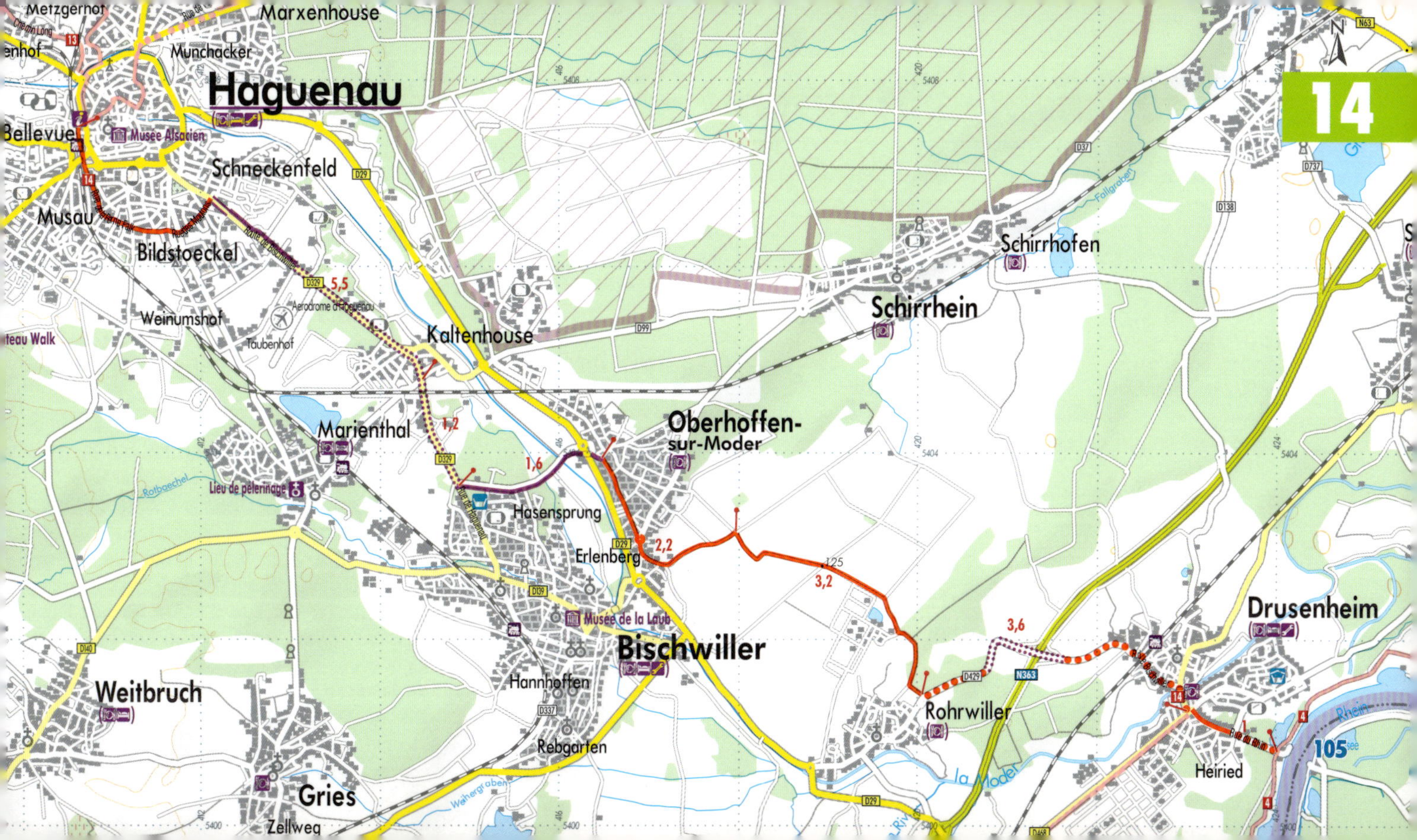
14
Haguenau
Marxenhouse
Munchacker
Metzgerhof
Bellevue
Musée Alsacien
Schneckenfeld
Musau
Bildstoeckel
Weinumshof
Taubenhof
Aérodrome d'Haguenau
Kaltenhouse
Marienthal
Lieu de pèlerinage
Hasensprung
Oberhoffen-
sur-Moder
Erlenberg
Bischwiller
Musée de la Laub
Hannhoffen
Rebgarten
Weitbruch
Gries
Zellweg
Schirrhein
Schirrhofen
Rohrwiller
Drusenheim
Heiried
la Moder
Rhein
Rotbaechel
Fallgraben
5,5
1,2
1,6
2,2
3,2
3,6
125
D29
D329
D139
D337
D140
D99
D37
D737
D138
D429
N363
N63
D468
105

Tour 15 Rundfahrt Saverne – La Petite Pierre (76,1 km)

Ausgehend von Saverne führt diese konditionell anspruchsvolle Tour über La Petite Pierre wieder zurück in den am Rande der Vogesen gelegenen Startpunkt.

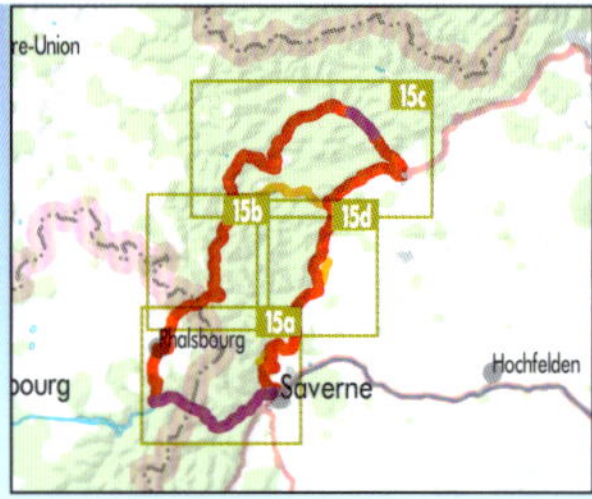

Charakteristik

Länge: 76,1 km
Start/Ziel: Saverne
Wegbeschaffenheit: Die Route verläuft ausschließlich auf befestigten bzw. asphaltierten Landstraßen und Radwegen.
Verkehr: zwischen Phalsbourg und La Petite Pierre und von Ingwiller bis Dossenheim-sur-Zinsel mäßiges bis starkes Verkehrsaufkommen
Steigungen: mehrere kräftige und stetige Steigungen
Beschilderung: keine Ausschilderung
Anschlusstouren: 6 und 16

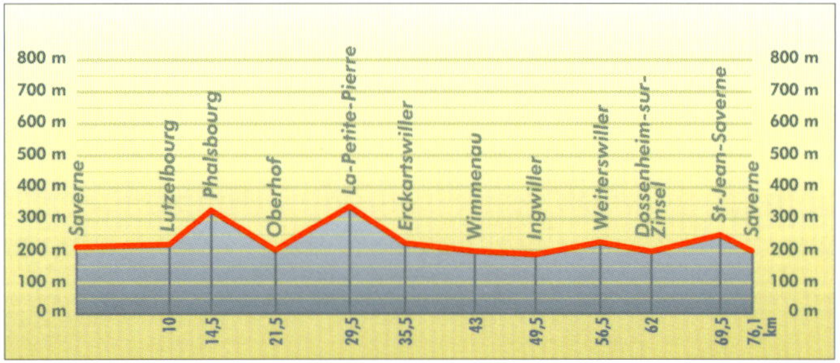

Saverne s. S. 59

Von Saverne nach La Petite-Pierre 30,4 km

Ausgangspunkt ist der Bahnhof in Saverne ~ nach links auf die **Rue de la Poste** ~ an der nächsten Ecke nach rechts ~ über den Kanal und am Kreisverkehr nach rechts auf den Radstreifen am **Quai du Canal** ~ an der Kreuzung zur **Grand' Rue** nach links über die Brücke und gleich danach rechts auf den Radweg am Kanal entlang ~ auf diesem Radweg bis nach Lutzelbourg.

Lutzelbourg

Nach rechts über die Brücke ~ an der T-Kreuzung rechts abbiegen ~ gegen Ortsende die Abzweigung nach rechts nehmen, die nach Trois Maison führt.

Trois Maison

Bei der Weggabelung links und auf der **Rue des Chévaliers** bis nach Phalsbourg.

Phalsbourg

Am Stoppschild nach links abbiegen ~ an der nächsten Ecke nach rechts in die **Rue Poincaré** ~ bei der Stoppstraße nach links ~ weiter geradeaus auf der **Rue d'Église** bis zum **Place d'Armes** ~ nach rechts um den Platz herum und geradeaus weiter durch das Stadttor auf der **Rue de Saverne** ~ an der größeren Kreuzung nach links auf die **D 104 g** in Richtung la Petite Pierre ~ dem Straßenverlauf der D 104 g folgen, im weiteren Verlauf heißt diese dann **D 133**, bis nach Oberhof.

Oberhof

Nach der Brücke geht es nach links auf der **D 122** weiter bei der nächsten Abzweigung nach rechts auf die **D 178,** die bis nach La Petite Pierre führt.

AUSFLUG Wenn Sie das Château besichtigen möchten, biegen Sie gleich am Ortseingang scharf nach links ab.

Ansonsten geht es bis zur Weggabelung D 9 und D 7.

La Petite Pierre

PLZ: 67290

- **Touristinformation**, 2a Rue du Château, ✆ 03 88 70 42 30, www.ot-paysdelapetitepierre.com
- **Burg La Petite Pierre**, ✆ 03 88 01 49 59. Im 13. Jh. gegründet, von Vauban im Jahre 1680 modernisiert. Sitz des Naturparks der Nordvogesen seit 1977. Dauerausstellung über die Geschichte der Burg und den Naturpark der Nordvogesen: sein Gebiet, seine Monumente, seine Aufträge und Ziele in 6 Räumen auf 700m². ÖZ: Mi-So 10-12 Uhr u. 14-18 Uhr, geschlossen im Januar und am 24., 25. u. 31. Dez.
- **Museum des elsässischen Siegels** (musée du sceau alsacien), 17 rue du Château, ÖZ: Juli, Aug., Di-So ganztägig, im Januar geschlossen. Während der restlichen Monate Sa,So 10-12 Uhr und 14-17 Uhr. Zeigt originale Siegel, historische Dokumente und Waffen.
- **Museum der Volkskunst und Traditionen** (musée des arts et traditions populaires), rue des remparts. ÖZ: Juli-Sept., Mo-So 10-12 und 14-18 Uhr, Okt.-Juni, So 10-12 Uhr und 14-16 Uhr.

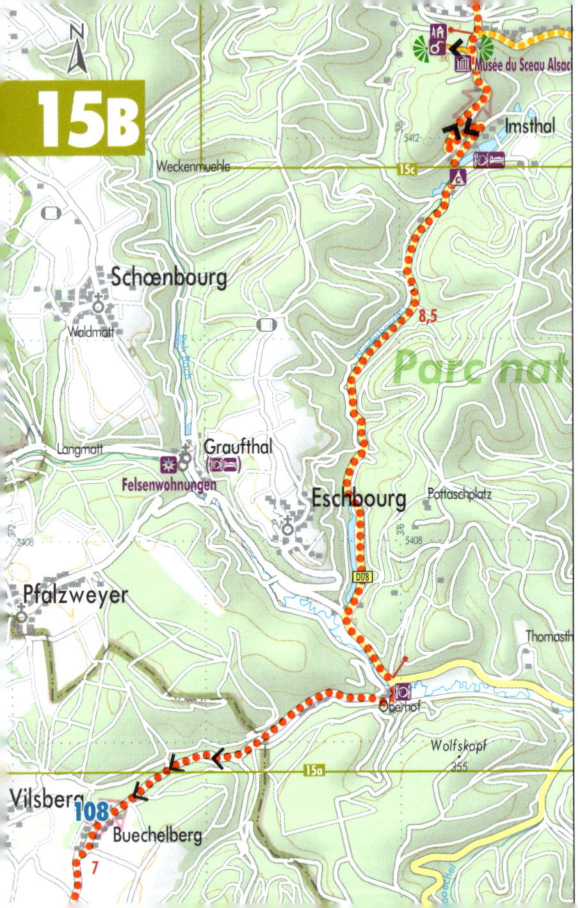

Die Pläne der Festung von La Petite Pierre wurden von Vauban entworfen. In dieser imposanten Anlage spiegelt sich der ehemalige Reichtum der Stadt.

Von La Petite-Pierre nach Ingwiller — 20,7 km

VARIANTE: Es besteht die Möglichkeit in la Petite Pierre die Tour abzukürzen, indem sie auf der D 7 direkt nach Weiterswiller fahren.

Kürzere Rückfahrt nach Saverne

Bei der Weggabelung **D 9** und **D 7** nach rechts abbiegen und dem Straßenverlauf der **D 7** bis nach Weiterswiller folgen ⇝ in **Weiterswiller** bei der Kirche nach rechts auf die **D 14** und nun der Beschreibung der längeren Tour folgen.

Ingwiller

Geradeaus weiter auf der **D 9** ⇝ am Dorfende nach rechts auf die **D 135** in Richtung Wingen ⇝ nach etwas mehr als 2,5 Kilometern nach rechts auf die **Route forestière du Petit Kuehberg**.

Erckartswiller

Im Dorf bei der ersten Möglichkeit nach links in die **Rue du Pfaffeneck** ⇝ im weiteren Verlauf dann auf der **Route forestière du Moosthal** bis kurz vor Wimmenau.

Wimmenau

Sie stoßen an die **D 919** und folgen derem Verlauf bis nach Ingwiller.

An der Kreuzung am Ortseingang geradeaus ins Zentrum ⇝ auf der **Route de Bitche** bis zur Kreuzung vor der Kirche.

Ingwiller

PLZ: 67340

- **Touristinformation**, 89 rue du Général Goureau, ✆ 03 88 89 23 45, www.tourisme-hanau-moder.com
- **Synagogue**, Cour du Château, ✆ 03 88 89 23 45, ÖZ: auf Anfrage und Reservierung. Synagoge aus 1822, teilweise auf den gotischen Kellerruinen der alten Burg der Grafen Lichtenberg errichtet.
- **Cycles Mutzig**, 16 rue du Fossé, ✆ 03 88 89 41 09

Von Ingwiller nach Saverne — 25 km

Nach rechts auf die **D 56** und gleich wieder nach rechts in die **Rue de Weinbourg** ⇝ nach

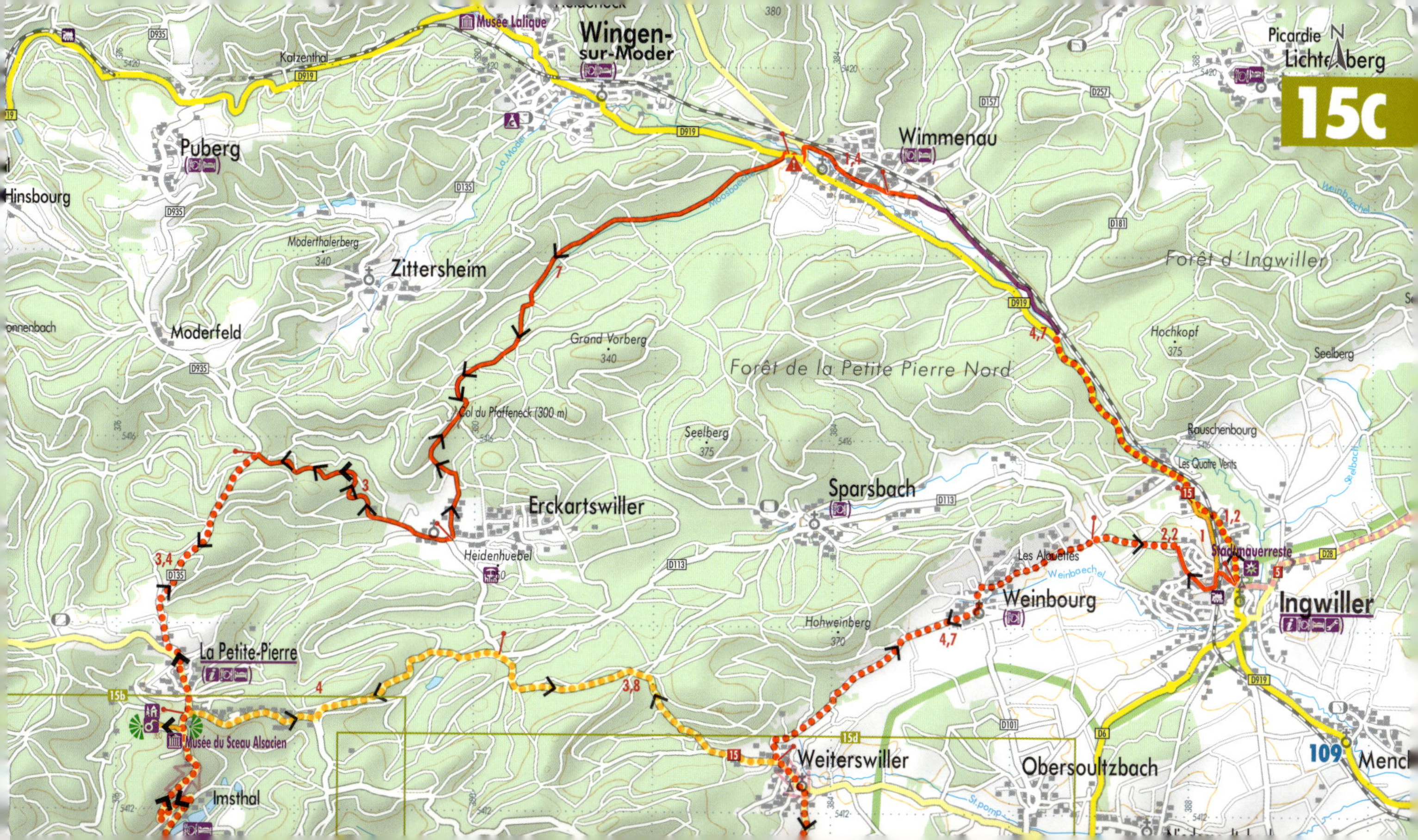
15c
Wingen-sur-Moder
Musée Lalique
Katzenthal
Puberg
Hinsbourg
Wimmenau
Picardie
Lichtenberg
Moderthalerberg
340
Zittersheim
Moderfeld
Forêt d´Ingwiller
Hochkopf
375
Seelberg
Grand Vorberg
340
Forêt de la Petite Pierre Nord
Col du Pfaffeneck (300 m)
Seelberg
375
Rauschenbourg
Les Quatre Vents
Sparsbach
Erckartswiller
Heidenhuebel
Les Alouettes
Weinbourg
Stadtmauerreste
Ingwiller
Hohweinberg
370
La Petite-Pierre
Musée du Sceau Alsacien
Imsthal
Weiterswiller
Obersoultzbach
109
15b
15d
D919
D935
D135
D113
D257
D157
D181
D101
D6
D28
7
3
3,4
4
3,8
4,7
1,4
2,2
1,2
1

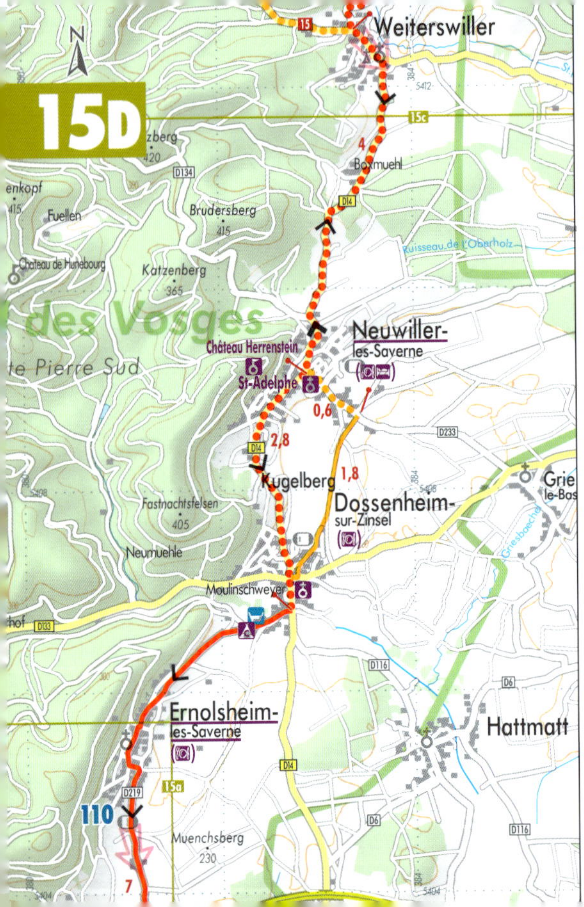

der Bahngleisüberquerung nach links auf die **Rue Bellevue** ⤳ an der nächsten Kreuzung nach rechts in die **Côte de Weinbourg** bzw. **D 56** einbiegen ⤳ auf der D 56 geht es nun über Weinbourg nach Weiterswiller.

Weiterswiller

Kirche, ÖZ: 1 Mai-30. Sept. So/Fei 14-18 Uhr. Wandmalereien aus dem 15. Jh., die das Jüngste Gericht, die Schöpfung und die Leidensgeschichte zeigen.

An der T-Kreuzung zur **D 7** nach links abbiegen ⤳ bis zur Kirche ⤳ bei der Kirche rechts auf die **D 14** ⤳ auf der D 14 durch **Neuwiller-lès-Saverne**

TIPP Um dem Verkehr auf der D 14 zu entgehen, können Sie an der Gabelung in Neuwiller-lès-Saverne links abbiegen und einen kleinen Umweg durch die Felder fahren.

Auf der D 14 weiter bis nach Dossenheim-sur-Zinsel.

Dossenheim-sur-Zinsel s. S. 58

Gegen Ortsende über eine Brücke, die über die Zinsel führt und anschließend nach rechts auf die **D 219** ⤳ dem Verlauf der D 219 folgen durch **Ernolsheim-lès-Saverne** hindurch.

TIPP Das letzte Teilstück dieser Rundtour, das in der Folge beschrieben wird, finden Sie auf der Karte 15A.

Noch vor der Brücke, die über die Autobahn A 4 führt, nach rechts auf die **D 716** ⤳ an der T-Kreuzung zur **D 619** nach rechts.

St-Jean-Saverne s. S. 58

Dem Straßenverlauf nach durch das Dorf ⤳ noch vor dem Ortsschild Eckartswiller nach links in eine kleine Straße ⤳ an der T-Kreuzung nach rechts ⤳ bei der nächsten nach links ⤳ anschließend wieder rechts ⤳ an der Kreuzung links hinunter zur Autobahnunterführung ⤳ an der T-Kreuzung nach rechts abbiegen ⤳ an der Stoppstraße in Ottersthal nach links auf die **D 115** ab.

Saverne s. S. 59

Bei der Kreuzung zur **N 4** nach links auf die **Route de Paris** ⤳ die Eisenbahnlinie überqueren und nach links in die **Grand' Rue** einbiegen ⤳ an der Fußgängerzone nach links weiter in die **Rue de la Gare**.

Tour 16 Rundfahrt Strasbourg – Saverne (101,3 km)

Die elsässische Metropole Strasbourg bildet den Start- und Zielpunkt dieser Rundtour, die entlang des Canal de la Bruche und des Canal de la Marne au Rhin über das lebhafte und rege Saverne führt.

Charakteristik

Länge: 101,3 km

Start/Ziel: Strasbourg

Wegbeschaffenheit: Die Route verläuft hauptsächlich auf befestigten bzw. asphaltierten Radwegen und verkehrsarmen Straßen.

Verkehr: Außer in Romanswiller gibt es kein Verkehrsaufkommen, da die Tour zum größten Teil auf ruhigen Kanalwegen verläuft.

Steigungen: Bis auf das hügelige Teilstück zwischen Wasselonne und Saverne gibt es auf dieser Strecke keine kräftigen oder stetigen Steigungen bzw. Gefälle.

Beschilderung: sehr gute Ausschilderung

Anschlusstouren: 4, 6, 15, 17 und 18

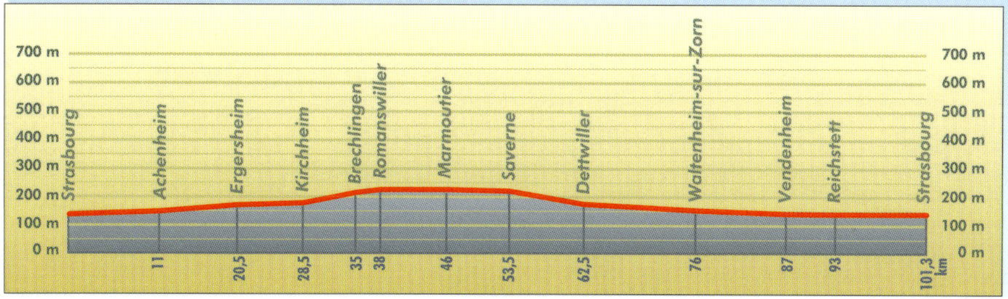

Strasbourg s. S. 31

Von Strasbourg nach Ergersheim 19,5 km

Vom Bahnhof aus in die **petite Rue de la Course** ⁓ geradeaus bis zur **Rue Saint Marguerite** ⁓ schräg nach links über den Platz und weiter bis zur Ill ⁓ der Radweg verläuft parallel zur Ill ⁓ an der Radweg-T-Kreuzung nach links zur Autobahnbrücke ⁓ an der Ampelkreuzung geradeaus auf den **Quai du Brulig** ⁓ geradeaus in den Park ⁓ an der T-Kreuzung nach links in Richtung **Eckbolsheim** ⁓ vor der Brücke nach rechts ⁓ unmit-

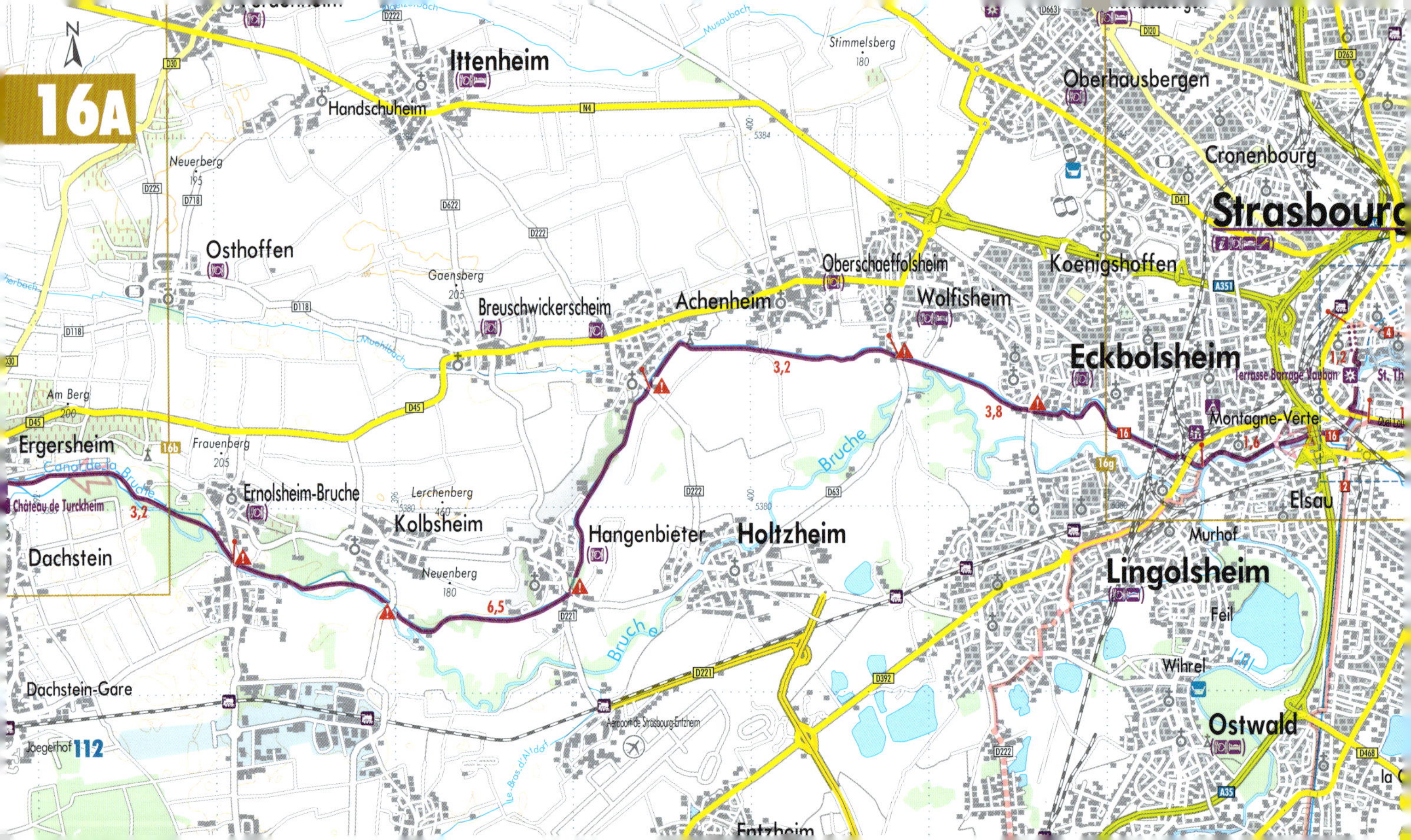
16A
N
Ittenheim
Handschuheim
Stimmelsberg
180
Oberhausbergen
Cronenbourg
Strasbourg
Neuerberg
195
Osthoffen
Gaensberg
205
Breuschwickersheim
Achenheim
Oberschaeffolsheim
Wolfisheim
Koenigshoffen
Eckbolsheim
Terrasse Barrage Vauban
Montagne-Verte
Am Berg
200
Ergersheim
Frauenberg
205
Canal de la Bruche
Château de Turckheim
Ernolsheim-Bruche
Lerchenberg
Kolbsheim
Neuenberg
180
Hangenbieter
Holtzheim
Bruche
Elsau
Murhof
Lingolsheim
Feil
Wihrel
Ostwald
Dachstein
Dachstein-Gare
Jaegerhof
Aéroport de Strasbourg-Entzheim
Entzheim
3,2
3,2
3,8
6,5
1,6
1,2
D30
D225
D718
D622
D222
D118
D45
N4
D41
A351
D63
D221
D392
D222
D468
A35
D120
D263
16
16b
16g

telbar vor der Route de Schirmeck links hinunter zum Kanal und die Route unterqueren ~ nach der Eisenbahnunterführung über die Fahrradbrücke auf die linke Kanalseite ~ auf diesem Weg immer geradeaus auf der linken Kanalseite bis nach Ergersheim, ⚠ achten Sie auf den Verkehr beim Überqueren der Straßen.

Ergersheim

Von Ergersheim nach Allenwiller **19,7 km**

An der D 30 geradeaus und weiter am linken Kanalufer ~ am Ort **Wolxheim** vorbei ~ auf Höhe von **Avolsheim** endet der Radweg ~ rechts über die Brücke ~ geradeaus zur T-Kreuzung mit der Vorfahrtsstraße, der **D 45**, und links ab ~ in der Linkskurve vor Soultz-les-Bains rechts in den Radweg einbiegen ~ im weiteren Verlauf am Damm in Richtung Scharrachbergheim-Irmstett ~ an der T-Kreuzung links und unmittelbar danach, also noch vor der Brücke über die Mossig, rechts ab ~ nach der Rechtskurve links ab auf den Radweg ~ dieser führt durch Kirchheim.

Kirchheim

Vor der Umfahrungsstraße von Marlenheim nach links wenden und auf dem parallel dazu verlaufenden Radweg weiter ~ der Weg macht eine Linkskurve und gleich darauf einen Rechtsknick und quert dann die D 422 ~ durch ein kleines Waldstück ~ in Wasselonne endet der Radweg ~ weiter geradeaus und am Friedhof vorbei.

Wasselonne

An der T-Kreuzung rechts ~ bald darauf wieder links ab in Richtung Brechlingen.

Brechlingen

An der Gabelung links bergauf ~ abermals an der Gabelung links ~ kurz vor einer Rechts-/Linkskombination rechts in den

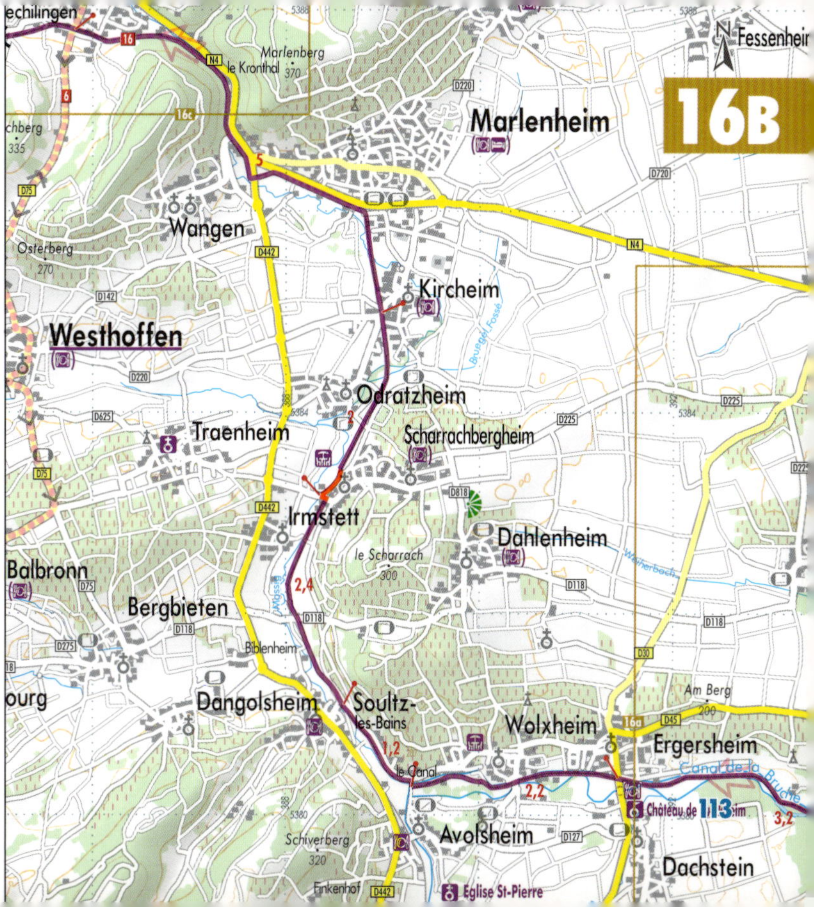

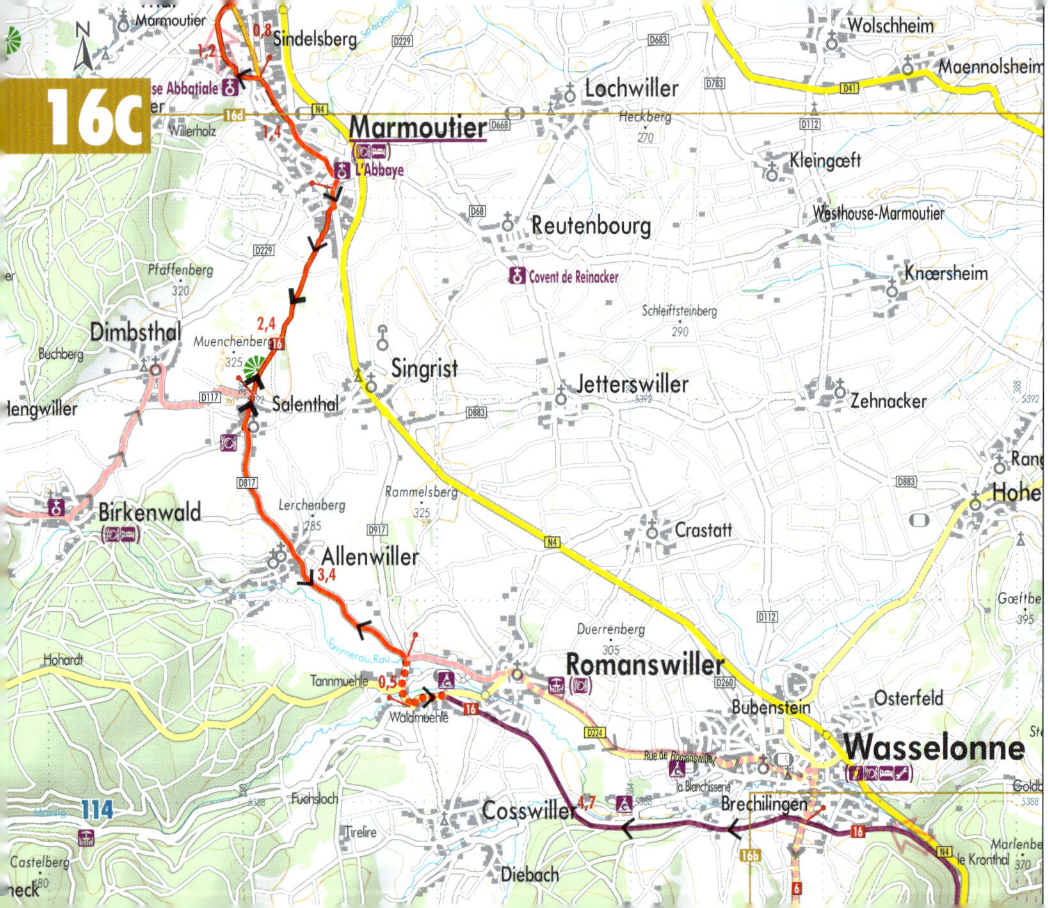

Radweg ~ der Radweg endet in Romanswiller in einer Wohnsiedlung ~ dort links halten.

Romanswiller

An der T-Kreuzung links auf die **D 224** ~ etwas bergab und an der nächsten Kreuzung rechts auf die **D 143** in Richtung Allenwiller ~ an der Gabelung rechts auf die **D 817** und auf dieser bis Allenwiller.

Allenwiller

Von Allenwiller nach Waltenheim-sur-Zorn *34,3 km*

An der Gabelung im Ort rechts und weiter nach Salenthal ~ dort der Linkskurve folgen.

Salenthal

Der D 817 nach rechts folgen und weiter bis zur Kreuzung mit der D 117 ~ dort geradeaus in die **Rue de Marmoutier** ~ nach einer längeren Steigung geht's am Beginn von Marmoutier stark bergab ~ an der Kreuzung mit der **D 259** links, diese führt durch das Zentrum von Marmoutier.

Marmoutier

PLZ: 67441

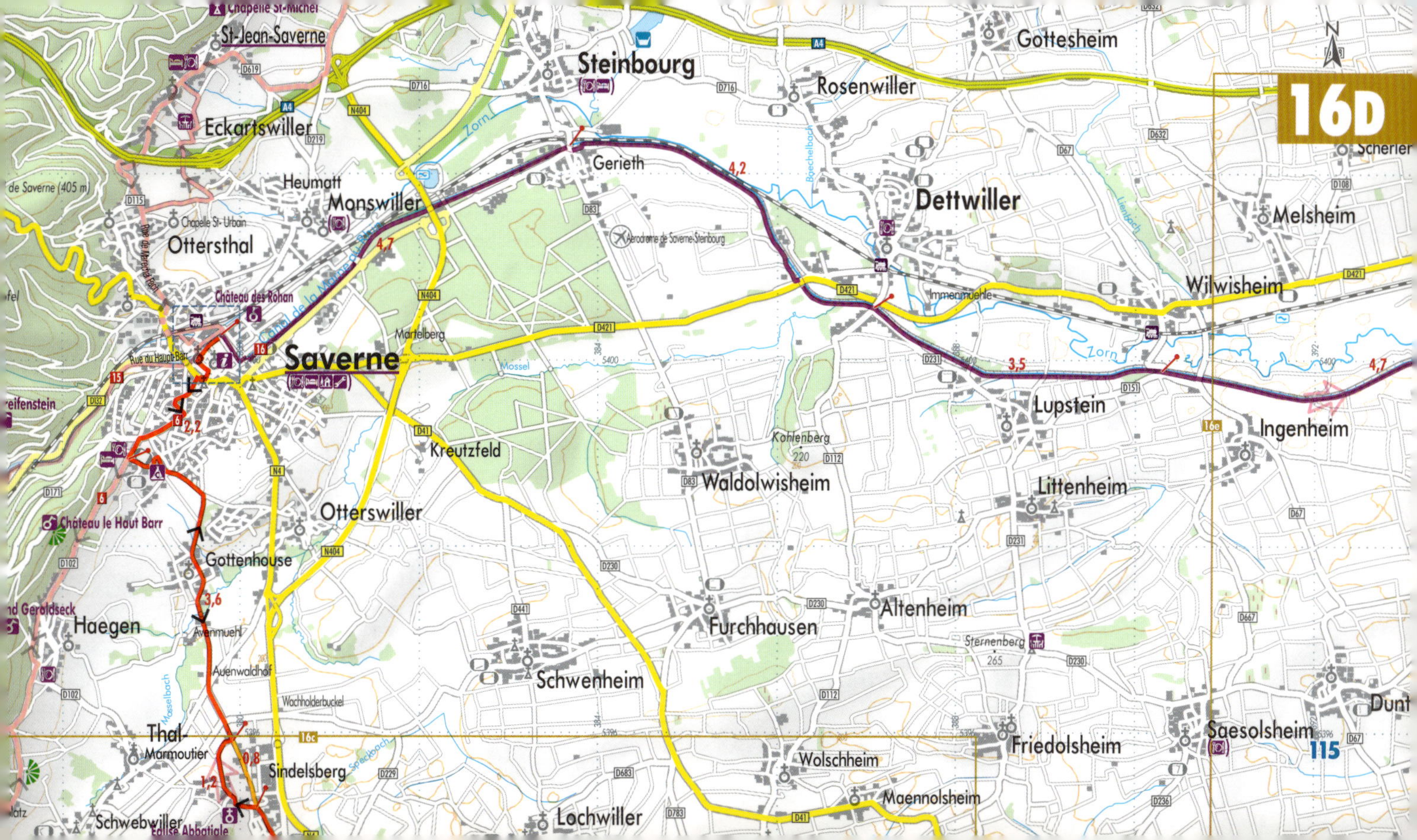
16D
Chapelle St-Michel
St-Jean-Saverne
Eckartswiller
Steinbourg
Gottesheim
Rosenwiller
Gerieth
Dettwiller
Heumatt
Monswiller
Chapelle St-Urbain
Ottersthal
Rue du Maréchal Foch
Château des Rohan
Canal de la Marne au Rhin
Saverne
Rue du Haut-Barr
Martelberg
Mossel
Aérodrome de Saverne-Steinbourg
Immenmuehle
Zorn
Wilwisheim
Melsheim
Scherler
Lupstein
Ingenheim
Kohlenberg
220
Waldolwisheim
Littenheim
Kreutzfeld
Otterswiller
Château le Haut Barr
Gottenhouse
Haegen
Avenmuehl
Auenwaldhof
Wachholderbuckel
Furchhausen
Altenheim
Sternenberg
265
Schwenheim
Thal-Marmoutier
Sindelsberg
Wolschheim
Friedolsheim
Saesolsheim
Dunt
Maennolsheim
Lochwiller
Schwebwiller
Eglise Abbatiale
115
A4
N404
N4
D421
D716
D632
D67
D108
D83
D231
D151
D41
D112
D230
D441
D229
D683
D783
D236
D667
D619
D219
D115
D132
D171
D102
16
15
6
16c
16e
4,2
4,7
3,5
2,2
3,6
0,8
1,2
de Saverne (405 m)

Touristinformation, 1 rue du Général Leclerc, ✆ 03 88 71 46 84, www.marmoutier.net

Kunst- und Volkskundemuseum (musée d'arts et traditions populaires), 6 rue du Général Leclerc, ✆ 03 88 71 46 84, ÖZ: Mai-Okt., So/Fei 10-12 Uhr und 14-18 Uhr. Es handelt sich dabei um ein Fachwerkhaus, das Sammlungen aus vier Themenbereichen beherbergt: das tägliche Leben, Backformen, elsässisches Landjudentum und Handwerk.

Europäisches Orgelzentrum (Centre Européen de l'Orgue), 50 rue du Couvent, ✆ 03 88 71 46 84, ÖZ: tägl. 14-18 Uhr, außerhalb der Saison, Fr, Sa u. So 14-17 Uhr. Im ehemaligen Speicher der Abtei befinden sich zwei, in Europa einzigartige, Themenausstellungen: eine Multimedia-Ausstellung zum Thema „Orgel" sowie eine Ausstellung über die Flöten der fünf Kontinente.

Abteikirche, Paradebeispiel der Romanik, sehenswert sind die Westfassade aus rötlichem Sandstein und die Silbermannorgel aus dem Jahre 1710.

Marmoutier, im Jahr 589 durch den irischen Mönch Leobard gegründet, wurde als Abtei rasch berühmt. Im 8. Jahrhundert nannte sie sich dann „Maursmünster" – nach dem Hl. Maur, der damals Abt war. Während der Revolution wurde alles bis auf die Abteikirche zerstört, welche bis heute eine wichtige historische Hinterlassenschaft für Marmoutier darstellt.

Marmoutier, Kunst- und Volkskundemuseum

Bei der Abzweigung in Richtung Gottenhausen schräg nach links in die **Rue de Sindelsberg** bis zur Abzweigung Sindelsberg (Radwegweiser fehlt) ⇝ links den Hang hinauf in Richtung Chapelle St. Blaise ⇝ an der Kreuzung nach rechts.

TIPP: Wenn Sie die Kapelle sehen möchten, hier links abbiegen.

Bei dem blauen Haus schräg nach rechts in die **rue de moulin** ⇝ an der T-Kreuzung nach links ⇝ beim Stoppschild geradeaus ⇝ an der nächsten Vorfahrtsstraße geradeaus in die Straße mit der 3,5t-Beschränkung.

Gottenhouse

Dem Hauptstraßenverlauf entsprechend bis zur Stoppstraße ⇝ geradeaus weiter.

Saverne, Château des Rohan

Am Ortseingang von Saverne nach links in die **Rue du Rossignol** ⇝ an der Kreuzung geradeaus in die **Rue Henri Meck** ⇝ an der nächsten Ecke nach rechts in die **Rue du Père Liebermann** ⇝ geradeaus in die **Rue de Gottenhouse** ⇝ an der T-Kreuzung zur **Route de Paris** nach rechts ⇝ an der Ampel links in die **Grand' Rue**.

TIPP: Hier steigen Sie am besten vom Fahrrad und schieben es nach links in die Grand' Rue.

Saverne s. S. 59

An der Kreuzung mit dem **Quai du Château** rechts ⇝ nach der Rechtskurve beginnt wieder ein Radweg auf der linken Straßenseite

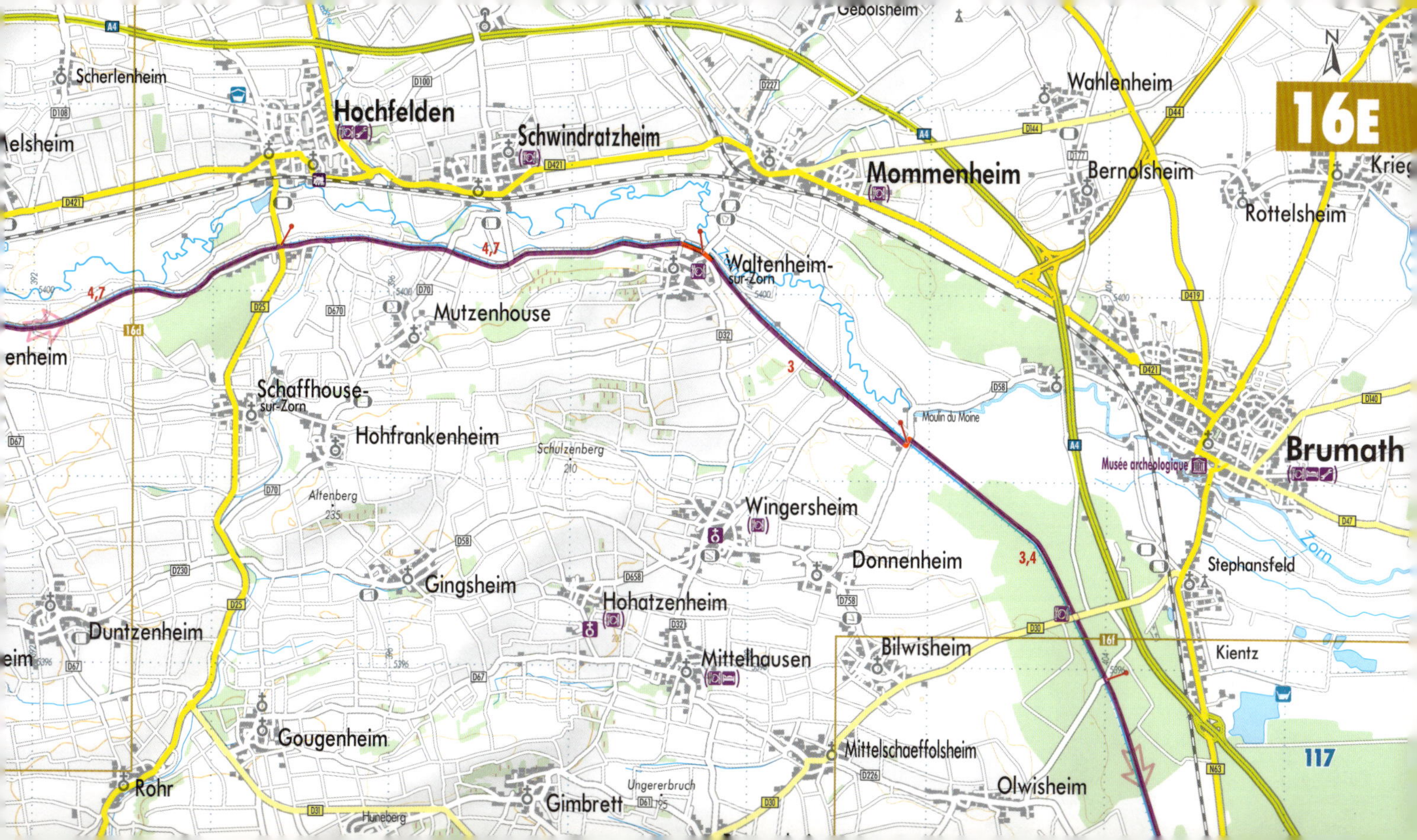
16E
117
Gebolsheim
Scherlenheim
Hochfelden
Schwindratzheim
Mommenheim
Wahlenheim
Bernolsheim
Rottelsheim
Waltenheim-sur-Zorn
Mutzenhouse
Schaffhouse-sur-Zorn
Hohfrankenheim
Schulzenberg 210
Altenberg 235
Wingersheim
Donnenheim
Gingsheim
Hohatzenheim
Mittelhausen
Duntzenheim
Gougenheim
Rohr
Gimbrett
Ungererbruch
Huneberg
Bilwisheim
Mittelschaeffolsheim
Olwisheim
Moulin du Moine
Brumath
Musée archéologique
Stephansfeld
Kientz
Zorn
4,7
3
3,4
16d
16f
A4
D421
D25
D32
D30
D58
N63

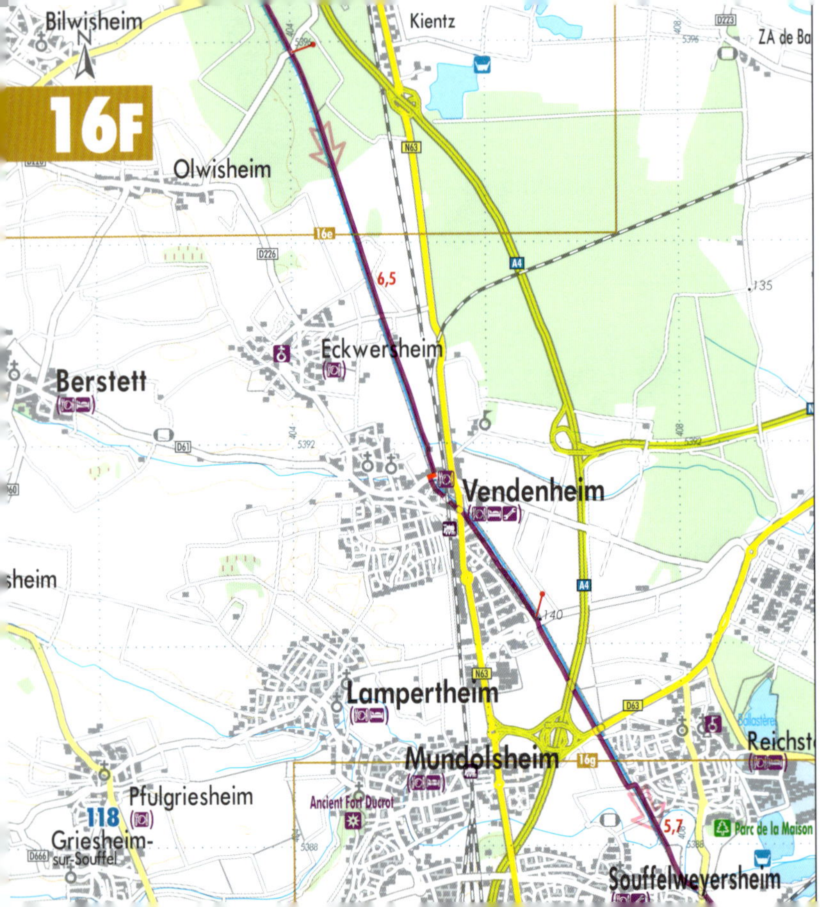

~ nun diesem Radweg folgen, der durchgängig auf der rechten Kanalseite bis nach Waltenheim-sur-Zorn führt.

AUSFLUG Etwa 4,5 Kilometer vor Waltenheim-sur-Zorn, an der Kreuzung mit der D 25, haben Sie die Möglichkeit, einen Abstecher nach Hochfelden zu machen.

Hochfelden

Museum des „Zorn" Gebiets, 12 Place du Général Koenig, ✆ 03 88 89 04 52, ÖZ: 1. So im Mai-letzter So im Okt., So/Fei 14-18 Uhr. Zum Museum gehören eine Synagoge, eine Schule und ein rituelles Bad. In der Synagoge befindet sich ein Volkskundemuseum.

J. M. P. Fischer, 3 rue du Général Lebocq, ✆ 03 88 91 50 51

Waltenheim-sur-Zorn

Von Waltenheim-sur-Zorn nach Strasbourg 27,8 km

Der Radweg endet an einer Kreuzung ~ hier geradeaus ~ auch an der nächsten Kreuzung geradeaus auf die **D 332** und nach wenigen Metern nach links zum Kanal-Radweg abzweigen.

Moulin des Moines

Links über die Brücke und gleich wieder nach rechts.

Wenn Sie allerdings dem Straßenverlauf der D 58 folgen, gelangen Sie über Krautwiller nach Brumath.

Brumath

PLZ: F-67170

Hotel de Ville de Brumath, 4, rue Jacques Kablé BP 28, ✆ 03 88 51 02 04, www.brumath.fr

Archäologisches Museum, Cour du Château, ✆ 03 88 51 07 61 u. 03 88 51 05 15, ÖZ: ganzjährig auf Anfrage. In den Kellergewölben des ehemaligen Schlosses Hanau-Lichtenberg befindet sich das Museum zur gallo-römischen Vergangenheit der Stadt.

Monumentale Sonnenuhr, 141 av. de Strasbourg, Haupteingang von EPSAN.

Abenteuerpark-Hochseilgarten, Plan d'eau de la Hardt, ✆ 03 88 59 36 27, ÖZ: ganzjährig für Gruppen nach Voranm. Ein 3 ha großer Kletterpark mit Klettermöglichkeiten sowohl für die gesamte Familie als auch für geübte Sportler.

J. M. P. Fischer, Place Victor Fischer, ✆ 03 88 51 81 18

Der Radweg verläuft nun auf der linken Kanalseite weiter bis nach Vendenheim.

Vendenheim

In Vendenheim wieder die Kanalseite wechseln und weiter bis nach Reichstett.

Reichstett

Hier erneut die Kanalseite wechseln ~ nach dem Canal de Derivation endet der Radweg ~ weiter auf dem **Quai du Canal-de-la-Marne-au-Rhin** ~ nach dem Schwimmbad und noch vor dem Europa Parlament können Sie wieder auf den Radweg wechseln ~ ⚠ an der **Pont de la Robertsau** auf die andere Uferseite und dem Verlauf des Radweges bis zur Pont du Heyritz folgen ~ die Straßenseite wechseln und über die **Pont Louis Pasteur** ~ nach wenigen Metern rechts auf den Radweg abbiegen, der zur Ill führt ~ hinter dem Neubau endet der Radweg und nun schräg nach links über den Platz zur Kreuzung Rue de Molsheim und Rue Ste-Marguerite ~ geradeaus in die **Rue Ste-Michel** (das Radfahren gegen die Einbahnstraße ist erlaubt) ~ an der nächsten Kreuzung geradeaus in die **petite Rue de la Course** bis zum Bahnhof.

Strasbourg s. S. 31

Tour 17 Rundfahrt Kehl – Offenburg (44,7 km)

Ausgehend von Kehl, der deutschen Nachbarstadt von Strasbourg mit dem ihr eigenen Flair einer badischen Kleinstadt, führt diese Tour über die Messe- und Medienstadt Offenburg zurück an das Tor zu Frankreich.

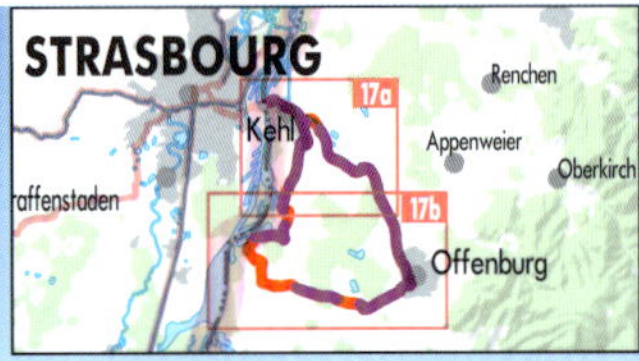

Charakteristik

Länge: 44,7 km
Start/Ziel: Kehl
Wegbeschaffenheit: Bis auf das unbefestigte Teilstück zwischen Sundheim und Willstätt fährt man auf befestigten bzw. asphaltierten Radwegen und Straßen.
Verkehr: Der Radweg verläuft meist auf ruhigen Radwegen und Straßen, mit etwas mehr Verkehr ist nur in Marlen zu rechnen.
Steigungen: keine starken Steigungen
Beschilderung: Ausschilderung teilweise vorhanden
Anschlusstour: 3

Kehl

PLZ: D-77694, Vorwahl: 07851

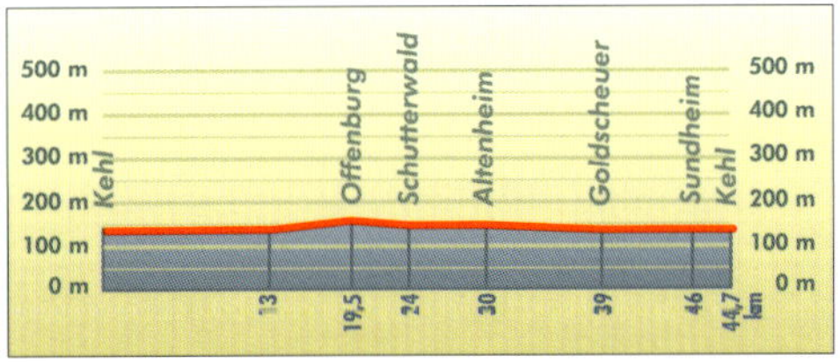

- **Kehl Marketing GmbH**, Hauptstraße 63, ✆ 881555, www.kehl.de
- **Hanauer Museum**, Friedhofstr. 5, ✆ 78783, ÖZ: n. V. Schwerpunkte sind Ur- und Frühgeschichte, außerdem Sonderaustellungen zur Stadtgeschichte
- **Handwerksmuseum**, Kehl-Kork, Oberdorfstr. 8, ✆ 956640 o. 1829, ÖZ: So 14-17 Uhr u. n. V.
- Der **Garten der zwei Ufer** entstand im Rahmen der grenzübergreifenden Landesgartenschau 2004 beiderseits des Rheins. Auf deutschem Ufer erstreckt sich die Rheinpromenade von den neuen Rheinterrassen an der restaurierten **Villa Schmidt** im Norden bis hinunter zum Schwimmbad. Am Altrhein bietet im Süden der majestätische **Weißtannenturm** Überblick, auch über den hier gelegenen **Garten der Sinne**. Im Norden, unweit des **Rosengartens**, liegt die große hölzerne Seebühne. Auf französischer Seite umschließt eine spektakuläre, begehbare **Wasserwand** die zentrale Achse halbkreisförmig zu beiden Seiten.
- Ein sehr praktisches Stück moderner Architektur ist die neue Brücke **Passerelle des Deux Rives**, ebenfalls Teil des Gartens der zwei Ufer. Die flache, breitere ihrer beiden Spuren erlaubt das Hinüberradeln; der steile Bogen hinauf zur Aussichtsplattform bleibt hingegen Fußgängern vorbehalten.
- **Freibad Kehl**, Schwimmbadstr. 9, ✆ 71426, ÖZ: Mitte Mai-Sept.
- **Freibad Auenheim in Kehl**, Badstraße, ✆ 5662, ÖZ: Mitte Mai-Sept.

Von Kehl nach Offenburg 19,9 km

Startpunkt dieser Tour ist die Europa-Brücke ~ auf dem Radweg der **Straßburger Straße** bis zur Esso-Tankstelle ~ nach rechts auf die Straße **Am Läger** abbiegen, auf der linken Straßenseite befindet sich ein Radweg ~ an der Ampel geradeaus ~ etwa 500 m nach der Fachhochschule auf die andere Straßenseite und über die kleine Brücke ~ nach links auf die **Kandelstraße** ~ an der Stelle, wo die Kandelstraße nach rechts abknickt, nach links auf den Radweg ~ an der Kreuzung nach links, die Vorfahrtsstraße überqueren, der Radweg verläuft nun auf der linken Straßenseite ~ an der Wegkreuzung ab vom Radweg und schräg nach links auf den asphaltierten Weg ~ bei der Weggabelung nach rechts ~ nach der Brückenunterquerung weiter auf einem unbefestigten Weg parallel zur Kinzig ~ die nächste Brücke überqueren und nach links auf den Dammradweg.

Offenburg

Willstätt

Ab der Kläranlage auf dem asphaltierten Weg bis an Vorfahrtsstraße ⤳ geradeaus auf den Wirtschaftsweg ⤳ an der folgenden Brücke die Kanalseite wechseln ⤳ dem Weg an der Kinzig entlang bis nach Offenburg folgen.

An der Kreuzung zur Otto-Hahn-Straße geradeaus auf den Radweg der linksseitig des Baches verläuft ⤳ an der **Vogesenstraße** nach rechts über den Bach und sofort nach links auf den Radweg entlang der Straße **Am Unteren Mühlbach** ⤳ an der T-Kreuzung zur **Wasserstraße** über den Bach und gleich danach rechts ab auf den Radweg, der unterhalb der Stadtmauer durch einen Park bis zur Hauptstraße verläuft ⤳ nach rechts auf den Radweg.

INS ZENTRUM Wer ins Zentrum möchte, fährt an der Hauptstraße nach links.

Offenburg

PLZ: D-77652; Vorwahl: 0781

- **Stadtinformation**, Fischmarkt 2, ✆ 822253, www.offenburg.de
- **Museum im Ritterhaus**, Ritterstr. 10, ✆ 824255, ÖZ: Di-Fr 10-13 Uhr u. 15-17 Uhr, Sa/So 10-17 Uhr. Dokumentiert die Geschichte der Stadt anhand mehrerer Sammlungen, wie zum Beispiel Erdgeschichte, Archäologie oder Kunst.
- **Hl.-Kreuz-Kirche**, auf den Resten einer abgebrannten gotischen Kirche um 1700 im Barockstil erbaut.
- **Franziskanerkloster**, Lange Straße. Ist heute Sitz der Augustinerinnen. In der Klosterkirche befindet sich eine Silbermannorgel.
- **Rathaus**, im 18. Jh. entstanden mit Stadtwappen und österr. Doppeladler, was bezeugt, dass die Stadt einige Zeit lang zu Österreich gehörte. Es beherbergt ein Glockenspiel, das tägl. um 11.50 und 17.50 Uhr zu hören ist.
- **Jüdisches Bad (Mikwe)**, zwischen Glaserstraße und Steinstraße, ✆ 824341. Stammt aus dem 13./14. Jh. und nimmt mit seinen Stilelementen unter den jüdischen Bädern im Rheingebiet eine Sonderstellung ein.
- **Fischmarkt**, malerischer Platz im Stadtzentrum mit **Hirschapotheke** (1698), **Löwenbrunnen** (1599) und **Salzhaus** (1786).

17B
Hesselhurst
Windschlä
Goldscheuer
Griesheim
Kittersburg
Rhein
Hohnhurst
Endinger Kanal
Weier
Bühl
Kinzig
Waltersweier
Offenburg
Ram
Neuried
Müllen
Langhurst
Altenheim
Schutterwald
Albersbösch
Fischmarkt
Hildboltsweier
Uffhofen
Dundenheim
Höfen
Elgersweier
France
Deutschland
Tieflachkanal
123

Spitalspeicher des St. Andreas Hospitals, befindet sich in der Spitalstraße und stammt aus dem 18. Jh. Wird für Ausstellungen und Veranstaltungen benutzt.

Zwingerpark, zwischen Wasserstraße und Hauptstraße. Der Park mit imposantem Baumbestand, gärtnerischen Anlagen und Teichen mit Wasservögeln wurde 1899 angelegt.

Die jüngsten Ausgrabungen gehen auf die Römerzeit zurück. Eigentlich gegründet wurde die Stadt aber im 12. Jahrhundert. 1235 zur Reichsstadt erhoben, fand die blühende Entwicklung Offenburgs im 17. Jahrhundert während des pfälzischen Erbfolgekrieges ein jähes Ende, als es bis auf ein einziges Gebäude niedergebrannt wurde. Ab dem Jahr 1803 war Offenburg nicht mehr Freie Reichsstadt, sondern gehörte ab nun zum Land Baden. Heute genießt die Stadt den Ruf eines Verkehrs-, Wirtschafts- und Verwaltungszentrums.

Von Offenburg nach Kehl — 24,8 km

Die Kinzig überqueren und dem Radweg rechts hinunter folgen → in einem Linksbogen die B 33 a unterqueren → nach rechts und entlang der **Schutterwälder Straße** aus Offenburg hinaus → am Kreisverkehr geradeaus → kurz vor Schutterwald endet der Radweg → hier rechts ab und den Ort durchqueren.

Schutterwald

Am Ende des Ortes rechts ab auf einen Radweg → dieser führt zu einer kleinen Nebenstraße, die parallel zur K 5330 verläuft → am Ort Müllen vorbei → vor Altenheim vom Radweg auf die **K 5350** wechseln und auf dieser durch den Ort → die Vorfahrtsstraße geradeaus überqueren.

Altenheim

PLZ: D-77743; Vorwahl: 07807

Heimatmuseum, Kirchstr. 32, ÖZ: So 14-17 Uhr außer Juli u. Aug. 200 Jahre altes Fachwerkhaus mit Dauerausstellung zum Brauchtum der Region.

Rechts ab in den **Viehweiderweg** in Richtung Mehrzweckhalle und Sportplatz → Altenheim verlassen → an der T-Kreuzung beim Anglerheim links → über eine Brücke → an der nächsten Kreuzung dem Asphaltband nach links folgen → linker Hand taucht alsbald ein Badesee auf → nach der Brücke rechts → an der T-Kreuzung rechts → an der darauffolgenden Kreuzung mit der **L 98** rechts → beim Kreisverkehr links in Richtung Goldscheuer → beim Kreisverkehr am Ortsbeginn gerade → rechts ab in den **Sonnenweg** → die Kittersburgerstraße geradeaus in die **Goethestraße** überqueren.

Goldscheuer

An der Gabelung links in die **Lichtenbergstraße** → an der **Römerstraße**, der **B 36**, rechts → auf dieser Straße auf dem beidseitigen Radweg in den nächsten Ort, Marlen.

Marlen

Am Ortsende auf den rechtsseitigen Radweg → entlang der B 36 nach Sundheim → kurvig durch den Ort.

Sundheim

Der Radweg entlang der B 36 führt wieder nach Kehl zurück → über die Kandelstraße und die Straße **Am Lager** gelangen Sie zum Ausgangspunkt der Tour in der Nähe des Grenzüberganges.

Kehl

Tour 18 Von Barr nach Strasbourg (38,9 km)

Diese zu Beginn recht hügelige Tour führt vom Weinort Barr über schmucke kleine Orte zum „Schnittpunkt Europas", Strasbourg.

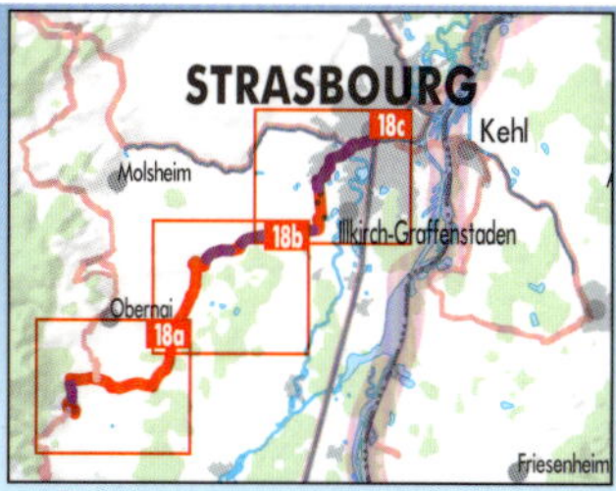

Charakteristik

Länge: 38,9 km
Start: Barr
Ziel: Strasbourg
Wegbeschaffenheit: Die Route verläuft auf befestigten bzw. asphaltierten Radwegen und Straßen.
Verkehr: Man fährt meist auf ruhigen Radwegen und Straßen, mit etwas mehr Verkehr ist nur in den Städten zu rechnen.
Steigungen: Nach dem hügeligen Beginn der Tour kommen keine kräftigen Steigungen mehr vor.
Beschilderung: Ausschilderung teilweise vorhanden
Anschlusstouren: 4, 7 und 16

Barr s S. 68

Von Barr nach Innenheim 18,7 km

Ausgehend vom Bahnhof bis zur T-Kreuzung mit der **D 854** ~ links ab und den Kreisverkehr geradeaus überqueren ~ an der Ampel rechts ~ wiederum

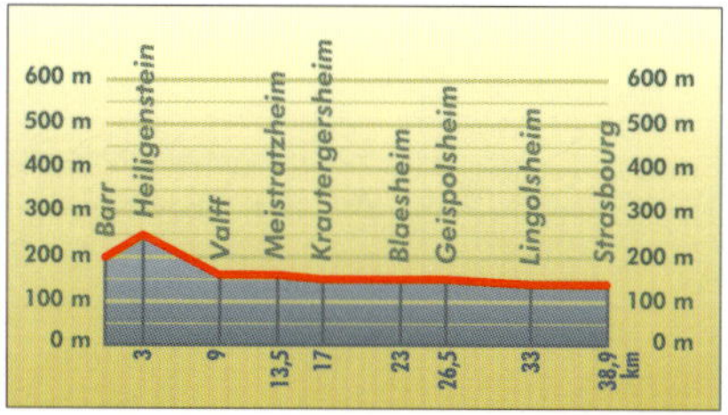

rechts in die Fußgängerzone, die **Grand' Rue** ~ alsbald links in die **Rue Reiber** ~ die Rue de la Kirneck geradeaus in die **Rue des Maréchaux** überqueren ~ etwas bergauf bis zur Kreuzung mit der **Rue des Bouchers** ~ rechts halten und wiederum bergauf ~ links befindet sich der Rathausplatz ~ dem Straßenverlauf nach rechts folgen ~ an der Gabelung links auf die **D 35** in Richtung Heiligenstein ~ auf dem Radstreifen nach Heiligenstein ~ dem Straßenverlauf der D 35 durch den Ort folgen.

Meistratzheim

Heiligenstein

Rechts ab in die **Rue Ehret Wantz** ~ nach Ortsende bergab ~ Bahngleise überqueren ~ ebenso die N 422 ~ im weiteren Verlauf über die A 35 ~ bei der Linkskurve geradeaus in die unbefestigte **Rue des Vergers** ~ an der Vorfahrtsstraße links und durch Bourgheim.

Bourgheim

Den Ort auf der **D 706** in Richtung Valff verlassen ~ an der Kreuzung mit der Vorfahrtsstraße,

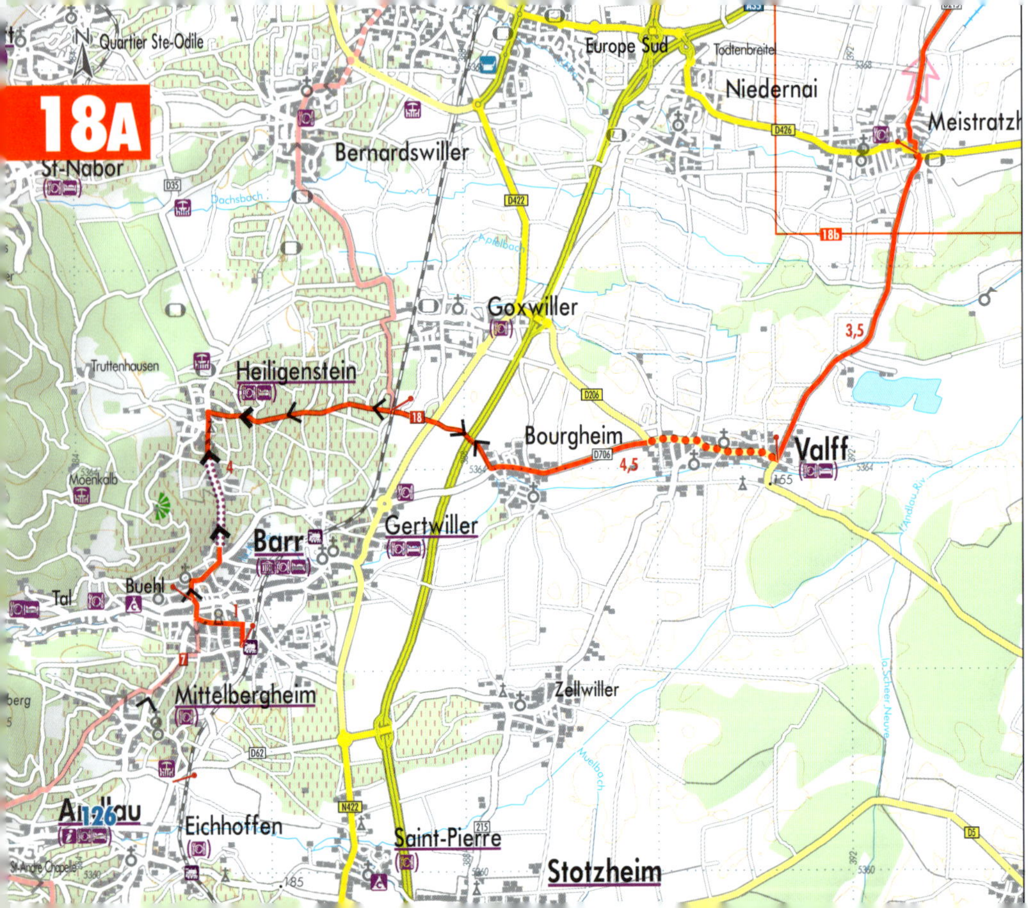

der **D 206**, rechts in Richtung Meistratzheim ~ den Ort Valff auf dieser Straße durchfahren.

Valff

Beim Kreisverkehr am Ortsende links auf die **D 215** und weiter nach Meistratzheim ~ im Ort an der T-Kreuzung links auf die **D 426** in Richtung Krautergersheim ~ nach der Brücke der Rechtskurve und somit der **D 215** folgen.

Meistratzheim

Eine Links-/Rechtskurve fahren und den Ort daraufhin wieder verlassen ~ dem Straßenverlauf in den nächsten Ort, Krautergersheim, folgen ~ dort beim Kreisverkehr rechts auf die **D 207** in Richtung Innenheim.

Krautergersheim

An der Kreuzung mit der **D 215**, der **Rue de Paris**, links ab und auf dieser aus dem Ort hinaus ~ beim Kreisverkehr vor Innenheim rechts auf die **N 422** ~ bei der Ampel nach rechts ins Dorf hinein.

Innenheim

Von Innenheim nach Strasbourg — *20,2 km*

An der Abzweigung vor dem Rathaus schräg nach rechts in die **Rue de Général Leclerc**, Wegweiser in Richtung Sportplatz ~ bei der Wegkreuzung nach links in die **Rue du Stade** ~ an der nächsten Abzweigung nach links in die **Rue**

de Tramway ~ geradeaus weiter auf dem Anliegerweg in Richtung Blaesheim ~ bei der Vorfahrtsstraße **D 84** geradeaus.

Blaesheim

Dem Straßenverlauf der D 84 durch das Dorf folgen ~ am Ortsende beginnt auf der rechten Straßenseite ein Radweg, der bis nach Geispolsheim führt.

Geispolsheim

PLZ: 67118

Interaktives Schokoladen Museum, Rue du Pont au Péage, Association Les Amis du Chocolat, ✆ 03 88 55 04 90, ÖZ: 2.-31. Jan., Mi-Fr 14-18 Uhr, Sa/So 14-19 Uhr; 1. Feb.-31. Dez. Di-Sa 9-18 Uhr, So/Fei 14-18 Uhr, auf Anfrage. Auf 800m² wird die Geschichte des Kakaos im Lauf der Jahrhunderte von Südamerika bis zur aufwändigen Verarbeitung der Kakaobohne zu Schokolade dargestellt.

Auch hier am Ortseingang auf die **D 84** wechseln ~ am Ortsausgang wieder auf dem Radweg nach Geispolsheim-Gare weiterradeln.

Geispolsheim-Gare

Véloland, 1 rue du Fort, ✆ 03 88 55 44 33

Der Radweg endet auch hier am Ortsanfang ~ im Kreisverkehr am Dorfende schräg nach links auf die **D 484** ~ bei dem Kreisverkehr im Industriegebiet geradeaus auf die **D 222**. Am Ortseingang von Lingolsheim nach rechts auf den Radweg entlang der **Rue Alfred Kast-**

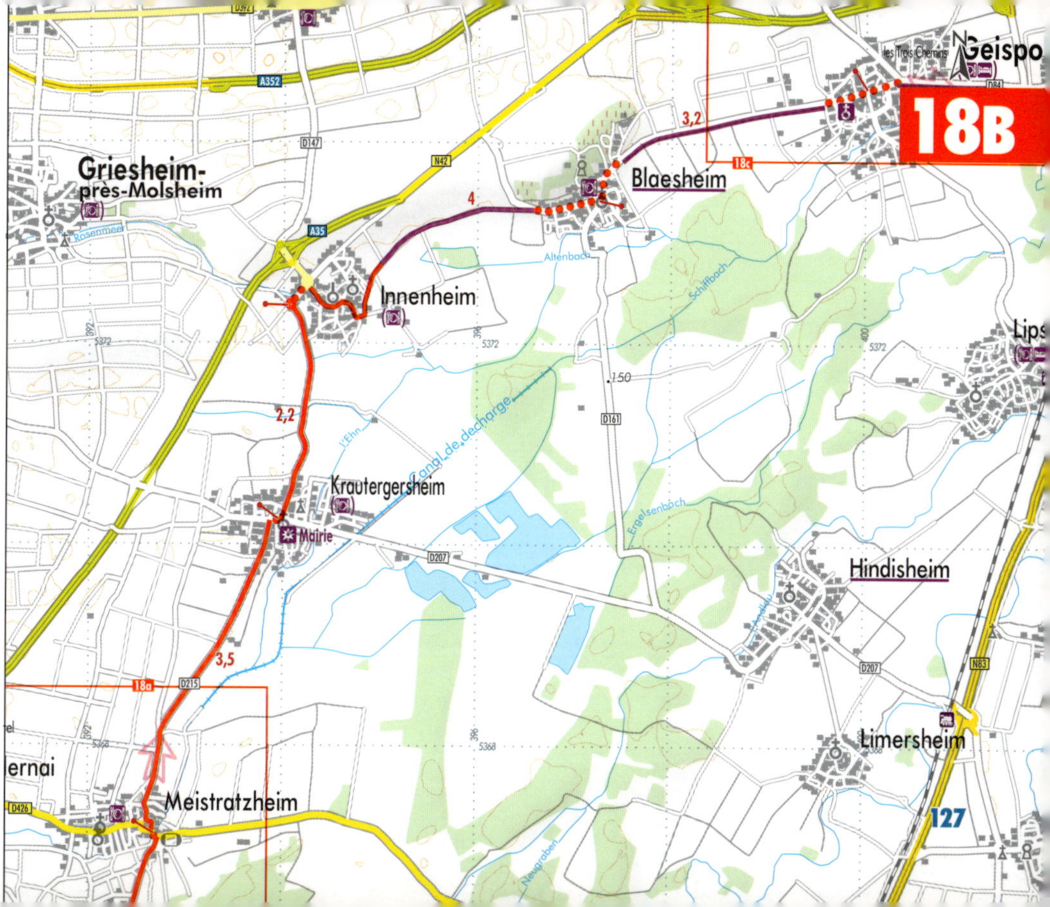

Innenheim

ler ~ an der Kreuzung zur **D 784 / Rue d'Ostwald** kurz nach rechts schwenken und gleich wieder nach links in die **Rue Tiergaertel** ~ an der übernächsten Abzweigung nach rechts in die **Rue des Hirondelles.**

Strasbourg - Lingolsheim

Beim Kreisverkehr nach rechts auf die **Rue du Maréchal Foch** bzw. **Route de Schirmeck** ~ nach der zweiten Bahnunterquerung bei der nächsten Möglichkeit nach rechts in die **Rue de Friedolsheim** ~ dem Straßenverlauf bis zur **Rue de la Rivière** folgen und nach rechts abbiegen ~ am Kanal nach links über die Brücke und entlang der Ill bis zum **Quai du Brulig** ~ anschließend abermals entlang der Ill ~ der Radweg führt dann über einen Platz zur Rue Sainte-Marguerite ~ diese in die **Rue Saint-Michel** überqueren und anschließend geradeaus auf der **Petite Rue de la Course** bis zum Bahnhof.

Strasbourg s. S. 31

Tour 19 Rundfahrt Marckolsheim (48,1 km)

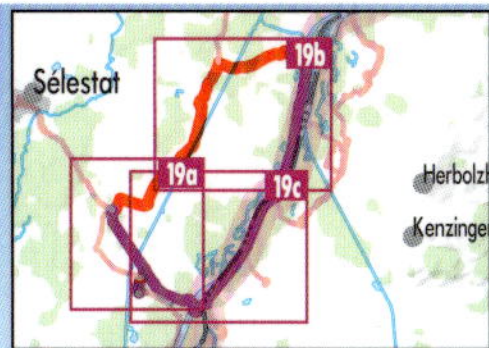

Zu Beginn dieser steigungsfreien Rundtour fahren Sie in der Nähe des Canal du Rhône au Rhin, zurück nach Marckolsheim führt der Radweg entlang des Grand Canal d'Alsace und des Rheins. verläuft die Route auf asphaltierten Radwegen und Straßen.

Verkehr: Die erste Hälfte dieser Rundfahrt verläuft in mäßig starkem Verkehr, danach fährt man auf ruhigen Straßen und vor allem Radwegen dahin.

Charakteristik

Länge: 48,1 km
Start/Ziel: Marckolsheim
Wegbeschaffenheit: Bis auf das unbefestigte Teilstück entlang des Rheins
Steigungen: keine kräftigen oder stetigen Steigungen
Beschilderung: teilweise ausgeschildert
Anschlusstouren: 2, 3 und 20

Marckolsheim s. S. 30

Von Marckolsheim nach Diebolsheim 23,6 km

Ausgehend vom Zentrum von Marckolsheim auf der **D 468** bis zum Kreisverkehr am Ortsende ⁓ dort links auf die **D 424** und auf dem Radstreifen bis zum Kreisverkehr bei Heidolsheim ⁓ rechts auf die **D 208** in Richtung Hessenheim ⁓ an der T-Kreuzung nach rechts auf die **D 205** ⁓ in Hessenheim nach links auf die **D 605**.

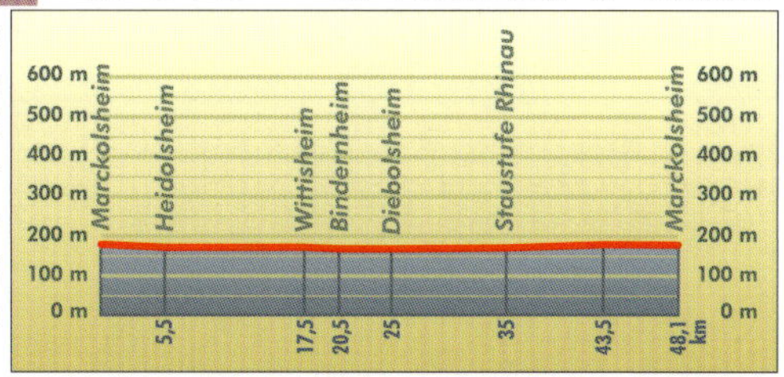

Hessenheim

An der Weggabelung im Ort nach rechts auf die **D 705** ⁓ am Kreisverkehr in Schwobs-

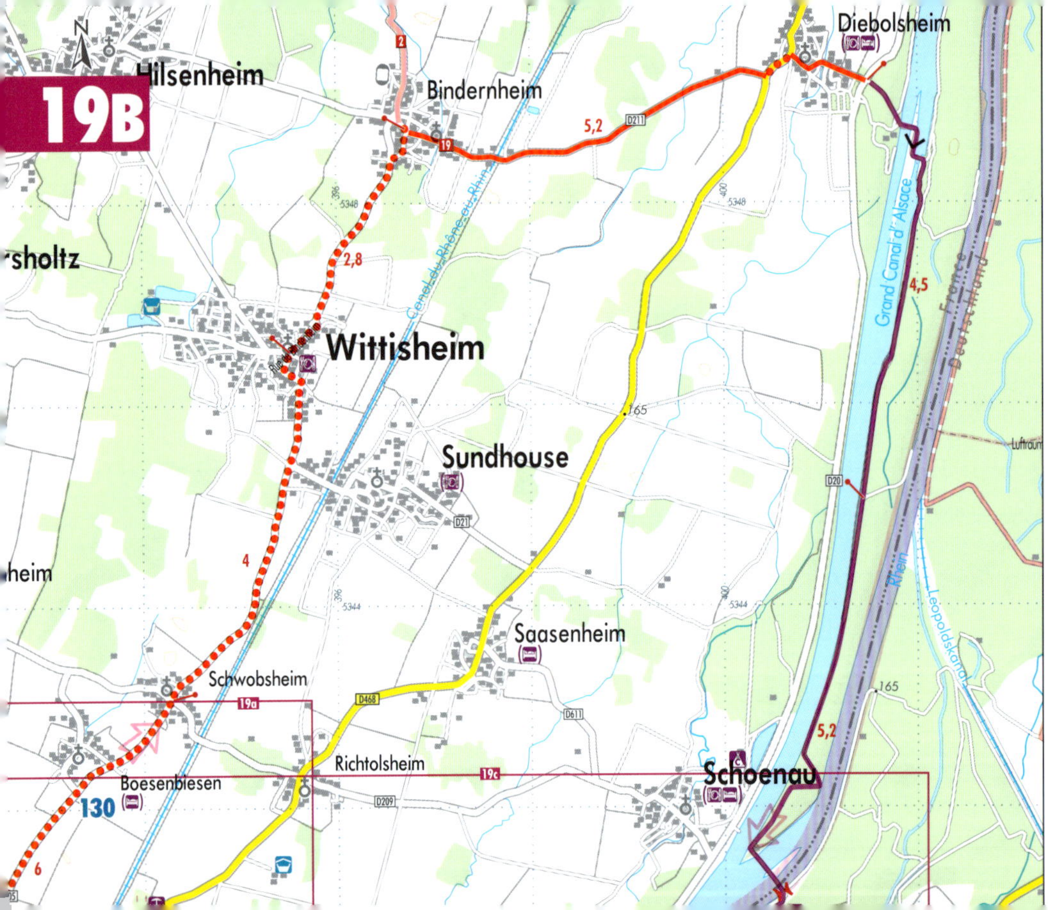

heim weiter geradeaus auf der **D 705** ~ in Höhe Sundhouse stoßen Sie wieder auf einen Kreisverkehr und fahren geradeaus auf die **D 21** ~ auf der D 21 bis zur Kreuzung bei der Kirche.

Wittisheim

Schräg nach rechts in die **Rue de Bindernheim** abbiegen ~ beim Kreisverkehr geradeaus weiter auf der **D 82** ~ in Bindernheim der Rechts-/Linkskurve der D 82 folgen ~ an der **D 211** rechts in Richtung Diebolsheim.

Bindernheim

An der Kirche rechts vorüber ~ den Ort auf der D 211 wieder verlassen ~ den stillgelegten Canal du Rhône au Rhin überqueren ~ dem Straßenverlauf nach Diebolsheim folgen ~ an der Kreuzung mit der **D 468** links ~ in Diebolsheim am Kreisverkehr rechts in Richtung Mairie ~ eine Links-/Rechtskurve fahren.

Diebolsheim

Von Diebolsheim nach Marckolsheim 24,5 km

Auf der **Rue du Rhin** den Ort verlassen ~ die D 20 geradeaus überqueren ~ über den Kanal und anschließend über die **Staustufe Rhinau** ~ unmittelbar danach rechts und auf den Radweg entlang des Kanals ⇝ im weiteren Verlauf über das Stauwehr Rhinau und anschließend entlang des Rheins ⇝ auf Höhe der Rheininsel den Damm rechts hinunter verlassen ⇝ unten enlang des Rheins weiter ⇝ unmittelbar vor der Brücke links auf einem schmalen Asphaltband hinauf zur Brücke und den Rhein überqueren ⇝ anschließend über den Grand Canal d'Alsace ⇝ nach den Gleisen beim Kreisverkehr geradeaus auf die **D 424** in Richtung Marckolsheim ⇝ auf dem Radstreifen bis zum nächsten Kreisverkehr und dort geradeaus ⇝ beim dritten Kreisverkehr links nach Marckolsheim und somit wieder zum Ausgangspunkt dieser Tour.

Marckolsheim

Diebolsheim

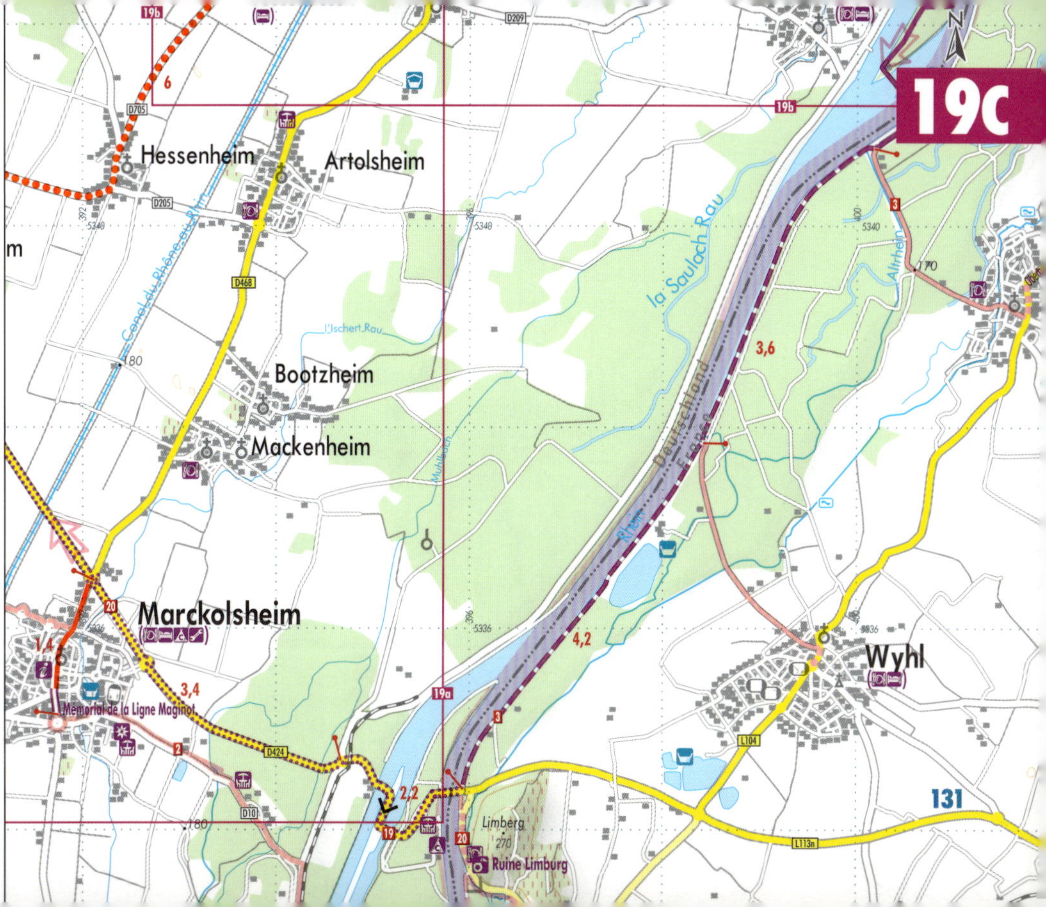

Radtouren im Département Haut Rhin 422,1 km

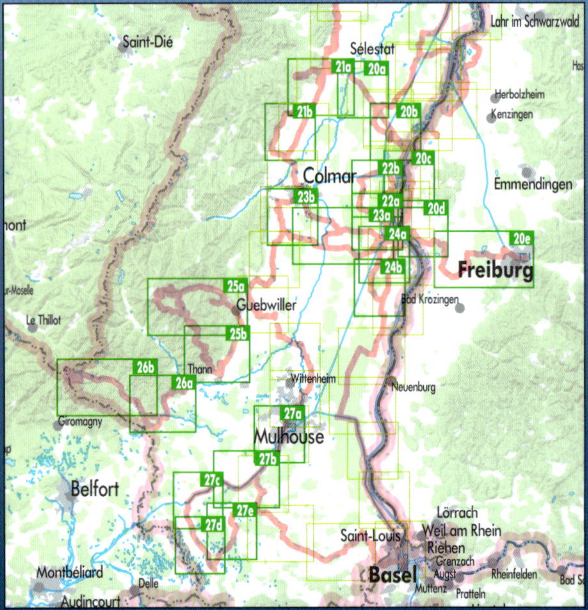

Tour 20 Von Sélestat nach Freiburg
Tour 21 Rundfahrt Sélestat – Ribeauvillé
Tour 22 Rundfahrt Neuf-Brisach – Kunheim
Tour 23 Rundfahrt Neuf-Brisach – Colmar
Tour 24 Rundfahrt Neuf-Brisach – Balgau
Tour 25 Rundfahrt zum Grand Ballon
Tour 26 Von Thann zum Ballon d'Alsace
Tour 27 Von Mulhouse nach Altkirch

Tour 20 Von Sélestat nach Freiburg (68 km)

Ausgehend von der zwischen Rhein und Vogesen gelegenen Stadt Sélestat mit ihrem intakten historischen Stadtkern führt diese Tour in die „Stadt der Gässle und Bächle", nach Freiburg.

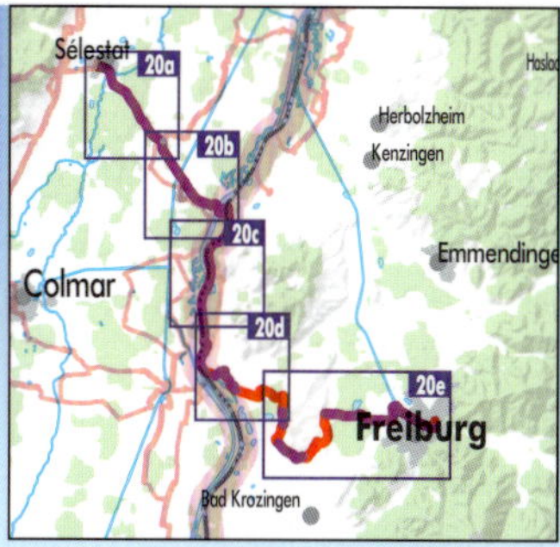

Charakteristik

Länge: 68 km
Start: Sélestat
Ziel: Freiburg
Wegbeschaffenheit: Die Route verläuft auf asphaltierten Straßen, nur entlang des Rheins fährt man auf unbefestigten, aber gut befahrbaren Radwegen.
Verkehr: Von Sélestat bis zum Rhein ist mit mäßig bis starkem Verkehrsaufkommen zu rechnen, ansonsten fährt man auf ruhigen Radwegen und Straßen.
Steigungen: Starke Steigungen sind nur vereinzelt zu meistern.
Beschilderung: Es ist eine Ausschilderung mit unterschiedlichen Logos vorhanden.
Anschlusstouren: 2, 3, 19 und 21

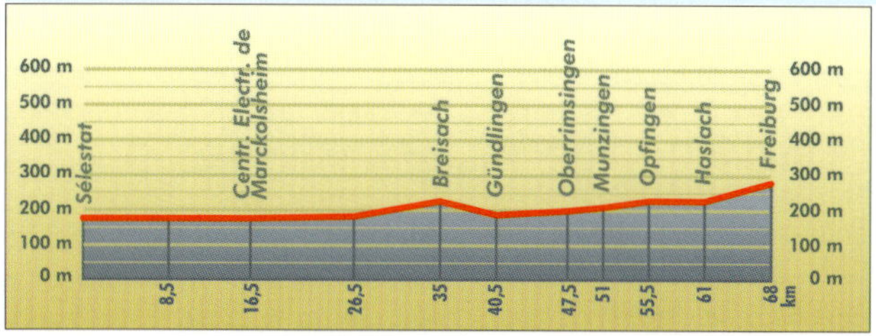

Sélestat

PLZ: 67604

Touristinformation, Commanderie Saint-Jean, Boulevard du Général Leclerc, ✆ 03 88 58 87 20, www.selestat-tourisme.com

Uhrturm, (Tour de l'horloge) stammt aus dem 14. Jh. bis auf den oberen Teil, der im 17. Jh. restauriert wurde und ist ein Teil der ehemaligen Stadtbefestigung.

Basilika Ste-Foy, hier befand sich früher ein Benediktinerkloster, dessen Gotteshaus zur Basilika ausgebaut wurde.

Kirche St-Georges, gotische Kirche aus dem 13.-15. Jh.

Hexenturm, (Tour des Sorcières) ebenfalls ein Teil der Stadtbefestigung aus 1300. Das Obergeschoss wurde als „Hexengefängnis" verwendet.

Humanistische Bibliothek, rue de la Bibliothéque, ✆ 03 88 58 07 20, ÖZ: Mo, Mi-Fr 9-12 Uhr und 14-18 Uhr, Sa 9-12 Uhr, Juli, Aug., Mo, Mi-Fr 9-12 Uhr und 14-18 Uhr, Sa, So 14-17 Uhr. Als Bestandteil der berühmten Lateinschule in Sélestat gilt sie als älteste elsässische Bibliothek und besitzt eine Reihe von sehr wertvollen Werken. Vor allem sollten die fast vollständige Privatbibliothek des Beatus Rhenanus(„Libraria Rhenana" die in 2011 in das Register des Weltdokummentenerbes der UNESO aufgenommen wurde) sowie die älteste im Elsass noch vorhandene Handschrift, das Lektionar, erwähnt werden.

Fahrradverleih von Mai-Okt. in der Touristinformation

Intersport, 3a rue de la Diligence, ✆ 03 88 58 06 58, **Véloxygen**, 49a route de Strasbourg, ✆ 03 88 82 80 44; **Sport 2000**, 12 rue de l'Industrie, ✆ 03 88 82 87 95; **Cycles Boespflug**, 5 rue Sainte Barbe, ✆ 03 88 92 05 14

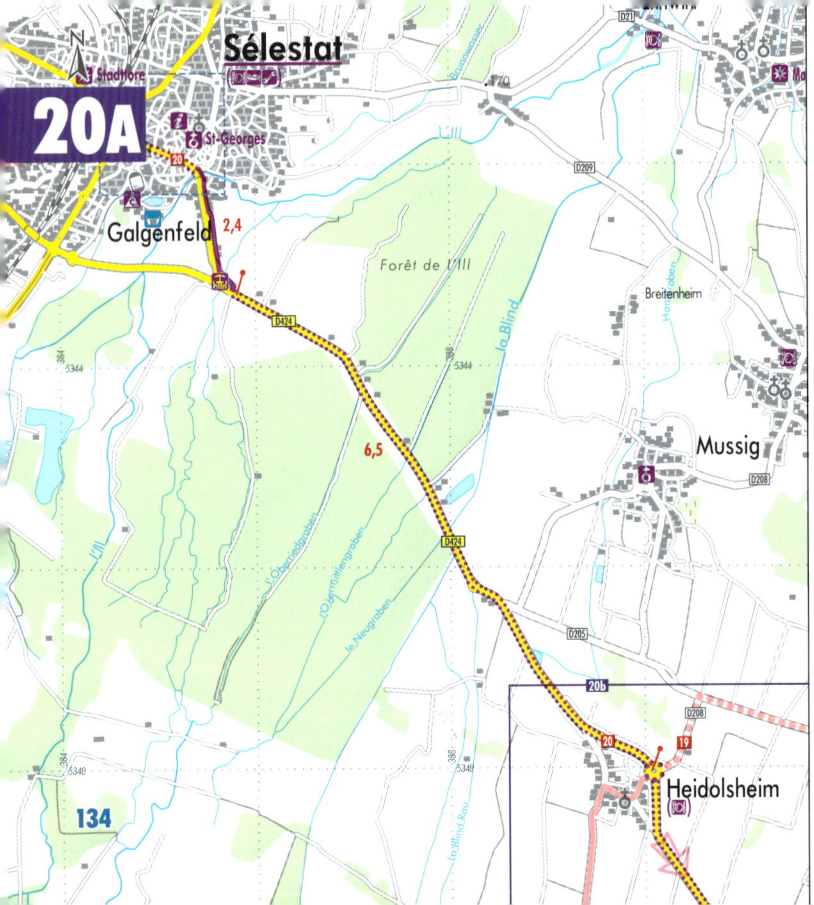

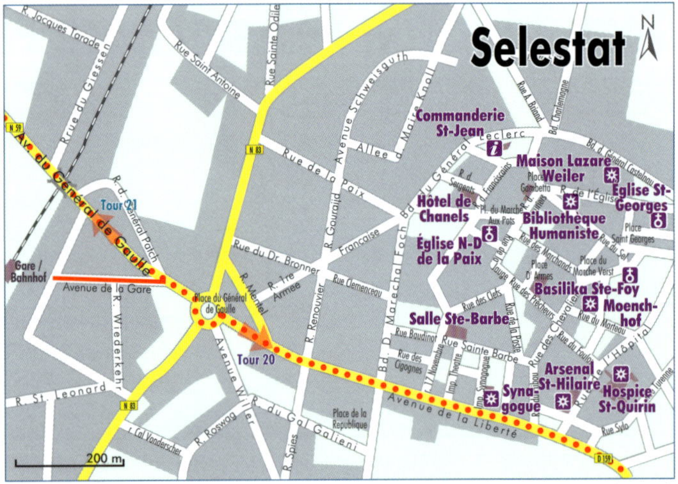

Die Geschichte der Stadt beginnt mit der Gründung einer Kirche durch Hildegard von Buren im 11. Jahrhundert, welche sich zum Benediktinerkloster erweiterte. Im 15. und 16. Jahrhundert galt Sélestat als bedeutendes Zentrum des Humanismus. In Finanzbüchern von 1521 wurden erstmals Tannenbaumverkäufe zur Weihnachtszeit erwähnt, daher wird die Stadt auch als „Wiege des Weihnachtsbaumes" bezeichnet. Heute werden in der alten Reichsstadt Textilien, Lederwaren und Metallprodukte hergestellt.

Von Sélestat nach Breisach 32,3 km

Vom Bahnhof aus geradeaus in die **Avenue de la Gare** ~ am Stoppschild nach rechts ~ am Kreisverkehr bei der **Place du Général de Gaulle** geradeaus in die **Avenue de la Liberté**, Ausschilderung Tourismusbüro ~ immer geradeaus, über die **Rue du 4e Zouave**, vorbei am **Place Vanolles** und entlang der **Rue de Président Poincare** bis zur Ill ~ schräg nach rechts auf die **Route de Marckolsheim / D 159** ~ am Stadtausgang auf die linke Straßenseite wechseln ~ auf dem Radweg hinter der Baumreihe weiter ~ der Radweg stößt an die **D 424**, hier geht es auf einem Radstreifen weiter ~ immer geradeaus dem Verlauf der **D 424** bis zum deutschen Rheinufer folgen ~ nach der Rheinbrücke auf einem Radweg rechts hinunter zum Rhein ~ weiter nach links ~ nach wenigen Metern führt der Radweg auf die Straße ~ unmittelbar vor dem Gasthaus rechts steil bergab auf den Radweg wechseln ~ an einer Schranke vorbei ~ links halten und auf den unbefestigten Weg entlang des Rheins ~ vor Breisach ein kleines Waldstück durchqueren ~ eine Schranke passieren und vor der Kläranlage rechts auf den asphaltierten Weg ~ an der Kreuzung rechts in die **Hafenstraße** und auf den linksseitigen Radweg ~ die Hafenstraße geht alsbald über in die **Josef-Bueb-Straße** ~ dem Verlauf dieser Straße folgen ~ am **Marktplatz** vorüber.

Breisach s. S. 36

Von Breisach nach Freiburg 32,7 km

Im Anschluss die **Rheinstraße** entlangfahren ~ beim Kreisverkehr die zweite Ausfahrt in Richtung Bahnhof nehmen ~ die Bahnhofstraße entlang fahren ~ der abbiegenden Vorfahrtsstraße über die Bahngleise folgen ~ links auf dem Radweg Richtung Ihringen abbiegen ~ auf der **Ihringer Landstraße** Breisach verlassen ~ die L 113 unterqueren und nach wenigen

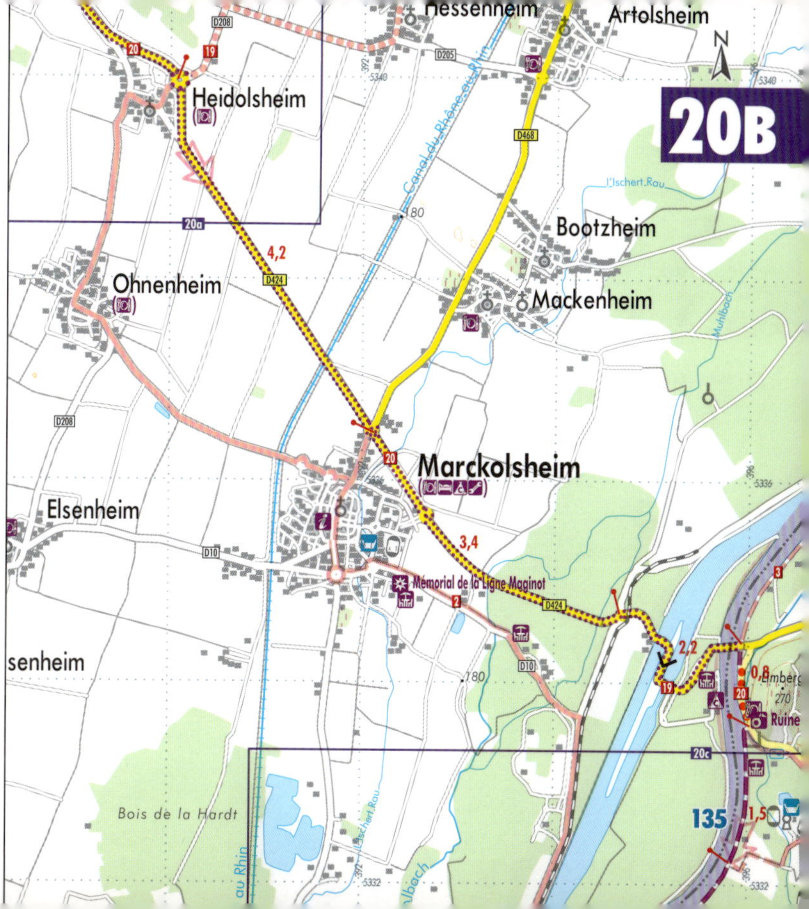

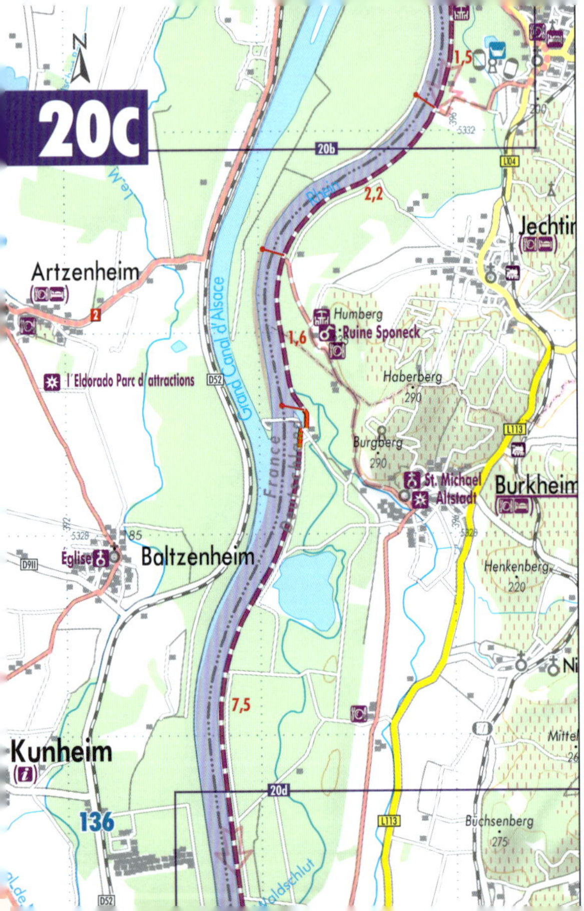

Metern die Ihringer Landstraße überqueren und rechts ab in Richtung Hochstetten ~ auf dem linksseitigen Radweg in den nächsten Ort.

Hochstetten

Den Ort durchfahren und weiter nach Gündlingen ~ an der T-Kreuzung links ~ in Gündlingen an der T-Kreuzung links auf die **Hauptstraße**.

Gündlingen

An der nächsten T-Kreuzung rechts in die **Salzhofstraße** in Richtung Freiburg und Merdingen ~ dem kurvigen Straßenverlauf aus dem Ort hinaus folgen ~ unmittelbar vor dem Kalkwerk vor Merdingen rechts in Richtung Oberrimsingen ~ den Ort Niederrimsingen geradeaus durchqueren.

Niederrimsingen

In Oberrimsingen bis zur T-Kreuzung ~ dort links in Richtung Freiburg.

Oberrimsingen

Auf dem Radweg entlang der **B 31** nach Munzingen ~ dort am Ortsbeginn rechts ab in den **Alten Weg** ~ eine Linkskurve fahren ~ an der T-Kreuzung mit der **Romanstraße** links und gleich darauf wieder rechts in die **Reinachstraße**.

Munzingen

Dem Straßenverlauf bergauf folgen ~ an der Gabelung am Ortsende rechts in Richtung Freiburg und Opfingen ~ an der T-Kreuzung dem Asphaltband nach rechts folgen ~ an der T-Kreuzung unmittelbar nach der Brücke links ~ an der darauffolgenden T-Kreuzung rechts in Richtung Opfingen und Freiburg ~ die L 187 geradeaus überqueren ~ über eine Brücke und anschließend an der Kreuzung mit der B 31 geradeaus ~ beim Ortsschild von Tiengen noch vor der Brücke rechts in Richtung Waltershofen und Opfingen ~ bei Opfingen rechts auf die **K 9853**.

Opfingen

Auf dem rechtsseitigen Radweg über die A 5 ~ der straßenbegleitende Radweg führt durch den Mooswald bis Haslach.

Der Blick wird frei auf die Stadt Freiburg und auf die bewaldeten Schwarzwaldberge im Hintergrund.

Haslach

In Haslach an der großen Kreuzung geradeaus und gleich darauf links ab ~ stets geradeaus und in weiterer Folge an der **Freizeitanlage Dietenbach** vorbei ~ nach einem Rechtsbogen nach links und über die **B 31a** ~ noch vor der

Brücke rechts und auf dem Radweg rechts des Flusses geradeaus ~ unter mehreren Brücken hindurch und immer weiter entlang der **Dreisam** ~ zweimal unter den Eisenbahngleisen hindurch ~ bei der dritten Brücke, der **Kaiserbrücke**, nach den Eisenbahnbrücken links ab und über die Dreisam ~ weiter geradeaus auf der **Kaiser-Joseph-Str.** die sie schließlich zur in die Altstadt bringt.

Freiburg

PLZ: 79098; Vorwahl: 0761

Tourist Information, Rotteckring 14, ✆ 3881-880, www.freiburg.de

Augustinermuseum, Am Augustinerplatz (Salzstr. 32), ✆ 2012531, ÖZ: Di-So 10-17 Uhr. Gilt, wenn nicht anders angegeben, für alle Museen! Schwerpunkt der Sammlung ist die Oberrheinische Kunst. Gemälde von Hans Baldung Grien, Matthias Grünewald oder Lukas Cranach. Die Sammlung der Glasmalerei vom Mittelalter bis zur Gegenwart ist eine der bedeutendsten in Deutschland.

Wentzingerhaus - Museum für Stadtgeschichte, Münsterpl. 30, ✆ 2012515. Glanzstück des Museums ist die Münsterbaustelle – eine Mischung aus Architekturmodell und Zinnfigurendiorama. Einige Räume sind dem Maler, Bildhauer und Architekten Johann Christian Wentzinger (1710-97) gewidmet.

Museum für Neue Kunst, Marienstraße 10a, ✆ 2012581. Mit den Themen Expressionismus, Neue Sachlichkeit und Abstraktion der 50er Jahre sowie mit Werkbeispielen von Künstlern der jüngeren Generation setzt die Sammlung einen wichtigen Akzent in der Kunstszene Südwestdeutschlands.

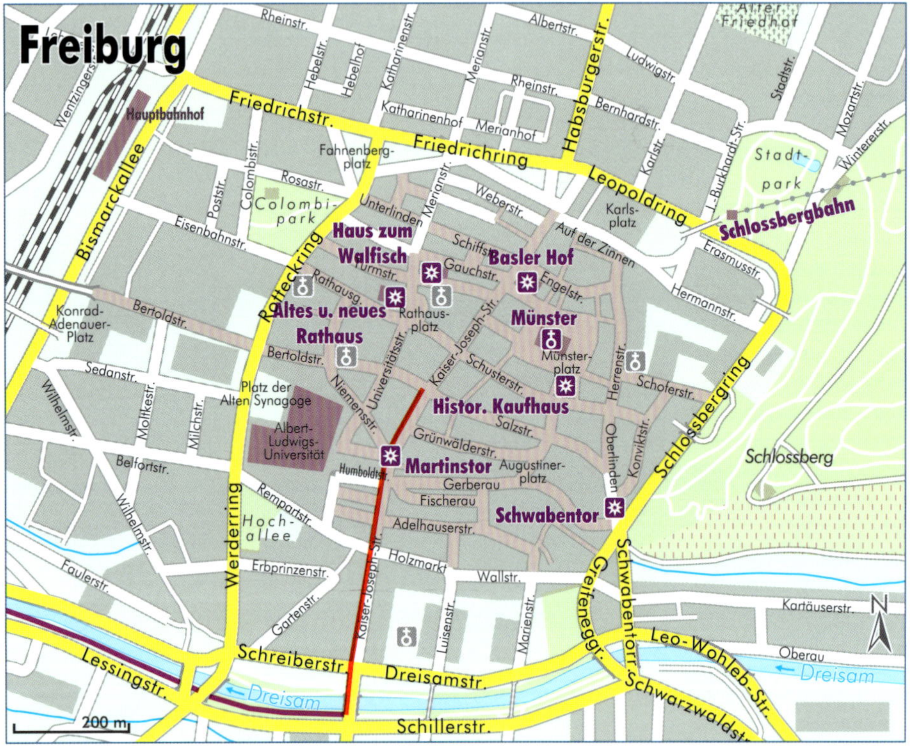

Adelhausermuseum Abteilung Naturkunde, Gerberau 32, ✆ 201-2566. Neben den geologischen, botanischen und zoologischen Sammlungen, welche die Umgebung von Freiburg präsentieren, wecken besonders das Edelsteinkabinett und die Spezialschau zum Thema Bienen Interesse.

Adelhausermuseum Abteilung Völkerkunde, Gerberau 32, ✆ 201-2566. Die in ihrer Art bedeutende Ausstellung begleitet Sie um die Welt: von den alten Hochkulturen Ostasiens und Ägyptens über die indianischen Völker Amerikas und die Stämme Afrikas zu den Kulturen der Südsee.

Museum für Ur- und Frühgeschichte, Colombischlössle, Rotteckring 5. ✆ 2012571. In drei Etagen werden hier die Epochen der Urgeschichte bis zu den Kelten, der Römerzeit und des frühen Mittelalters durch Ausgrabungsfunde dargestellt.

Freiburger Fasnet-Museum im „Zunfthaus der Narren", Turmstraße 14, ✆ 22611, ÖZ: Sa 10-14 Uhr u. n. V. Eine Sammlung zur Fastnacht in Freiburg, die seit den 30er Jahren des vorigen Jahrhunderts in der traditionellen alemannischen Form gefeiert wird.

Münster. Am Münsterplatz. ÖZ: Mo-So 7-19 Uhr. Wahrzeichen der Stadt und wahrlich ein Prachtexemplar des gotischen Sakralbaus. Nach insgesamt 300-jähriger Baugeschichte fand seine Weihe erst 1513 statt. An die spätromanischen Ostteile schlossen sich nun das gotische Langhaus und der bis dahin beispiellose Westturm an. Bürgersinn und Spendenfreudigkeit verrät auch die reiche Ausstattung des Inneren: farbige Fenster mit dem Wappen der Patrizier und Zünfte oder die prachtvollen Chorkapellen mit Altären vom Spätmittelalter bis zur Neugotik. Eine

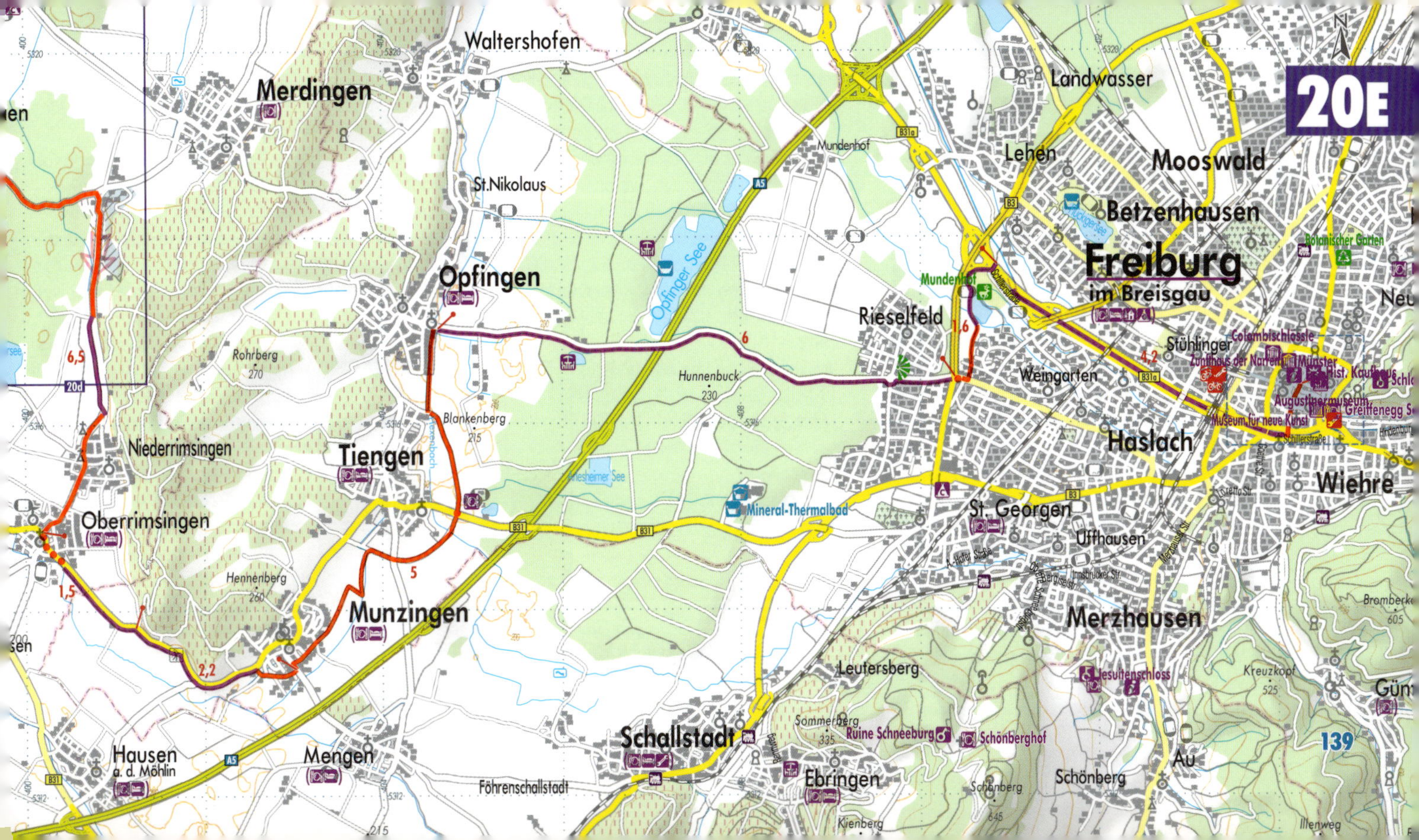

20E
Waltershofen
Merdingen
Landwasser
Mundenhof
Lehen
Mooswald
St.Nikolaus
Betzenhausen
Freiburg
im Breisgau
Botanischer Garten
Opfingen
Opfinger See
Mundenhof
Rieselfeld
Neu
Rohrberg
270
Hunnenbuck
230
Stühlinger
Colombischlössle
Weingarten
Zunfthaus der Narren
Münster
Hist. Kaufhaus
Augustinermuseum
Greiffenegg
Museum für neue Kunst
Blankenberg
215
Niederrimsingen
Tiengen
Haslach
Wiehre
Oberrimsingen
Mineral-Thermalbad
St. Georgen
Uffhausen
Hennenberg
260
Munzingen
Merzhausen
Bromberg
605
Leutersberg
Jesuitenschloss
Kreuzkopf
525
Sommerberg
335
Ruine Schneeburg
Schönberghof
Schallstadt
Hausen
a. d. Möhlin
Mengen
Föhrenschallstadt
Ebringen
Schönberg
Au
Schönberg
645
Kienberg
Illenweg
A5
B31
B31a
B3
20d
6,5
1,5
2,2
5
6
1,6
4,2

Freiburg

Turmbesteigung führt vorbei am Glockenstuhl mit der 1258 gegossenen Hosanna zur Turmplattform unter dem prächtigen Maßwerkhelm, die einen weiten Überblick über die Stadt und das Umland bietet.

- **Historisches Kaufhaus**, Münsterplatz. Der spätgotische Bau mit Treppengiebeln zeugt von der Bedeutung des Handels im mittelalterlichen Freiburg. Seine Bauzeit fällt in die ersten Jahrzehnte des 16. Jhs. Die Wappen, die Standbilder von Erkern und die Fassade sollen die Verbundenheit zum Haus Habsburg unterstreichen.
- **Altes Rathaus**, Rathausplatz. 1557-59 wurde aus mehreren älteren Häusern zusammengefügt. Hinter dem Gebäude befindet sich die aus dem 13. Jh. stammende Gerichtslaube, das älteste Rathaus der Stadt. In ihr wurde 1498 der Reichstag abgehalten.
- **Neues Rathaus**, Rathausplatz. Entstand 1896-1901 durch Umbau eines Renaissance-Doppelhauses. Vom Türmchen des Mittelflügels erklingt täglich um 12 Uhr ein Glockenspiel.
- **Haus zum Walfisch**, Franziskanerstraße. In diesem Haus (1514-16) mit seinem prächtigen, spätgotischen Portalerker wohnte der Gelehrte Erasmus von Rotterdam zwei Jahre lang, nachdem er während der Reformation aus Basel vertrieben wurde.
- **Basler Hof**. Kaiser-Joseph-Straße. Eine weitere wichtige Adresse auf den Spuren der Reformationsgeschichte: Von 1587 an diente der Hof für fast 100 Jahre dem Basler Domkapitel als Exilresidenz. Die Domherren ließen das 1496 errichtete Gebäude neu dekorieren und auch die Statuen der Basler Stadtheiligen an der Fassade anbringen.
- **Schlossbergseilbahn**, Betriebszeiten bei schönem Wetter Mo-So 11-19 Uhr, Di 11-17 Uhr.
- **Botanischer Garten**, Okenstraße, ÖZ: Mo-So 10-18 Uhr, Gewächshäuser: Di, Do, Sa 14-16 Uhr, So 10-12 Uhr und 14-16 Uhr. Tropenhäuser, prähistorische Pflanzen, Orchideensammlung, etc.
- **mobile Fahrradstation am Hauptbahnhof**, ✆ 2927992

Freiburg

In einer Ausbuchtung der Oberrheinebene nach Osten wurde Freiburg 1120 von der schwäbischen Adelsfamilie der Zähringer gegründet. Am Kreuzpunkt der Fernhandelsstraßen Frankfurt–Basel und Paris–Wien gelegen, erblühte die Stadt, auch dank des Silberbergbaus, rasch zum Zentrum des Breisgaus. 1368 kauften sich die Bürger von den Grafen von Freiburg frei und stellten sich unter die Herrschaft der Habsburger.
Zeitweise fungierte Freiburg als Hauptstadt Vorderösterreichs. Die 1457 von Erzherzog Albrecht gestiftete Freiburger Universität ist eine der ältesten Universitätsgründungen und erlangte in der Folge zunehmend Bedeutung. Die Reformation konnte sich in Freiburg nicht durchsetzen, vielmehr bot die Stadt Religionsflüchtlingen Zuflucht. Nach dem Dreißigjährigen Krieg baute Marschall Vauban – ähnlich wie in Strasbourg und Neuf-Brisach – sie zu einer starken französischen Festung aus, die im 18. Jahrhundert restlos gesprengt wurde. Nach dem Zweiten Weltkrieg gab sich die stark zerstörte Stadt sichtlich viel Mühe, das Ambiente der Altstadt möglichst originalgetreu wieder herzustellen. Dies ist um so mehr gelungen, als die Stadt eine richtungsweisende Verkehrspolitik verfolgt und den Umstieg auf umweltschonendere Fortbewegungsmittel forciert.

Tour 21 Rundfahrt Sélestat – Ribeauvillé (46 km)

Sélestat, Zentrum des geistigen Lebens im 15. und 16. Jh., ist der Ausgangspunkt dieser Rundtour. Über den für besonders guten Wein bekannten Winzerort Sigolsheim geht es in die „Perle der Weinstraße", Riquewihr, mit dem höchsten Fachwerkhaus der Region und wieder zurück zum Ausgangspunkt Sélestat.

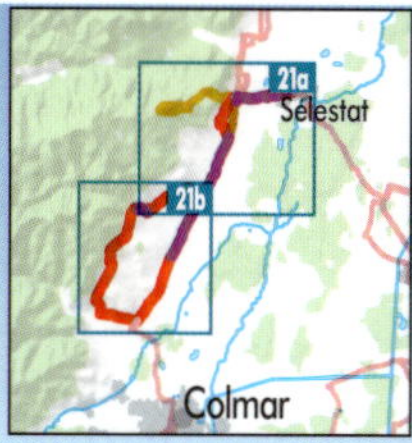

Charakteristik

Länge: 46 km
Start/Ziel: Sélestat

Wegbeschaffenheit: Die Route verläuft ausschließlich auf befestigten bzw. asphaltierten Radwegen und Straßen.
Verkehr: Außer in Sélestat und nach Bennwihr gibt es keine Verkehrsbelastung, da man auf ruhigen Radwegen und Straßen fährt.
Steigungen: Diese Strecke birgt mehrere kräftige Steigungen.
Beschilderung: Ausschilderung teilweise vorhanden
Anschlusstouren: 7 und 20

Sélestat s. S. 133

Von Sélestat nach Sigolsheim 24,2 km

Ausgangspunkt ist der Bahnhof ~ geradeaus auf der **Avenue de la Gare** bis zum Stopp-Schild ~ nach links abbiegen ~ über die Brücke und bei der Ampel nach links in die **rue de St-Dié** ~ auf dem Radstreifen bis zum Kreisverkehr ~ schräg nach links auf den Radweg entlang der **Route de Kintzheim** ~ nach wenigen Metern endet der Radweg ~ auf der Straße bis zum Kreisverkehr ~ geradeaus weiter auf dem Radweg neben der **D 159** ~ vor Kintzheim entfernt sich der Radweg von der D 159, er verläuft durch ein kleines Waldstück und führt anschließend in eine Wohnsiedlung ~ geradeaus durch dieses Wohngebiet, in die dritte Querstraße links einbiegen ~ geradeaus vor bis zum Friedhof ~ an der Kreuzung rechts ~ leicht bergauf geht es auf die Kirche zu.

Kintzheim s. S. 72

Vor der Kirche links auf die **D 35** in Richtung Orschwiller und Ribeauvillé ~ durch das Ortszentrum ~ auf der D 35 Kintzheim wieder verlassen und weiter nach Orschwiller ~ dort links auf die **D 201** in Richtung Sélestat.

Orschwiller

An der Gabelung rechts auf die **Voie Romaine** ~ an der nächsten Gabelung abermals rechts ~ in einer Rechtskurve geht es an einem Rastplatz vorbei ~ bei der anschließenden Gabelung die mittlere Möglichkeit in Richtung Bergheim nehmen ~ die **Ancienne Voie Romaine** führt bis nach Bergheim ~ dort an der Kreuzung mit der Vorfahrtsstraße, der **D 421**, rechts.

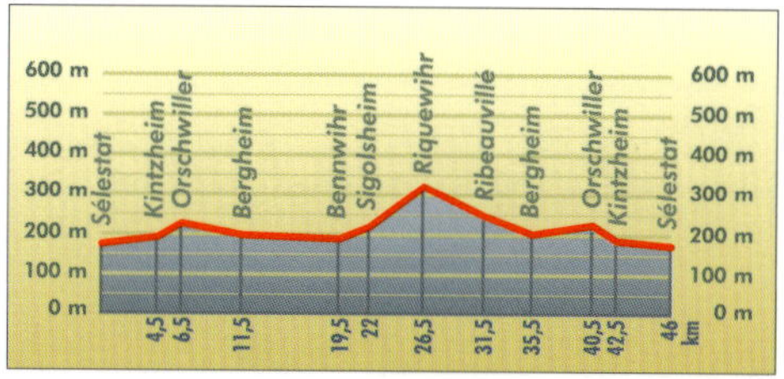

Bergheim

Bei der zweiten Abzweigung nach links in die **Rue des Romains** ~ nach dem Rechts-Links-Bogen gegen die Einbahnstraße (für Radfahrer erlaubt) ~ an der **D 42** nach links abbiegen ~ auf Höhe des Sony Werksgeländes nach rechts in den Anliegerweg einbiegen ~ vor den beiden Teichen, die hinter Bäumen versteckt liegen, nach links abzweigen ~ geradeaus über die **D 106**, die **D 416** und die **D 3 bis** radeln Sie bis nach Bennwihr.

Bennwihr

An der Stoppstraße geradeaus ~ am Ortsende wieder geradeaus auf die Vorfahrtsstraße **D 1 bis** ~ noch vor dem Kreisverkehr und dem Straßenschild Route du Vin nach rechts in den Anliegerweg ~ bei der Kapelle geradeaus.

Sigolsheim

Von Sigolsheim nach Sélestat — *21,8 km*

Beim Stopp-Schild nach rechts und gleich wieder nach links in die **Rue St. Jacques**.

Kientzheim

PLZ: 68240

Elsässer Weinmuseum (musée du vignoble et du vin d'Alsace), Château de la Confrérie Saint-Etienne, ✆ 03 89 78 21 36. ÖZ: Juni- Okt., 10-12 Uhr und 14-18 Uhr. Präsentiert die Geschichte des Weinbaus.

Kirche (15. Jh.). Darin zu besichtigen sind die Grabsteine des Lazarus von Schwendi und seines Sohnes.

Rechts von der Befestigungsmauer am Dorf vorbei bis zum Rastplatz ~ hier, beim Wegekreuz gegenüber des Rastplatzes, rechts bergauf in die Weingärten ~ an der Gabelung beim Rastplatz links ~ beim nächsten Wegkreuz rechts halten ~ bergab nach Riquewihr ~ an der Kreuzung links bergab ~ an der Vorfahrtsstraße wiederum links ~ im Anschluss der Rechtskurve bergauf folgen.

Riquewihr

- **Touristinformation**, 2 rue de la 1re Armée, ☎ 03 89 73 23 23, www.ribeauville-riquewihr.com
- **Schloss**, Renaissancebau aus 1540. Ehemaliger Sitz der Herzöge von Württemberg-Montbéliard. Durch die Französischen Revolution wechselte das Gebäude seinen Besitzer, und wurde erst im Jahr 1861 von der Stadt zurück gekauft. Diese nutzte es zuerst als Schule und seit 1971 als Museum.
- **Museum für Kommunikation im Elsass**, im Schloss, ☎ 03 89 47 93 80, ÖZ: April-Mitte Nov. und während der Weihnachtsmärkte tägl. 10-17.30 Uhr. Zahlreiche Stücke dokumentieren die Geschichte der Nachrichtenübermittlung im Elsass von der Römerzeit bis ins 21. Jh. Ausgestellt werden z. B. eine in Frankreich einzigartige Sammlung an Postkutschen und Postwagen.
- **Museum im Dolder**, 58 Rue du Général de Gaulle, ☎ 03 89 73 23 23, ÖZ: 16. April-30. Juni und 1. Sept.-1. Nov. nur Sa, So/Fei. 1. Juli-31. Aug. tägl. 14-18 Uhr. Das Museum zeigt die Geschichte von Riquewihr von der Antike bis in die Gegenwart.
- **Pfarrkirche**, evangelisch, befindet sich auf der Place des Trois-Églises. Klassizistischer Bau, um 1850 entstanden. Auf diesem Dreikirchenplatz gibt es allerdings nur noch diese eine Kirche, da die beiden anderen in Wohnhäuser umgewandelt wurden.
- **Der Dolder**, am Oberen Teil der Général de Gaulle Straße, 25 m hoher mittelalterlicher Fachwerkturm, der das Wahrzeichen der Stadt ist. Er diente einst als Wachturm und Stadttor, heute ermöglicht er den Besuchern einen weiten Ausblick über die Dächer der Altstadt und die Elsässer Ebene.
- **Diebesturm**, Rue des Juifs, ☎ 03 89 73 23 23, ÖZ: Ostern-1. Nov. tägl. 10.15-13.30 Uhr u. 14-18.30 Uhr.

Riquewihr – Perle der elsässischen Weinstädtchen oder Tummelplatz der Touristenmassen? Fraglos ein berühmter Winzerort, in dessen Weinbergen vor-

zügliche Weine reifen. Daher ist der Weinbau auch seit unzähligen Generationen wichtigster Wirtschaftszweig der Stadt. Bis zur Französischen Revolution war Riquewihr unter Württembergischer Herrschaft, danach Teil des französischen Staates. Der Ort blieb glücklicherweise von allen Kriegswirren verschont, und zeigt heute das unveränderte typische Stadtbild des 16. Jahrhunderts.

Kurz vor der befestigten Burganlage links ⁓ geradeaus auf den Radweg ⁓ steil bergauf ⁓ an der Kreuzung geradeaus in Richtung Hunawihr ⁓ steil bergab in den Ort ⁓ an der T-Kreuzung rechts in die **Grand' Rue** ⁓ im spitzen Winkel links in die **Rue Roger Kuhlmann**.

Hunawihr

PLZ: 68150

- **Wehrkirche**, stammt aus dem 12. Jh. mit sechseckiger Befestigungsmauer und Friedhof aus dem 14. Jh. Einzigartiges architektonisches Kunstwerk unter Denkmalschutz – hier werden katholische und evangelische Gottesdienste abgehalten.
- **Storch- und Fischottergehege**, ✆ 03 89 73 72 62, ÖZ: 1. April-11. Nov. tägl. 10-12 Uhr u. 14-17.30 Uhr; Sa, So/Fei tägl. 10-19 Uhr. Zentrum zur Wiedereinführung der Störche und zur Fortpflanzung der Fischotter mit Vorführungen von fischenden Tieren wie Kormoran, Fischotter, Pinguin oder Seelöwen.
- **Schmetterlingsgarten**, ✆ 03 89 73 33 33, ÖZ: 1. April-1. Nov. 10-18 Uhr. Hunderte von Schmetterlingen bewegen sich frei in einem riesigen Klimahaus inmitten einer aussergewöhnlichen Vegetation.

An der nächsten Kreuzung geradeaus ⁓ dem Radschild in Richtung Ribeauvillé aus Hunawihr hinaus folgen ⁓ auf der **Rue des Vignobles** mit starken Steigungen und Gefällen nach Ribeauvillé ⁓ etwas kurvig in den Ort ⁓ rechts auf die **D 416** ⁓ beim Kreisverkehr links auf die **D 1 bis** ⁓ über eine Brücke und den anschließenden Kreisverkehr geradeaus überqueren.

Ribeauvillé

PLZ: 68150

- **Touristinformation**, 1 Grand' Rue, ✆ 03 89 73 23 23, www.ribeauville-riquewihr.com
- **Pfarrkirche St. Grégoire-le-Grand**. Stammt aus dem 13.-15. Jh. und beinhaltet einige sehenswerte Statuen.
- **Ulrichsburg** (Château de St. Ulrich) zu erreichen nach einem 40-minütigen Aufstieg. Festung aus dem 12.-14. Jh., die ein Paradebeispiel stauffischer Burgenbaukunst darstellt. Der Bergfried aus dem 12. Jh. ist der älteste Teil der Anlage, von der aus man einen wunderbaren Ausblick über die Umgebung hat.
- **Burg Girsberg** (Château Girsberg). Der Name der Burg bezieht sich auf einen Lehensmann der Grafen von Rappoltstein.
- **Burg Hochrappoltstein** (Château Haut Ribeaupierre), auch „Altenkastel" genannt, ist die älteste der drei Burgen.
- **Hôtel de Ville**. Stammt aus dem 18. Jh. und beherbergt im Roten Salon eine Sammlung von Gold- und Silberwaren der Herrscher von Rappoltstein.
- **Metzgerturm** (Tours des Bouchers). Ist Ribeauvillés Wahrzeichen und stammt aus dem 13. Jh. Der obere Teil wurde allerdings erst im 16. Jh. hinzugefügt.
- **Piscine des 3 Châteaux**, ✆ 03 89 73 27 27
- **Cycles Jouets Binder**, 82 Grand rue, ✆ 03 89 73 65 87

Erstmals erwähnt wurde Ribeauvillé im Jahr 759. 1290 erhielt es das Stadtrecht. Der Ort war Sitz des Geschlechts derer von Rappoltstein, die Schutzherren der Spielleute und des fahrenden Volkes waren. Bis heute noch wird am ersten Sonntag im September der „Pfifferdaj" gefeiert. An historischen Umzügen nehmen Musikanten, Artisten und Bänkelsänger teil und erfreuen sich an der kostenlosen Weinprobe auf dem Rathausplatz.

Der Rechtskurve in Richtung Bergheim folgen ⁓ am Friedhof vorbei ⁓ auf der **D 1 bis** nach Bergheim und dort ihrem kurvigen Verlauf folgen ⁓ beim Kreisverkehr rechts auf die **D 42** in Richtung Zentrum ⁓ das Stadttor passieren und somit in das Zentrum von Bergheim einfahren.

Bergheim

An der Kirche vorbei ⁓ an der Gabelung nach dem Friedhof schräg links ⁓ weiter auf der D 42 bis zur Abzweigung der **Ancienne Voie Romaine** ⁓ diese führt über Orschwiller und Kintzheim zurück nach Sélestat.

Sélestat

s. S. 133

Tour 22 Rundfahrt Neuf-Brisach – Kunheim (32 km)

Diese Rundtour startet in der in einem Achteck angelegten Festungsstadt Neuf-Brisach, führt über kleine Orte wie Biesheim und Kunheim und quert wiederholt den Canal du Rhône au Rhin und den Canal de Colmar.

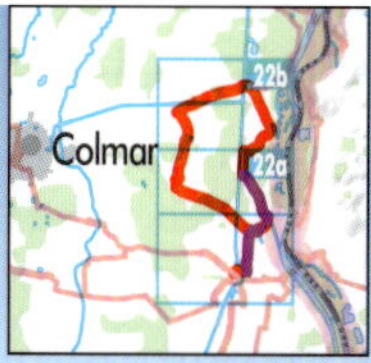

Charakteristik

Länge: 32 km
Start/Ziel: Neuf-Brisach
Wegbeschaffenheit: Diese Route verläuft ausschließlich auf asphaltierten Straßen und Radwegen.
Verkehr: Es gibt keine Verkehrsbelastung, da man auf ruhigen Straßen und Radwegen fährt.
Steigungen: Die Strecke verläuft ohne kräftige oder stetige Steigungen bzw. Gefälle.
Beschilderung: Es ist keine einheitliche durchgängige Ausschilderung vorhanden.
Anschlusstouren: 2, 23 und 24

Neuf-Brisach s. S. 25

Von Neuf-Brisach nach Artzenheim 14 km

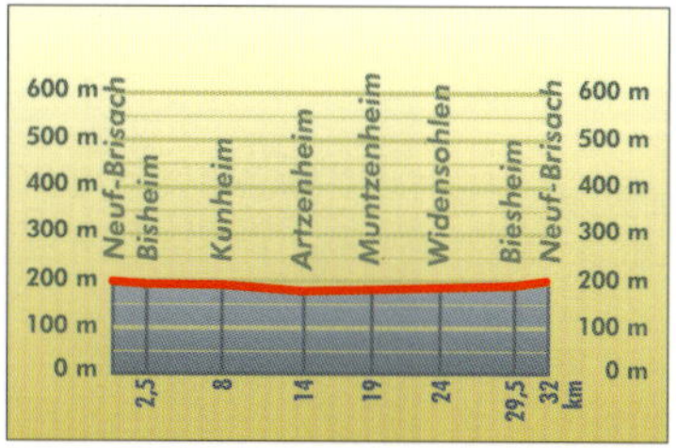

Ausgangspunkt dieser Tour ist das Zentrum von Neuf-Brisach ~ auf der **Rue de Strasbourg** den Ort verlassen ~ links abbiegen und parallel zu den Gleisen weiter ~ den Kanal überqueren ~ kurz darauf an der T-Kreuzung links ~ die D 120, die Rue de la Gare, kreuzen und geradeaus weiter auf dem Radweg nach Biesheim.

Biesheim

PLZ: 68600

Gemeindeamt, Place de la Mairie, 13 Grand'Rue, ✆ 03 89 72 01 69, www.ville-biesheim.fr

Galloromanisches Museum, (musée Gallo-Romain), Le Capitole-Place da la Mairie, ✆ 03 89 72 01 58, ÖZ: Mi-So 14-17.30 Uhr, Do 9-12 Uhr u. 14-17.30 Uhr, Sa/So 14-17 Uhr. Ausgrabungsfunde der römischen Siedlung werden ausgestellt.

Museum für optische Geräte, (musée de l'optique), Le Capitole-Place de la Mairie, ✆ 03 89 72 01 59, ÖZ: Mi, Fr 14-17.30 Uhr, Do 9-12 Uhr u. 14-17.30 Uhr, Sa/So 14-17 Uhr. Hier gibt es eine einzigartige Sammlung von über 300 optischen Geräten.

Den ersten Kreisverkehr auf dem Radweg umfahren ~ dann schräg rechts ab in die Rue du Sud ~ beim zweiten Kreisverkehr geradeaus drüber und weiter in der Rue du Sud ~ am darauf folgenden Kreisverkehr rechts abbie-

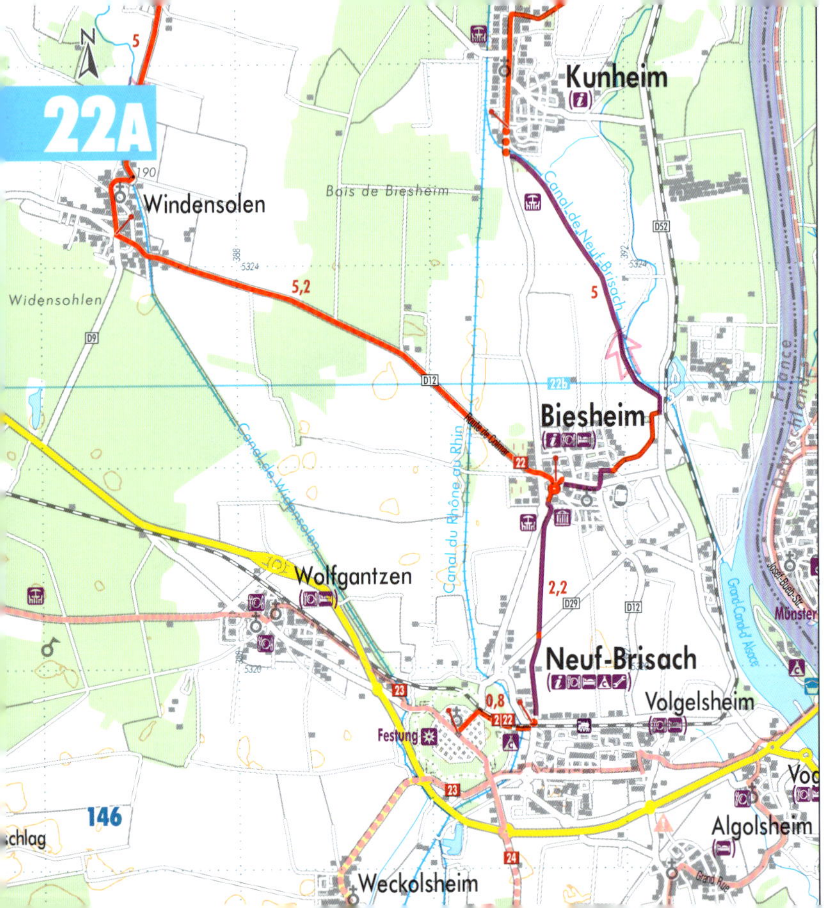

gen und weiter auf dem Radweg in der Grand´Rue ~ an der Ampel links ab in die **Place de l'Ecole** ~ gleich wieder rechts und auf der **Place de l'Ecole** weiter ~ den Kreisverkehr geradeaus in die **Rue du Rhiwald** überqueren ~ Biesheim verlassen und nach einer Linkskurve an einem Jüdischen Friedhof vorbei ~ über eine kleine Brücke und anschließend nach links wenden ~ an der nächsten Brücke links vorüber ~ bei der **D 468** nach rechts abbiegen und auf dieser im weiteren Verlauf durch Kunheim.

Kunheim

PLZ: 68320

Gemeindeamt, ☎ 03 89 47 40 40

Am Ortsende rechts ab in die **Rue de Baltzenheim** ~ an der Kreuzung nach Ortsende gemäß dem Rhein-Radschild geradeaus ~ an der Gabelung dem Asphaltband nach links folgen ~ an der Vorfahrtsstraße etwas nach rechts versetzt, geradeaus in den Ort Baltzenheim.

Baltzenheim

Beim Kreisverkehr geradeaus und in einem Linksbogen an der Kirche vorbei ~ an der Kreuzung geradeaus in die **Rue d'Artzenheim** ~ bei der Weggabelung am Ortsende in die Einbahnstraße, die nur für Anwohner freigegeben ist ~ an der Kreuzung am Ortseingang von Artzenheim schräg nach links ~ geradeaus vor bis zum Kreisverkehr.

Artzenheim

Von Artzenheim nach Neuf-Brisach 18 km

Den Kreisverkehr und somit die D 468 geradeaus überqueren in Richtung Muntzenheim ~ über den stillgelegten Canal du Rhône au Rhin ~ an der Gabelung links auf die **D 111** ~ an der nächsten Kreuzung wiederum links in Richtung Muntzenheim ~ über den Canal de Colmar ~ in Muntzenheim im spitzen Winkel links auf die **D 4** in Richtung Urschenheim.

Muntzenheim

Nach Ortsende rechts und auf der **D 9** nach Urschenheim ~ dort dem Verlauf der Ortsdurchfahrtsstraße folgen.

Urschenheim

Den Ort verlassen und weiter nach Widensohlen ~ dort dem kurvigen Straßenverlauf folgen.

Widensohlen

Links ab auf die **D 12**, die **Rue du Moulin**, in Richtung Biesheim ~ auf dieser Straße wieder aus dem Ort hinaus ~ über den Canal de Widensohlen ~ vor Biesheim den Canal du Rhône au Rhin überqueren ~ an der Ampelkreuzung rechts auf die **Route Nationale**, die **D 468** ~ diese führt wieder zurück zum Startpunkt der Tour in Neuf-Brisach.

Neuf-Brisach

Tour 23 Rundfahrt Neuf-Brisach – Colmar (47,7 km)

Ausgehend von der kleinen Festungsstadt Neuf-Brisach geht es über die Hauptstadt des elsässischen Weines mit ihrer denkmalgeschützten Altstadt, Colmar, zurück zum Startpunkt in Neuf-Brisach.

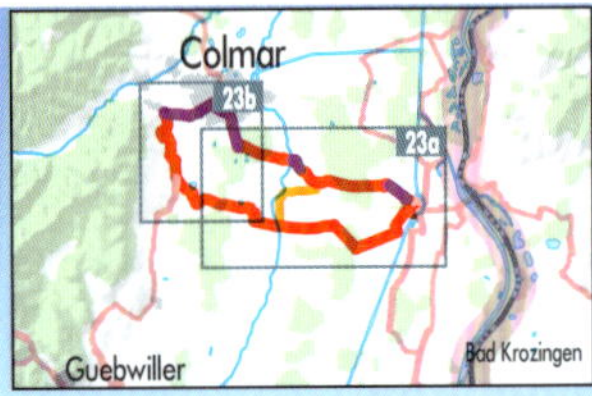

Charakteristik

Länge: 47,7 km
Start/Ziel: Neuf-Brisach
Wegbeschaffenheit: Die Route verläuft auf befestigten bzw. asphaltierten Radwegen und verkehrsarmen Straßen.
Verkehr: Man fährt meist auf ruhigen Radwegen und Straßen dahin, mit etwas mehr Verkehr ist nur in den Städten zu rechnen.
Steigungen: keine kräftigen Steigungen
Beschilderung: keine einheitliche durchgängige Ausschilderung
Anschlusstouren: 2, 7, 8, 22 und 24

Neuf-Brisach s. S. 25

Von Neuf-Brisach nach Colmar 18 km

Das Zentrum von Neuf-Brisach auf der **Rue de Colmar**, der **D 29**, in Richtung Wolfgantzen verlassen ~ nach Ortsende rechts auf einen Radweg ~ rechts am Friedhof vorüber ~ entlang der Bahngleise nach Wolfgantzen ~ die N 415 unterqueren ~ in Wolfgantzen endet der Radweg ~ dem Radschild nach links in den Ort hinein folgen ~ an der T-Kreuzung links in Richtung Wolfgantzen Centre ~ an der darauffolgenden Gabelung rechts in Richtung Appenwihr.

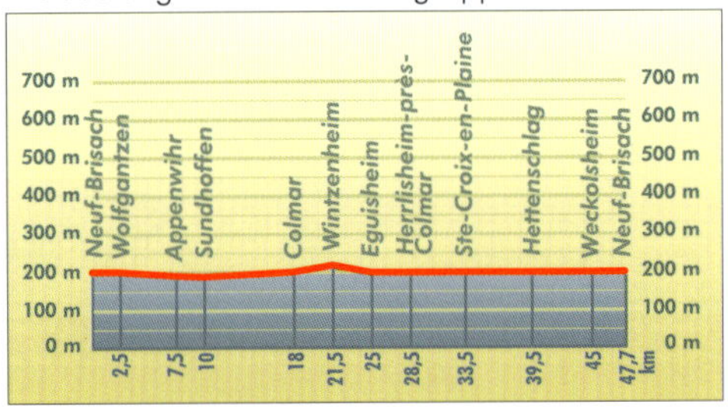

Wolfgantzen

Gemäß der Ausschilderung in Richtung Appenwihr aus Wolfgantzen hinaus und weiter in den nächsten Ort ~ an der ersten Kreuzung in Appenwihr rechts auf die **D 13** in Richtung Sundhoffen.

Appenwihr

Den Ort wieder verlassen und weiter nach Sundhoffen ~ dort am Ortsbeginn auf den rechtsseitigen Radweg ~ den Kreisverkehr geradeaus überqueren in Richtung Colmar ~ im Anschluss über eine Brücke fahren.

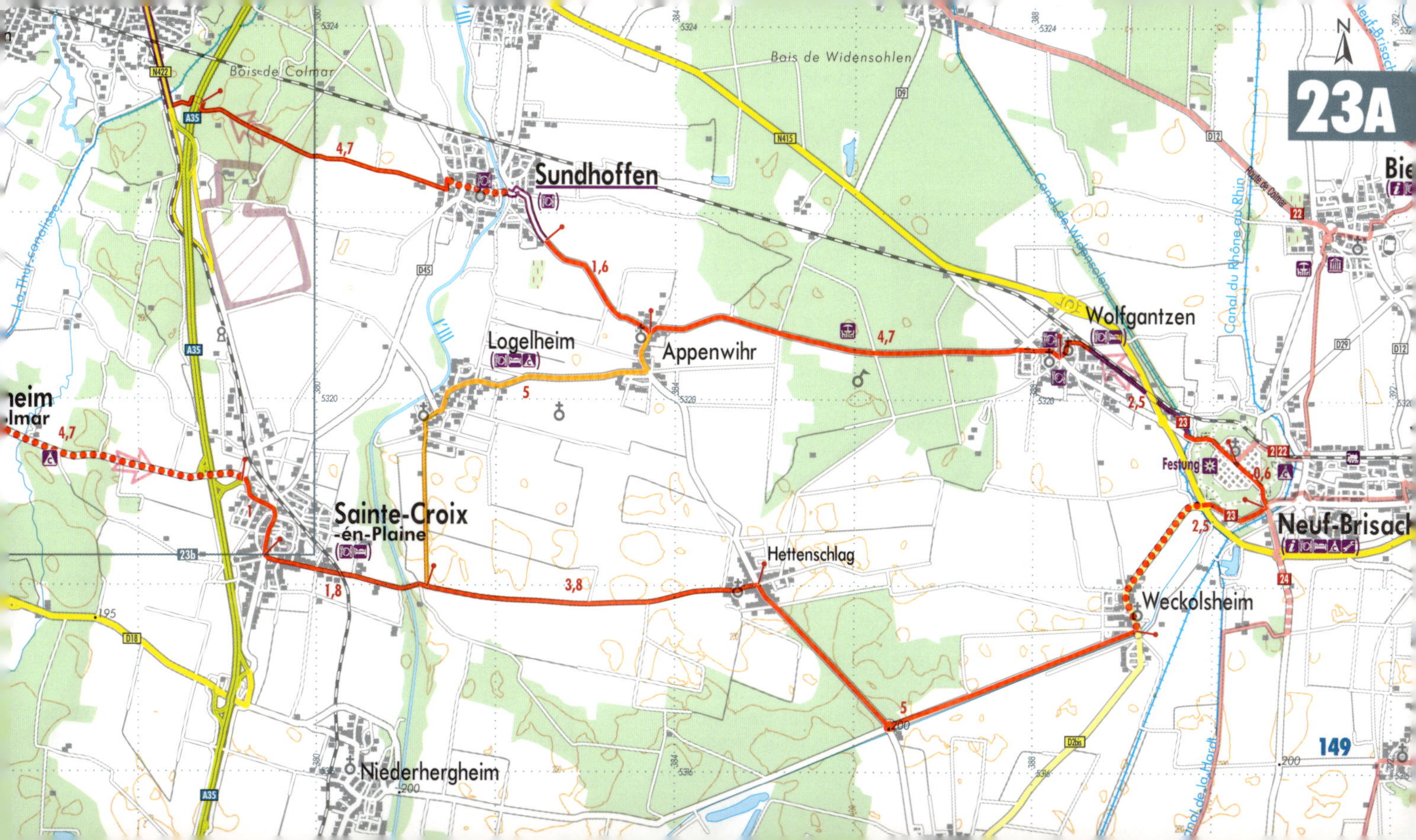

23A
Bois de Colmar
Bois de Widensohlen
Sundhoffen
Wolfgantzen
Appenwihr
Logelheim
Sainte-Croix
-én-Plaine
Hettenschlag
Weckolsheim
Neuf-Brisach
Festung
Niederhergheim
Canal de Widensohlen
Canal du Rhône au Rhin
La Thur canalisée
Route de Colmar
N422
N415
A35
D9
D12
D29
D45
D18
D2bis
23b
4,7
1,6
4,7
5
2,5
0,6
2,5
1
1,8
3,8
5
4,7

Sundhoffen

Am Ortsende links in die **Rue des Alpes** in Richtung Colmar ⤳ kurz darauf wieder rechts ab und aus dem Ort hinaus ⤳ ein Waldstück durchqueren ⤳ auf die A 35 zufahren ⤳ kurz davor rechts und die A 35 in einer Linkskurve unterqueren ⤳ nach rechts wiederum in ein Waldstück und über eine Brücke ⤳ auf die **N 422** rechts einbiegen und auf dem Radstreifen nach Colmar ⤳ den Kreisverkehr nach links in die **Route de Bâle** verlassen ⤳ an der zweiten Ampelkreuzung links in die **Rue Bartholdi** ⤳ an der Kreuzung mit der Avenue Joffre schräg rechts in die Einbahnstraße **Rue Messimy**.

Colmar s. S. 74

Von Colmar nach Ste-Croix-en-Plaine 16 km

Beim Kreisverkehr geradeaus ⤳ weiter in die **Rue G. Lasch** ⤳ rechts in die **Rue de la Gare** ⤳ auf dem Radstreifen bergauf ⤳ an der Kreuzung links und somit über die Brücke ⤳ wiederum links halten in Richtung Epinal und Munster ⤳ der Rechtskurve folgen ⤳ am Kreisverkehr auf die **D 417** in Richtung Epinal und Wintzenheim ⤳ auf dem Radstreifen geht es in den nächsten Ort, Wintzenheim ⤳ dort gibt es ab dem Ortsanfang einen Radweg, der nach der Kreuzung zur **N 83** für ein kurzes Stück abbricht ⤳ an der **Rue Feldkirch** links.

Wintzenheim

Geradeaus geht es im weiteren Verlauf nach Wettolsheim ⤳ dort an der Kreuzung nach rechts in die **Rue Herzog** ⤳ nach der Kirche am **Place de Général-de-Gaulle** links in die **Rue de Château** abbiegen

Colmar

Wettolsheim

Bei der **Route du Vin** fahren Sie nach links ⤳ am Ortsende nach rechts in die **Rue de Marbach** ⤳ Sie stoßen auf eine Stoppstraße und fahren geradeaus auf die **Rue de Colmar**, diese führt nach Eguisheim ⤳ dort beim Stoppschild nach links in die **Rue de Traminer** ⤳ an der Vorfahrtsstraße **Grand' Rue** nach links.

INS ZENTRUM Es besteht hier die Möglichkeit, rechts ins Ortsinnere zu fahren.

Eguisheim

PLZ: 68420

Touristinformation, ✆ 03 89 23 40 33, www.ot-eguisheim.com

An der Kreuzung zur **D 1 bis** nach rechts in Richtung Herrlisheim abbiegen ⤳ dem Straßenverlauf nach links folgen ⤳ die N 83 unterqueren ⤳ über Bahngleise ⤳ am Kreisverkehr rechts nach Herrlisheim-près-Colmar ⤳ an der T-Kreuzung links auf die **Rue d'Eguisheim** in Richtung Centre Village ⤳ dem kurvigen Verlauf der Ortsdurchfahrtsstraße folgen.

Herrlisheim-près-Colmar

Nach der Brücke über die Lauch links auf die **D 1** in Richtung Ste-Croix-en-Plaine ~ nach Ortsenden die D 1 bis unterqueren ~ vor dem Ort Ste-Croix-en-Plaine über die A 35 ~ am Kreisverkehr geradeaus ~ in einer Linkskurve in den Ort ~ an der T-Kreuzung rechts.

Ste-Croix-en-Plaine

Von Ste-Croix-en-Plaine nach Neuf-Brisach 13,7 km

Links in die **Rue de Neuf-Brisach** ~ auf dieser Straße aus dem Ort hinaus ~ Gleise überqueren ~ mittels einer Brücke über die Ill ~ an der Gabelung geradeaus ~ der nächste Ort ist Hettenschlag ~ dort an der Kirche vorüber.

Hettenschlag

An der Kreuzung mit der Vorfahrtsstraße rechts in Richtung Dessenheim ~ auf der **D 13** Hettenschlag verlassen ~ am Kreisverkehr links auf die **D 1 bis** in Richtung Weckolsheim ~ dort an der T-Kreuzung links in Richtung Neuf-Brisach.

Weckolsheim

Eine Rechtskurve fahren und daraufhin den Ort verlassen ~ die Kreuzung mit der N 415 geradeaus überqueren ~ an der darauffolgenden Kreuzung mit der **D 468** links auf diese einbiegen ~ etwas kurvig in den Ort Neuf-Brisach ~ geradeaus bis zum Zentrum des Ortes.

Neuf-Brisach

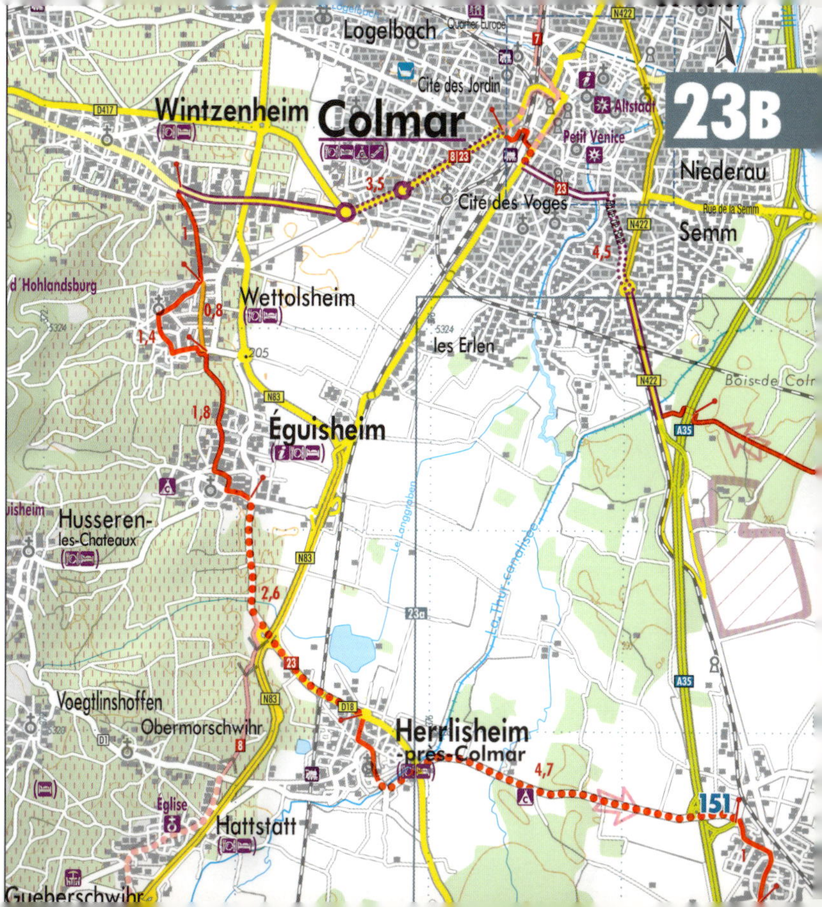

Tour 24 Rundfahrt Neuf-Brisach – Balgau (28,4 km)

Diese kurze, steigungsfreie Rundtour mit Start- und Zielpunkt in der gut erhaltenen Festungsstadt Neuf-Brisach verläuft entlang des Canal de la Hardt und führt anschließend auf ruhigen Straßen durch einige kleine Orte wie Balgau.

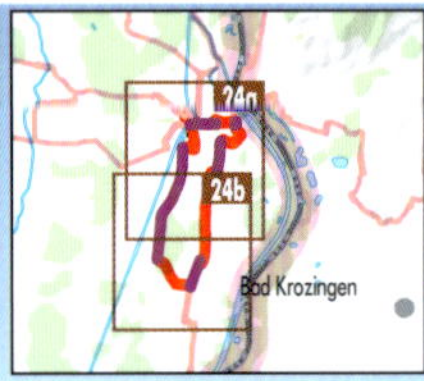

Charakteristik

Länge: 28,4 km
Start/Ziel: Neuf-Brisach
Wegbeschaffenheit: Die Route verläuft ausnahmslos auf befestigten bzw. asphaltierten Radwegen und verkehrsarmen Straßen.
Verkehr: Bis auf das kleine Teilstück, das auf der D 468 zu bewältigen ist, gibt es kein Verkehrsaufkommen.
Steigungen: Die Strecke verläuft ohne kräftige oder stetige Steigungen bzw. Gefälle.
Beschilderung: Es gibt keine einheitliche durchgängige Ausschilderung.
Anschlusstouren: 1, 2, 22 und 23

Neuf-Brisach

PLZ: 68600

- **Touristinformation**, 6 Place d'Armes, ✆ 03 89 72 56 66, www.neuf-brisach.fr
- **Museum für Wehrbau**, ÖZ: April-Okt., Mo, Mi-So 10-12 Uhr und 14-17 Uhr
- **Vauban-Museum**, im **Belforter Tor** (1700), 7 place Paul de Belfort, ÖZ: Mo, Mi-So 10-18 Uhr. Alte Dokumente, Karten, Gegenstände und ein Modell der Stadt sind hier zu besichtigen.

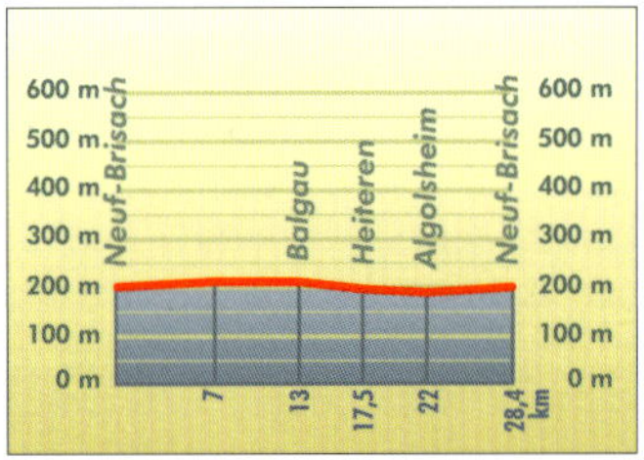

- **Radbühne und Sternenweg**, Place de la Porte de Colmar, ✆ Reservierung 03 89 72 64 23, ÖZ: Juli, Aug., So Nachmittag u. n. V. Die Radbühne ist ein 8 m hohes Gebilde, ein mechanisches Klangspiel mit Texten und theatralen Bewegungen, welche, untergebracht in einer Kasematte der Befestigungsanlage „die Atmosphäre einer Raumsymphonie" schaffen. Beim Sternenweg handelt es sich um eine einzige große Skulptur in Bewegung, bestehend aus einer Tonfigur, verschiedenen Klängen und sonstigen Mechanismen.
- **Cycles Services Huber**, 10 Grand' Rue, ✆ 03 89 41 33 18
- **Maison de la Presse**, 9 Rue de Bâle, ✆ 03 09 72 56 72

Zwischen 1698 und 1708 ließ Louis XIV. die Vauban-Festung Neuf-Brisach errichten, ein Paradebeispiel des Baumeisters Sébastian Vauban. Von den ehemals vier Toren sind heute nur noch die Porte de Colmar und die Porte de Belfort erhalten. Letztere ist der Eingang zum Musée Vauban in welchem die Geschichte des Festungsbaues dokumentiert wird. Erst ein Luftbild oder der Blick auf die Karte lässt den achteckigen Festungsstern von Neuf-Brisach mit seinen gut erhaltenen Wällen, Gräben und Kasematten richtig erkennen.

Von Neuf-Brisach nach Balgau 12,8 km

Das Zentrum von Neuf-Brisach und im weiteren Verlauf den Ort auf der **Rue de Bâle**, der **D 468**, verlassen ~ die N 415 geradeaus überqueren und somit auf der D 468 bleiben ~ nach etwa einem Kilometer beim Schild „Terrains d'Essais d'Algolsheim" rechts ab ~ vor dem Militärgelände der Rechtskurve und anschließend der Linkskurve folgen ~ bei der zweiten Kreuzung links und parallel zum Canal de la Hardt entlang ⇝ immer geradeaus weiter und ein Stück durch den Hardtwald ⇝ an der Kreuzung mit der Asphaltstraße links ⇝ an der T-Kreuzung links auf die **D 18 bis** in Richtung Balgau und Fessenheim ⇝ an der zweiten Kreuzung in Balgau (vor dem Ortszentrum) links ⇝ auf dem Radstreifen weiter in Richtung Heiteren.

Balgau

Von Balgau nach Neuf-Brisach 15,6 km

Geradeaus weiter über Heiteren nach Obersaasheim ⇝ dort an der Kreuzung rechts in den Ort hinein ⇝ nach der Kirche und dem Friedhof links in Richtung Neuf-Brisach und Algolsheim.

Obersaasheim

Aus dem Ort hinaus und weiter nach Algolsheim ⇝ dort rechts in die **Grand' Rue** ⇝ in einer Links-/Rechtskurve an den beiden Kirchen vorbei.

Algolsheim

An der Gabelung geradeaus ⇝ am Ortsende links in Richtung Vogelgrun ⇝ dort am Ortsbeginn, unmittebar nach dem Ortsschild rechts in den kleinen Weg ⇝ die Grand' Rue in die **Rue des Cygnes** überqueren ⇝ die nächste Straße wiederum geradeaus überqueren.

Vogelgrun

Geradeaus in die **Rue de l'Ecole** ⇝ an der Kreuzung mit der Rue des Blés rechts in den Radweg ⇝ die N 415 unterqueren ⇝ an der T-Kreuzung links in Richtung Neuf-Brisach und weiter nach Volgelsheim ⇝ dort links auf die Vorfahrtsstraße in Richtung Algolsheim einbiegen.

Volgelsheim

An der Gabelung rechts ⇝ am rechtsseitigen Radweg nach Neuf-Brisach ⇝ beim Kreisverkehr geradeaus ⇝ über eine Brücke ⇝ an der darauffolgenden Kreuzung rechts in Richtung Neuf-Brisach ⇝ im Ort geradeaus auf das Zentrum zufahren.

Neuf-Brisach

Tour 25 Rundfahrt zum Grand Ballon (64,3 km)

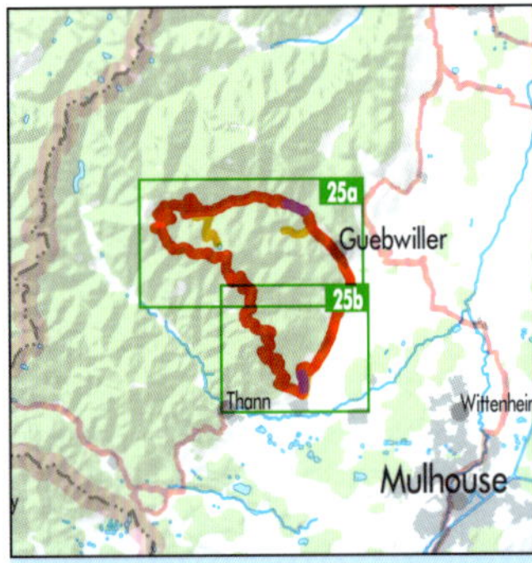

Diese Tour zum höchsten Vogesengipfel, Le Grand Ballon, führt über den sehenswerten Ort Lautenbach und Le Markstein, wo man einen herrlichen Panoramablick genießen kann, zurück zum Startpunkt, in die Stadt Guebwiller.

Charakteristik

Länge: 64,3 km

Start/Ziel: Guebwiller

Wegbeschaffenheit: Die Route verläuft ausschließlich auf befestigten bzw. asphaltierten Straßen.

Verkehr: starkes Verkehrsaufkommen zwischen Sengern und Le Markstein, zwischen Wattwiller und Guebwiller fährt man im mäßigen Verkehr

Steigungen: Diese konditionell anspruchsvolle Strecke weist häufig kräftige und stetige Steigungen auf.

Beschilderung: Ausschilderung teilweise vorhanden

Anschlusstouren: nicht direkt mit anderen Routen kombinierbar

Guebwiller

PLZ: 68500

- **Touristinformation**, 71 rue de la République, ✆ 03 89 76 10 63
- **Théodore Deck Museum**, (musée du florival) 1 rue du 4 février, ✆ 03 89 74 22 89, ÖZ: Mo, Mi, Do, Fr 14-18 Uhr, Sa/So/Fei 10-12 u. 14-18 Uhr. Beherbergt die Werke des Künstlers Theodore Deck, der keramische Kunstwerke herstellte. Außerdem gibt es Sammlungen zu Archäologie, Kirchenkunst und Lokalgeschichte zu sehen.
- **Kirche Saint-Léger**, aus dem 12. Jh. stammende Kirche im spätromanischen Stil aus rotem Sandstein erbaut.
- **Kirche Notre-Dame (18. Jh.)**, auf der Place Jeanne-d'Arc. Typisches Werk des Klassizismus.

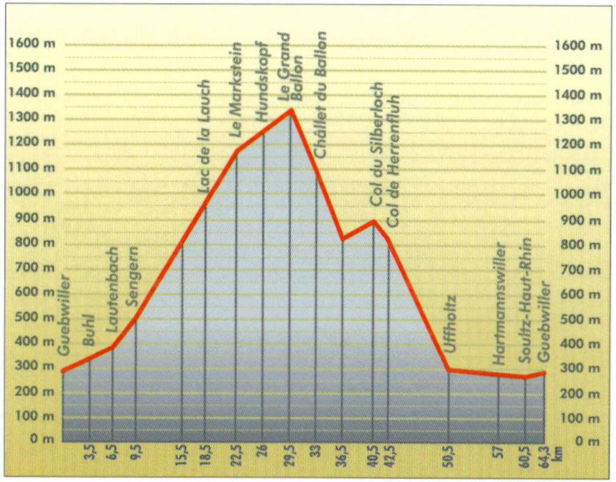

- **Dominikanerkirche (14. Jh)**. Gotischer Bau, der heute als Kulturzentrum genutzt wird.
- **Rathaus**, 1514 von einem reichen Tuchhändler erbaut, stellt es aufgrund seiner Eleganz eine besondere Sehenswürdigkeit dar.

Guebwiller war die frühere Hauptstadt der Besitzungen der Abtei Murbach und entwickelte sich schon im Mittelalter zu einer Weinstadt. Im 18. Jahrhundert entstanden einige religiöse Gebäude, wie auch die Kirche Notre-Dame. Im 19. Jahrhundert eröffnete sich eine neue Einnahmequelle für die Stadt, nämlich die Textilindustrie.

St-Michel Stiftskirche

Von Guebwiller nach Le Markstein 23,5 km

Ausgangspunkt ist der **Place Hôtel de Ville** ~ nach rechts auf die **Rue de la République** ~ dem Verlauf der Straße bis nach Buhl folgen.

Buhl

Folgen Sie der **Rue Florival/D 430**, d. h. am Kreisverkehr schräg nach links ~ an der T-Kreuzung nach rechts ~ beim **Place du Marché** nach links ~ an der übernächsten Ecke nach rechts und weiter bis zur Einbahnstraße ~ nach links in die **Rue du Paradis** ~ an der nächsten Abzweigung nach rechts in die **Rue des Prés** ~ bei der T-Kreuzung nach rechts ~ ⚠ die Hauptstraße überqueren und weiter nach links auf dem Radweg.

Lautenbach

PLZ: 68610

- **Verkehrsamt**, In Guebwiller, ✆ 03 89 76 10 63
- **St-Michel Stiftskirche (12. Jh.)**, Lautenbach. ÖZ: Mo-So 8-12 Uhr und 14-20 Uhr. Kirche mit gotischem Chor.

Am Stopp-Schild nach rechts abbiegen ~ bei der Kirche links ~ ⚠ die D 430 überqueren.

Lautenbach-Zell

PLZ: 68610

- **Verkehrsamt**, In Guebwiller, ✆ 03 89 76 10 63
- **Vivarium du Moulin**, 6 rue du Moulin, ✆ 03 89 74 02 48. ÖZ: Jan.-Juni, Sept.-Dez., Di-So 14-18 Uhr, Juli, Aug., Mo-So 10-18.30 Uhr. In einer ehemaligen Getreidemühle untergebracht beherbergt es Tierarten der lokalen und tropischen Fauna.

Auf der **Rue du Moulin** bis zur **Rue des Fleurs** und nach rechts in Richtung Sengern ~ an der Weggabelung nach rechts.

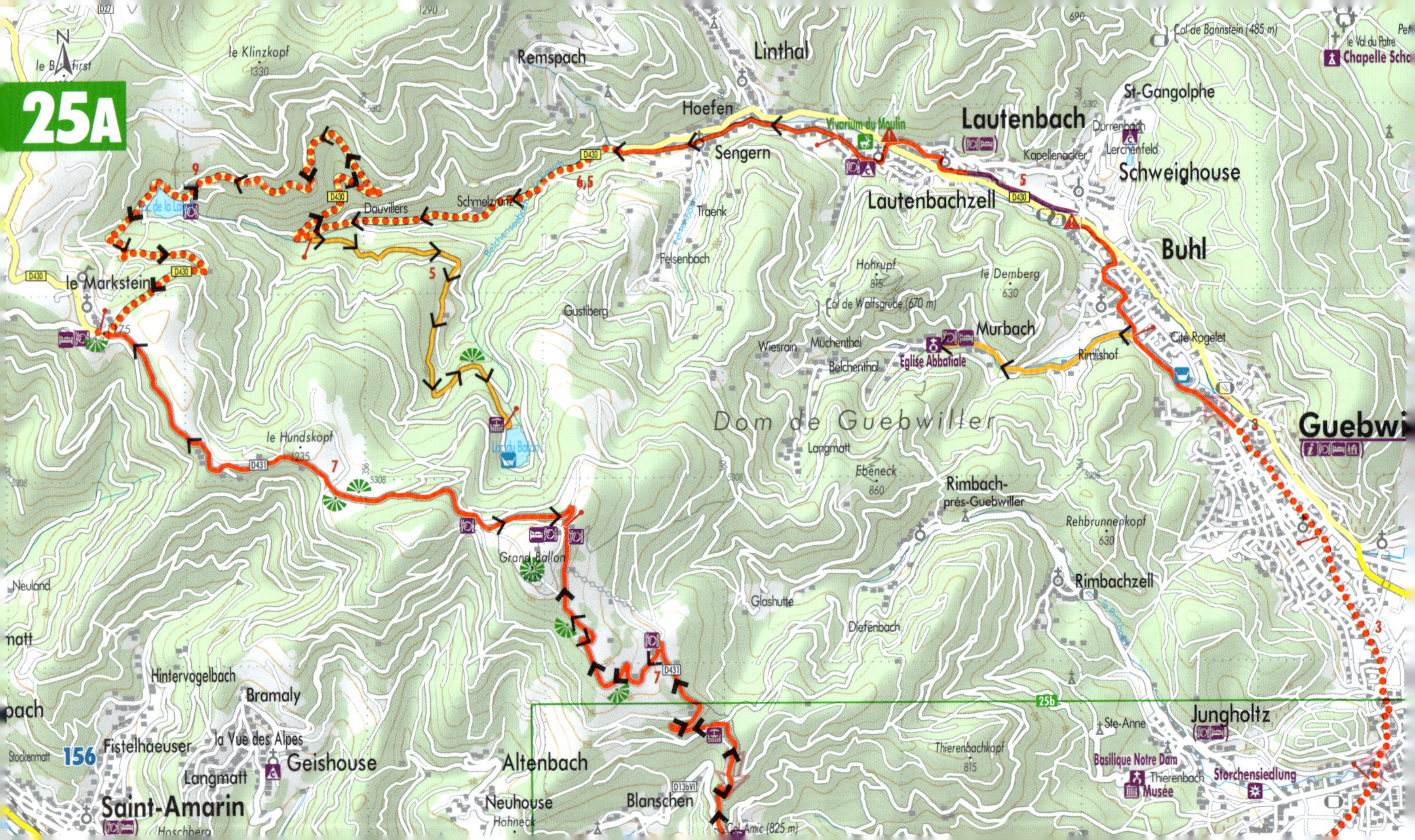
25A
Linthal
Remspach
Hoefen
Sengern
Vivarium du Moulin
Lautenbach
St-Gangolphe
Schweighouse
Lautenbachzell
Buhl
Murbach
Eglise Abbatiale
Guebwi
Dom de Guebwiller
le Markstein
le Hundskopf
Grand Ballon
Lac du Ballon
Dauvillers
Schmelzrunz
Rimbach-prés-Guebwiller
Rimbachzell
Jungholtz
Basilique Notre Dam
Musée
Storchensiedlung
Altenbach
Blanschen
Neuhouse
Geishouse
Saint-Amarin
Bramaly
Hintervogelbach
la Vue des Alpes
Langmatt
Fistelhaeuser
156
Col Amic (825 m)
Col de Bannstein (485 m)
Chapelle Scho
le Klinzkopf
Gustiberg
Glashutte
Diefenbach
Ste-Anne
Thierenbachkopf
Rehbrunnenkopf
Hohrupf
le Demberg
Col de Wolfsgrube (670 m)
Cité Rogelet
Rimlishof
25b

Sengern

An der Vorfahrtsstraße geradeaus ⇝ bei der **D 430** nach links und dem Straßenverlauf bis nach le Markstein folgen.

Le Markstein

PLZ: F-68610

Speck Sports, ✆ 03 89 38 71 85

Von Le Markstein nach Uffholtz — *29km*

An der Abzweigung bei der Ortstafel nach links abbiegen ⇝ an der nächsten Kreuzung scharf nach links auf die **D 431** ⇝ durchgehend auf der D 431 bis zum Grand Ballon.

Grand Ballon

Am Col du Silberloch vorbei bis nach Uffholtz.

Uffholtz

Von Uffholtz nach Guebwiller — *11,8 km*

Bei der T-Kreuzung zur **D 5** nach links abbiegen und auf dieser bis nach Soultz-Haut-Rhin.

Soultz-Haut-Rhin

Bis ins Zentrum ⇝ an der Ampelkreuzung beim Supermarché Match nach links abbiegen ⇝ auf dieser Straße immer geradeaus bis ins Zentrum.

Guebwiller

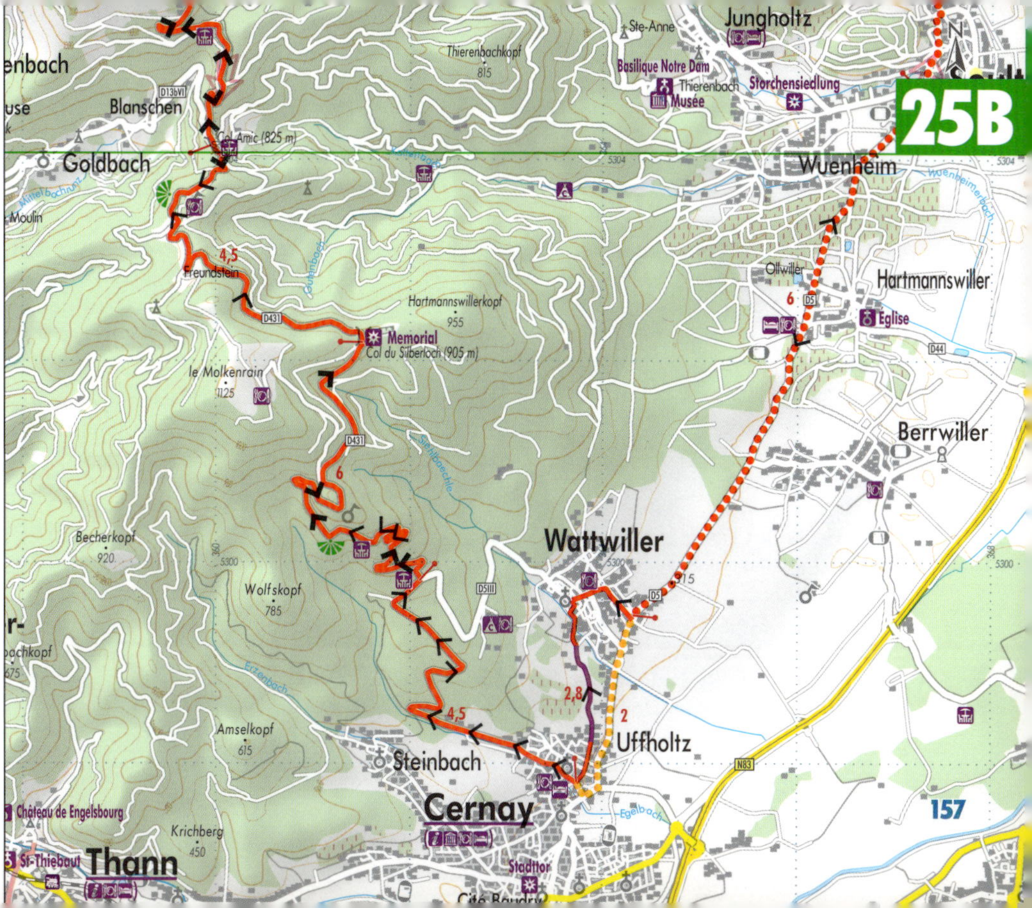

Tour 26 Von Thann zum Ballon d'Alsace (83,8 km)

Diese konditionell anspruchsvolle Tour führt von der Stadt Thann mit seiner bekannten Stiftskirche St-Thiébaut unter anderem über das hübsche Städtchen Masevaux zum Ballon d'Alsace, einem 1.247 Meter hohen Berg im Süden der Vogesen, der ein grandioses Panorama bietet.

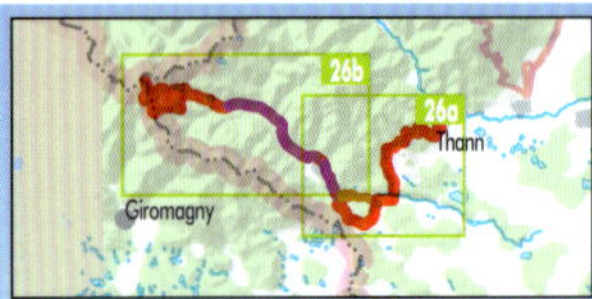

Charakteristik

Länge: 83,8 km

Start/Ziel: Thann

Wegbeschaffenheit: Diese Tour verläuft auf befestigten bzw. asphaltierten Straßen und Radwegen.

Verkehr: Nur auf der D 466, also vor Masevaux, ist mit mäßigem Verkehrsaufkommen zu rechnen, ansonsten fährt man auf ruhigen Radwegen und Straßen.

Steigungen: Vor allem der Beginn und das Ende dieser hügeligen Strecke zeichnen sich durch mehrere starke und stetige Steigungen aus.

Beschilderung: Eine Ausschilderung ist nur teilweise vorhanden.

Anschlusstouren: Diese Route kann nicht direkt mit anderen Touren kombiniert werden.

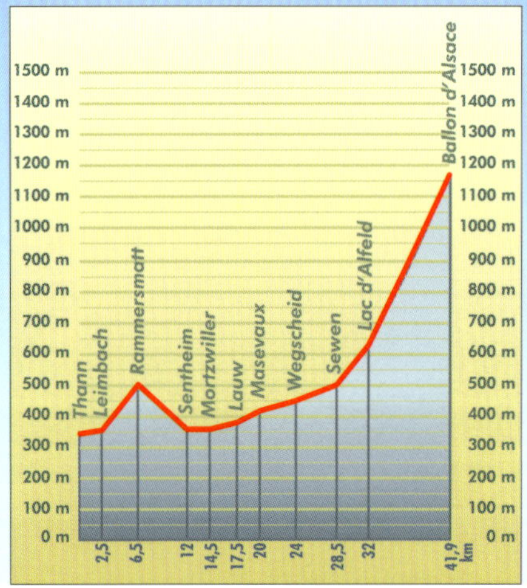

Thann

PLZ: 68800

Touristinformation, 7 rue de la 1ère Armée, ✆ 03 89 37 96 20, www.ot-thann.fr

Historisches Museum, (musée des amis de Thann) 24 rue St-Thiébaut, ✆ 03 89 37 80 81, ÖZ: Juni-Sept. Fr, Sa, So 14-18 Uhr; Juli u. Aug. Di-So 14-18 Uhr. Ist in der ehemaligen Kornhalle aus dem 16. Jh. untergebracht und beherbergt Exponate zur Stadtgeschichte und zum Volksbrauchtum sowie eine mineralogische Sammlung.

Stiftskirche St-Thiébaut, wird auch „Münster" genannt. Gotischer Bau aus dem 14.-16. Jh. Bemerkenswertes Portal mit 150 Bildern und 500 Figuren.

Stiftskirche St-Thiébaut

Rathaus, wurde 1788 nach den Plänen des General Kleber gebaut.

Hexenturm, ehemaliger Eckpfeiler der Stadtmauer aus dem 15. Jh. ÖZ:Juni-Sept. Mi-Mo 10-12 Uhr u 14.30-18.30 Uhr (Eintritt frei).

Engelsburg, ehemalige Festung der Grafen von Ferrette,

stammt aus dem 13. Jh., ging in den Besitz der Habsburger über und wurde 1673 gesprengt. Was heute noch übrig ist, wird „Hexenauge" genannt.

Die Legende besagt, dass der heilige Bischof Theobaldus, als er im Jahre 1160 verstarb, sein Vermögen an die Armen vermacht hatte. So hatte er den Hirtenring, den er am Finger trug, seinem Diener versprochen. Als dieser den Ring jedoch vom Finger des Toten streifen wollte, löste sich auch das Fingerglied von der Hand des Bischofs. So packte der Diener den Ring samt Finger in seinen Wanderstab und machte sich auf den Weg ins Elsass, seiner Heimat. Eines Nachts legte er sich unter Tannen zum Schlafen hin – neben seinem Wanderstab, den er an eine Tanne gelehnt hatte. Am nächsten Morgen wollte er weiterziehen, stellte aber mit Erschrecken fest, dass der Stab fest verwurzelt war. Zur gleichen Zeit erschienen drei Lichter über den Tannen, welche auch der Hausherr der Engelsburg bemerkte und sofort zu jener Stelle eilte. Nach kurzem Bericht des Dieners, beschloss der Graf an dieser Stelle eine Kapelle zu errichten und sogleich löste sich der Stab aus der Erde. Dieses Ereignis wird alljährlich am 30. Juni gefeiert – es werden dabei drei Tannen vor der heutigen Kirche verbrannt.

So ist also damals Thann entstanden und entwickelte sich hernach zu einem Wallfahrtsort. Thann ist

aber auch für seine Weine bekannt, vor allem für den Rangenwein, der auf dem sogenannten Rangberg wächst. Die Ortschaft liegt am Ufer der Thur und ist somit die Südpforte der Elsässischen Weinstraße.

Masevaux

Von Thann nach Masevaux 20,8 km

Ausgangspunkt ist die erste Brücke über die Thur am östlichen Altstadtrand → weiter in südlicher Richtung → an dem größeren Platz geradeaus → bei der Ampel geradeaus → am Kreisverkehr schräg nach rechts auf die **D 36 I** → am Ortsende bei der Abzweigung mit dem Wegkreuz nach rechts → an der T-Kreuzung nach links.

Leimbach

An der Kreuzung nach rechts abbiegen und links vorbei am Rathaus → auf der **D 36** über Rammersmatt nach Bourbach-le-Bas.

Bourbach-le-Bas

Bei der Vorfahrtsstraße nach links auf die **Rue de Sentheim** → immer geradeaus → an der Stoppstraße vor Sentheim nach rechts auf die **D 466** abbiegen.

Sentheim

PLZ: 68780

Verkehrsamt, ✆ 03 89 82 41 99

Gleich nach der Kirche links abbiegen und dem Wegverlauf folgen → bei der T-Kreuzung nach rechts und an der nächsten Ecke im spitzen Winkel nach links

TIPP: Wenn Sie sich an der nächsten Kreuzung rechts halten, nehmen Sie eine Abkürzung in den Ort Lauw.

Weiter geradeaus und in den nächsten Ort, Mortzwiller.

Mortzwiller

Am Stopp-Schild nach rechts auf die **D 14 bis** abbiegen → an der T-Kreuzung zur **D 14 bis** nach rechts abbiegen.

Lauw

Beim Kreisverkehr links auf den Radstreifen entlang der D 466 → dieser endet vor Masevaux und Sie radeln auf der Straße bis zur Radwegabzweigung vor der Feuerwehr → nach rechts abbiegen.

Masevaux

PLZ: 68290

Touristinformation, 1 place Gayardon, ✆ 03 89 82 41 99, www.ot-masevaux-doller.fr

Bad, Rue du Stade, ✆ 03 89 82 44 46

Von Masevaux zum Ballon d'Alsace 21,1 km

An der Vorfahrtsstraße geradeaus → bis zum Radweg, der parallel zur **D 466** bis zum Ortsanfang von Sewen führt.

Sewen

Auf der D 466 durch Sewen hindurch → bei der Abzweigung am le Grand Langenberg nach rechts auf die **D 59** → geradeaus auf die **D 465**, die zum Ballon d'Alsace führt

Ballon d'Alsace

Vom Ballon d'Alsace nach Thann 41,9 km

Auf derselben Strecke wieder zurück nach Thann.

Ballon d´Alsace

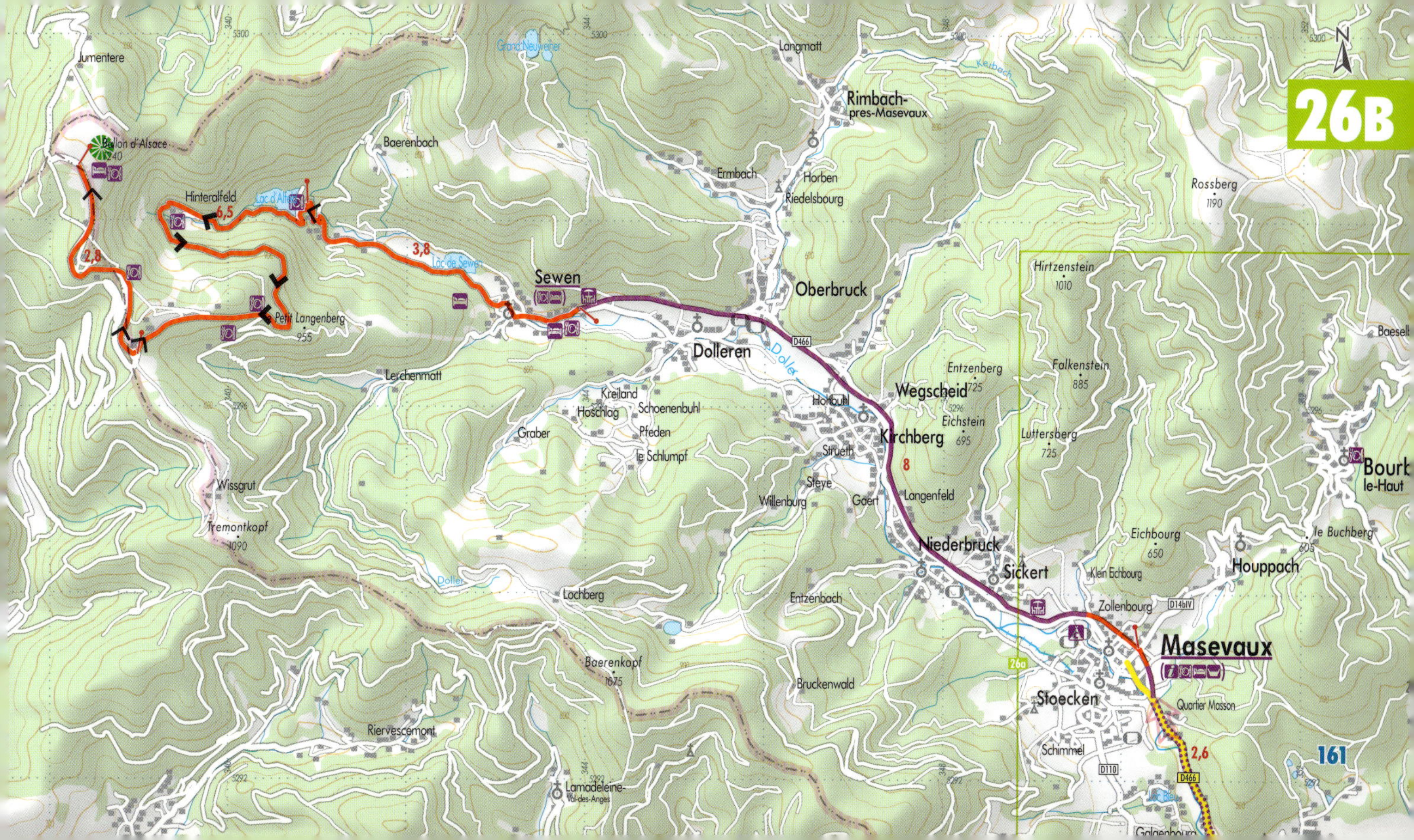
26B
Jumentere
Ballon d'Alsace
1240
Hinteralfeld
Lac d'Alfeld
Baerenbach
Grand Neuweiher
Langmatt
Rimbach-
pres-Masevaux
Kerbach
Ermbach
Horben
Riedelsbourg
Rossberg
1190
2,8
6,5
3,8
Lac de Sewen
Sewen
Oberbruck
Petit Langenberg
955
Dolleren
D466
Doller
Lerchenmatt
Kreiland
Hoschlag
Schoenenbuhl
Pfeden
Graber
le Schlumpf
Wegscheid
Holbuhl
Entzenberg
725
Eichstein
695
Kirchberg
Strueth
8
Steye
Willenburg
Gaert
Langenfeld
Hirtzenstein
1010
Falkenstein
885
Luttersberg
725
Baesell
Bourbach-le-Haut
Wissgrut
Tremontkopf
1090
Niederbruck
Sickert
Eichbourg
650
Klein Eichbourg
Houppach
le Buchberg
605
Zollenbourg
D14bIV
Lochberg
Entzenbach
Masevaux
26a
Stoecken
Quartier Masson
Baerenkopf
1075
Bruckenwald
Riervescemont
Schimmel
2,6
D110
D466
161
Lamadeleine-
Val-des-Anges
Galgenbourg

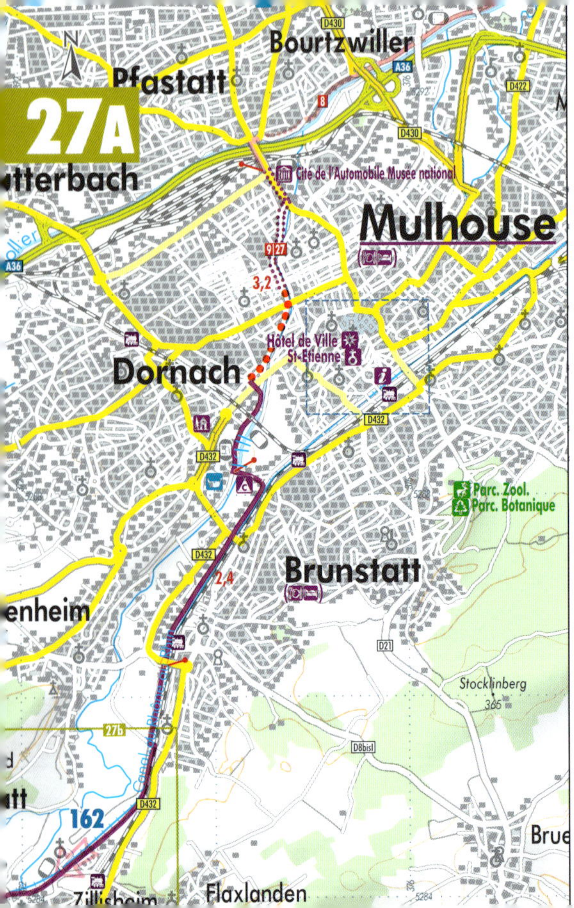

Tour 27 Von Mulhouse nach Altkirch (51,9 km)

Startpunkt dieser Tour ist die zweitgrößte Stadt des Elsass, Mulhouse, die sich durch mehrere sehenswerte technische Museen auszeichnet. Über das wunderschön mit Blumen geschmückte Dorf Hirtzbach geht es bis nach Altkirch, in die Regionalhauptstadt des Sundgaus, die auf einem Hügel über dem Illtal liegt.

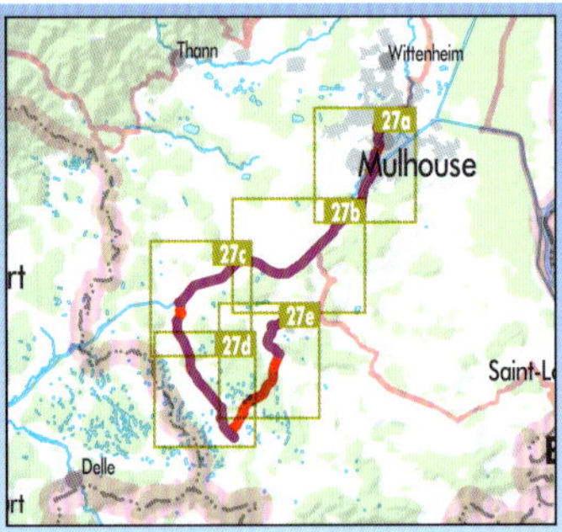

Charakteristik

Länge: 51,9 km
Start: Mulhouse
Ziel: Altkirch
Wegbeschaffenheit: Die Route verläuft zum größten Teil auf befestigten bzw. asphaltierten Radwegen und Straßen.
Verkehr: Man fährt hauptsächlich auf ruhigen Radwegen und Straßen, mit etwas mehr Verkehr ist nur in den Städten und auf dem Teilstück zwischen Seppois-le-Bas und Hirtzbach zu rechnen.
Steigungen: Nur zwischen Seppois-le-Bas und Hirtzbach verläuft die ansonst steigungsfreie Strecke recht hügelig.
Beschilderung: Eine Ausschilderung ist nur teilweise vorhanden.
Anschlusstouren: 8 und 9

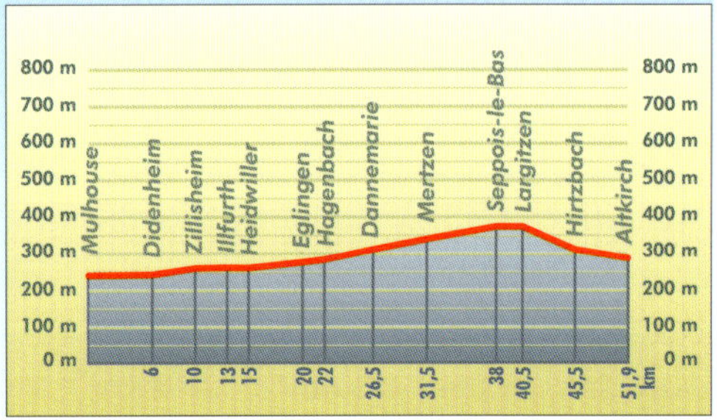

Mulhouse, Stoffdruckmuseum

Mulhouse s. S. 82

Von Mulhouse nach Dannemarie *25,6 km*

Ausgangspunkt ist das Automobilmuseum in der Avenue de Colmar ⁓ stadteinwärts auf der **Avenue de Colmar** bis zur Abzweigung **Rue Thierstein** ⁓ nach rechts abbiegen ⁓ an der nächsten Ecke nach links in die **Rue de la Passerelle**, wo auch bald ein Radstreifen auftaucht ⁓ am **Quai du Forst** nach rechts ⁓ an der Kreuzung zur **Rue de Strasbourg** endet der Radstreifen ⁓ geradeaus auf den **Quai de la Cloche** ⁓ an der nächsten Kreuzung wieder geradeaus in die **Rue de Siphon** ⁓ an der Ecke zum **Boulevard de**

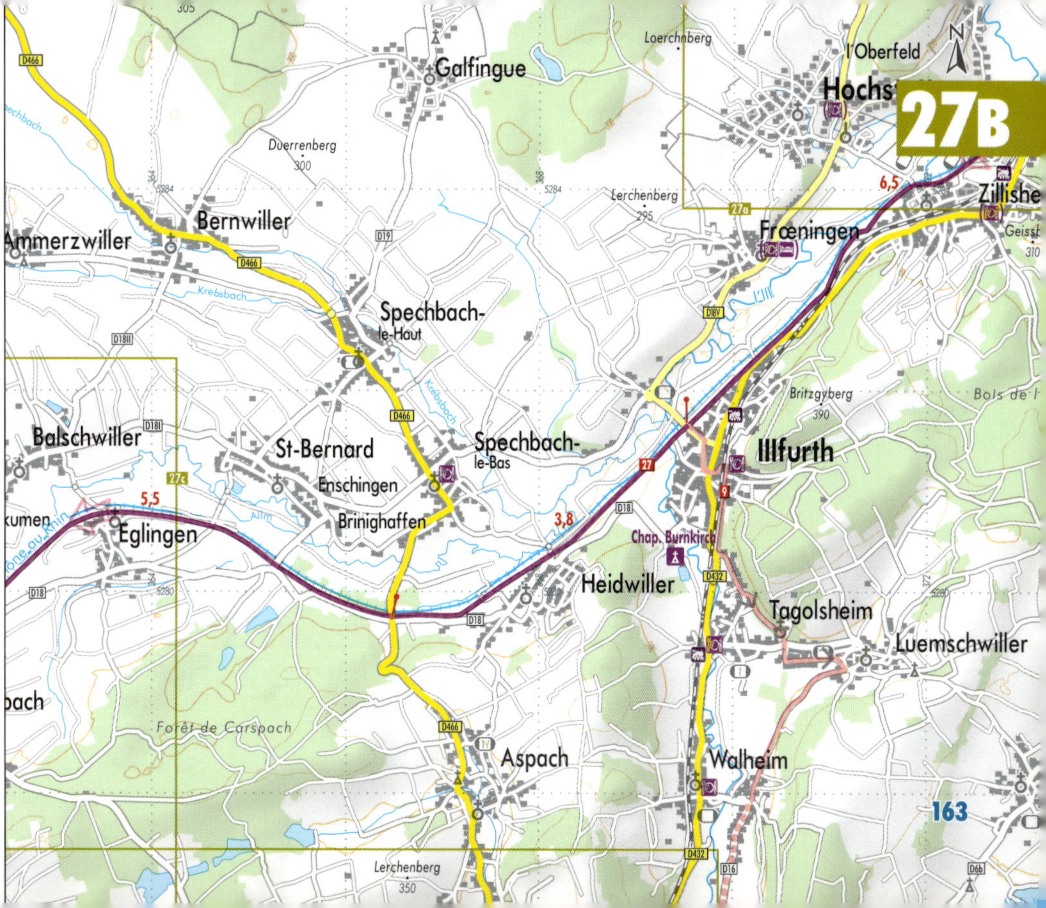

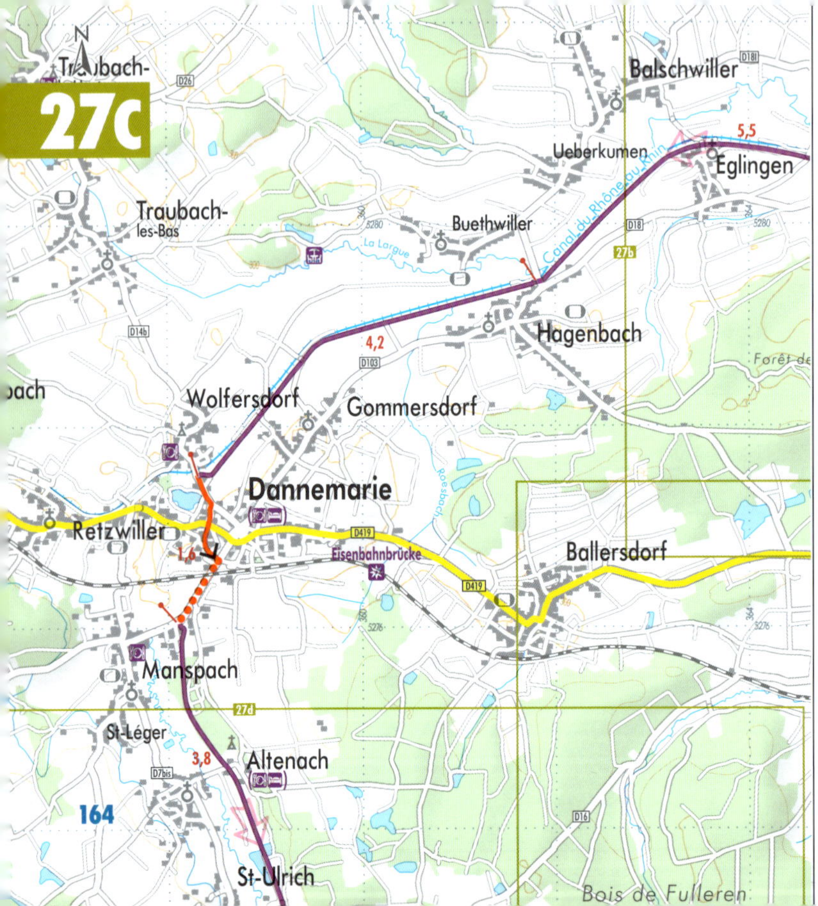

la Marne nach links abbiegen ~ an der Ampel nach rechts auf den Radweg entlang des **Boulevard Charles Stössel** ~ bei der nächsten Ampel nach links in die **Rue André Koechlin Dolfus** ~ am **Quai des Cigognes** nach rechts abbiegen und dem Radweg entlang des Kanals **L´Ill** folgen ~ unter den Bahngleisen hindurch und an einem Sportplatz vorbei ~ nach dem Sportplatz links auf die Brücke und den Kanal überqueren ~ geradeaus weiter bis zum nächsten Kanal, dem **Canal du Rhône au Rhin** ~ hier rechts und dem Radweg entlang des Kanals folgen.

Brunstatt

Am Ortsende von Brunstatt auf die linke Kanalseite wechseln ~ auf diesem Weg geht es an Illfurth, Heidwiller, Eglingen und Hagenbach vorbei nach Dannemarie.

Dannemarie

Von Dannemarie nach Altkirch — *26,3 km*

Beim Stopp-Schild nach links ~ geradeaus in die Innenstadt ~ bei der ersten Kreuzung nach rechts

~ bei der Stoppstraße geradeaus ~ an der Kreuzung zur Vorfahrtsstraße nach rechts auf die **D 103** ~ die Bahnlinie unterqueren und in der langgezogenen Rechtskurve bei dem Parkplatz nach links auf den Radweg abbiegen.

Mertzen

Der Radweg endet für ein kurzes Stück ~ immer geradeaus weiter bis nach Seppois-le-Bas.

Seppois-le-Bas

Der Radweg endet am Ortsrand ~ nach links auf die **D 17 II** abbiegen.

Largitzen

Ins Ortsinnere ~ bei der Straßengabelung nach der Kirche schräg nach rechts auf die **D 17**.

Hirtzbach

Bei der Bahnschranke am Ortsende nach links auf den Radweg, der zum Ortsrand von Altkirch führt.

Vom Parkplatz kommend an der Straße rechts abbiegen ~ nach rechts über die Brücke ~ an der T-Kreuzung nach links ins Zentrum.

Altkirch

PLZ: 68130

- **Touristinformation**, Place Xavier Jourdain, ✆ 03 89 40 02 90 od. 40 27 94, www.ot-altkirch.com
- **Sundgau-Museum**, befindet sich neben dem Rathaus, ✆ 03 89 40 21 80, ÖZ: So 15-17.30 Uhr, Juli und Aug. tägl. 15-17.30 Uhr außer Mo. Zeigt Sammlungen zur Lokalgeschichte, außerdem Mineralien, archäologische Funde und Gemälde einheimischer Künstler.
- **Kirche Notre-Dame (19. Jh)**, neuromanischer Sakralbau.
- **Rathaus (18. Jh.)**, befindet sich auf der Place de la République.
- **Freibad**, Routre de Carspach, ✆ 03 89 40 97 87

Altkirch liegt auf einem Hügel über dem Illfluss, wo es sich im 13. Jahrhundert entwickelte und zwar rund um eine Burg der Grafen von Ferrette. Die Kirche befindet sich heute auf dem Platz,

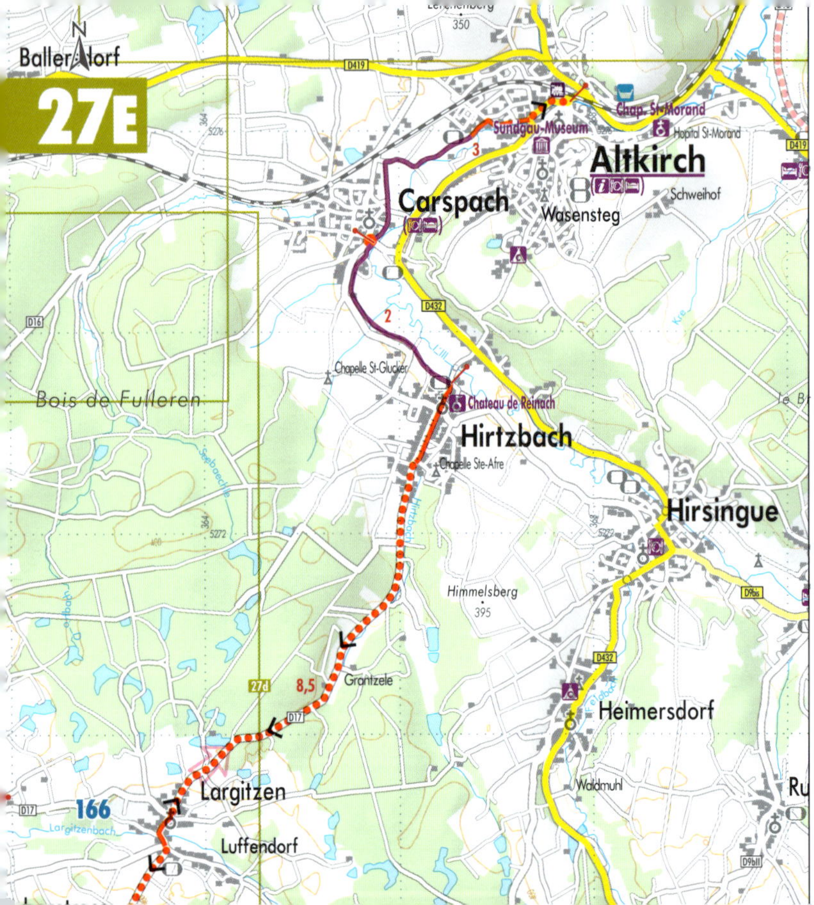

Dannemarie

wo die Burg damals stand. Durch Heirat gelangte Altkirch in die Hand der Habsburger und 1648 unter französische Herrschaft.

Danke

Unser Dank gilt allen, die uns bei der Erstellung dieses Buches tatkräftig unterstützt haben, im Besonderen: M. Bartel; B. Bergmann, Weingarten; M. Springer, Dresden; H. P. Derksen; K. Schäfer; Fam. Zimmer; B. Schwarz, Gundelfingen; J. Blessnig; M. Weinbeer, Stuttgart; K.&L. Dideriksen, Herning (DK); M. Reinsch, Trier; M. Knaus, Bad Rappenau; P. Mühlhäusler, Baiersbronn; R. Orlitzek, Berlin; S.&E. Piot, Schweiz; M. Greifenberg; N. Wirth, Eschborn; U. Neumann; B. Nusseck, Dessau; M. Michels, Saarbrücken.

Übernachtungsverzeichnis

Dieses Verzeichnis beinhaltet folgende Übernachtungskategorien:

H	Hotel
Hg	Hotel garni
Gh	Gasthof, Gasthaus
P	Pension, Gästehaus
Pz	Privatzimmer
BB	Bed and Breakfast
Fw	Ferienwohnung (Auswahl)
Bh	Bauernhof
Hh	Heuhotel
(Symbol)	Jugendherberge, -gästehaus
(Symbol)	Campingplatz
(Symbol)	Zeltplatz (Naturlagerplatz)

bett+bike adfc

Alle mit dem Bett & Bike-Logo gekennzeichneten Betriebe erfüllen die vom ADFC vorgeschriebenen Mindestkriterien als „Fahrradfreundliche Gastbetriebe" und bieten darüber hinaus so manche Annehmlichkeit für Radfahrer. Detaillierte Informationen finden Sie unter *www.bettundbike.de.*

adfc Allgemeiner Deutscher Fahrrad-Club

Es erhebt keinen Anspruch auf Vollständigkeit und stellt keine Empfehlung der einzelnen Betriebe dar.

Die römische Zahl (I–VII) nach der Telefonnummer gibt die Preisgruppe des betreffenden Betriebes an. Folgende Unterteilung liegt der Zuordnung zugrunde:

I	unter € 15,–
II	€ 15,– bis € 23,–
III	€ 23,– bis € 30,–
IV	€ 30,– bis € 35,–
V	€ 35,– bis € 50,–
VI	€ 50,– bis € 70,–
VII	über € 70,–

Die Preisgruppen beziehen sich auf den Preis pro Person in einem Doppelzimmer mit Dusche oder Bad inkl. Frühstück. Übernachtungsbetriebe mit Zimmern ohne Bad oder Dusche, aber mit Etagenbad, sind durch das Symbol nach der Preisgruppe gekennzeichnet.

Da wir das Verzeichnis stets erweitern, sind wir für Ihre Anregungen dankbar. Der einfache Eintrag erfolgt für die Betriebe natürlich kostenfrei.

Altenheim/Neuried

PLZ: D-77743; Vorwahl: 07807

Hg Schwanen, Kehlerstr. 64, ✆ 2129, V

H/Gh Ratsstüble, Kirchstr. 38, ✆ 92860, VI

Gh Germania, Schwarzwaldstr. 2, ✆ 2119, V

Altkirch

PLZ: F-68130

Touristinformation, Place Xavier Jourdain, ✆ 03 89 40 02 90 od. ✆ 03 89 40 27 94

H Auberge Sundgovienne, 1 Route de Belfort, ✆ 03 89 40 97 18, VI

H La Terrasse, 44-46 rue du 3e-Zouaves, ✆ 03 89 40 98 02, I-II

Camping des Acacias, Route de Hirtzbach, ✆ 03 89 40 69 40

Andlau

PLZ: F-67140

Touristinformation, 1 place de la Mairie, ✆ 03 88 08 22 57

H Kastelberg, 10 rue du Général-Koenig, ✆ 03 88 08 97 83, VI-VII

Hg Zinck Hôtel, 13 rue de la Marne, ✆ 03 88 08 27 30, VI-VII

Pz Wack, 5 rue de la Commanderie, ✆ 03 88 08 93 20, IV

Artzenheim

PLZ: F-68320

Gh Auberge d'Artzenheim, 30 rue du Sponeck, ✆ 03 89 71 60 51, III-IV

Baldersheim

PLZ: F-68390

H Au Cheval Blanc, 27 rue Principale, ✆ 03 89 45 45 44, VI-VII

Baldenheim

PLZ: F-67600

H A l'Etoile, 14 rue de Baldenheim, Rathsamhausen, ✆ 03 88 92 35 79, III-IV

H Les Pres d'Ondine, Rathsamhausen, ✆ 03 88 58 04 60, V-VI

Barr

PLZ: F-67140

Touristinformation, Place de l'Hôtel de Ville, ✆ 03 88 08 66 65

H Les Hortensias, 19 rue du Docteur Sultzer, ✆ 03 88 58 56 00, VI

Hg Château d'Andlau, 113 rue de la Vallée St-Ulrich, ✆ 03 88 08 96 78, V

Hg Le Manoir, 11 rue Saint-Marc, ✆ 03 88 08 03 40, VI

Hg Domaine St-Ulrich, 106 rue de la Vallée, ✆ 03 88 08 54 40, VI

H Le Brochet, 9 place de l'Hôtel de Ville, ✆ 03 88 08 92 42, VI

H Maison Rouge, 1 avenue du Docteur Krieg, ✆ 03 88 08 90 40, V

Pz Boff, 17 rue du Collège, ✆ 03 88 08 92 21

Pz Fernandes, 14A rue Brune, ✆ 03 88 08 83 06
Pz Azoulay, 59 rue de la Vallée, ✆ 03 88 08 96 73
Pz Bachert, 35a rue du Dr Sultzer, ✆ 03 88 08 95 89, II
Pz Chadeau, 9bis rue du Gal Vandenberg, ✆ 03 88 08 54 75, II
Pz Ball, 39 rue de l'Altenberg, ✆ 03 88 08 10 20
Pz Morel, 37 rue de l'Altenberg, ✆ 03 88 08 22 58, II
Association St Martin, rue de l'Ile, ✆ 03 88 08 00 45
Reflets du Mt Ste Odile, 137 rue de la Vallée, ✆ 03 88 08 02 38

Basel

PLZ: CH-4000; Vorwahl: 061
Basel Tourismus, Aeschenvorstadt 36, ✆ 268 68 68
H Basel Hilton, Aeschengraben 31, ✆ 2756600, VII
H Les Trois Rois, Blumenrain 8, ✆ 2605050, VII
H Euler, Centralbahnplatz 14, ✆ 2758000, VII
H Radisson Blu Hotel, Steinentorstrasse 25, ✆ 2272727, VII
H Swissôtel Le Plaza, Messeplatz 25, ✆ 5553333, VII
H Basel, Münzg. 12, ✆ 2646800, VII
H Mercure Hotel Europe, Clarastr. 43, ✆ 6908080, VII
H Merian am Rhein, Rheingasse 2, ✆ 6851111, VII
H Victoria am Bahnhof, Centralbahnplatz 3-4, ✆ 2707070, VII
H Schweizerhof, Centralbahnpl. 1, ✆ 5608585, VII
H Teufelhof, Leonhardsgraben 47-49, ✆ 2611010, VII
H Resslirytti, Theodorsgraben 42, ✆ 6916641, VII
H Alexander, Riehenring 83/85, ✆ 6857000, VII
H Basilisk, Klingentalstrasse 1, ✆ 6869666, VII
H Bâlegra, Reiterstrasse 1, ✆ 3067676,VII
H Münchnerhof, Riehenring 75, ✆ 6894444, VII
H Du Commerce, Riehenring 91, ✆ 6902323
Hg Metropol Garni, Elisabethenanlage 5, ✆ 2067676
H St. Gotthard, Centralbahnstrasse 13, ✆ 2251313, VII
H Steinenschanze, Steinengraben 69, ✆ 2725353, VII
Hg easy Hotel Basel, Riehenring 109, ✆ 0900327927, VI
Jugendherberge, St. Alban-Kirchrain 10

Battenheim

PLZ: F-68390
Gh Ancienne Poste, 82 rue Principale, ✆ 03 89 57 62 85, II

Bennwihr

PLZ: F-68630
P Bunner, 24 rue du Souvenir, ✆ 03 89 47 84 62
P Bunner, 17 rue du Général de Gaulle, ✆ 03 89 47 80 50
P Edel, 44 route du Vin, ✆ 03 89 47 92 67
P Faivre, 27 rue du Général de Gaulle, ✆ 03 89 47 90 29

Bergheim

PLZ: F-68750
H La Cour du Bailli, 57 Grand-Rue, ✆ 03 89 73 73 46, V
H Chez Norbert, 9 Grand-Rue, ✆ 03 89 73 31 15, V
H Du Parc, 14 Route du Vin, ✆ 03 89 73 63 78, IV
Pz Delsaut, 6 Rue de la Croix, ✆ 03 89 73 68 52, III
Pz Dirninger, 11 rue des Romains, ✆ 03 89 73 79 42, II
Pz Grosskost, 27 Rue des Romains, ✆ 03 89 73 76 44, III
Pz Schunck, 18 Rue des Romains, ✆ 03 89 73 31 97, II
Meyer, 1 route de Thannenkirch, ✆ 03 89 73 65 59

Bernardswiller

PLZ: F-67210
P Peter, ✆ 03 88 75 56 50
P Copelletti, ✆ 03 88 75 56 50
P Dietrich, 3 rue Freiberg, ✆ 03 88 95 56 49

Biesheim

PLZ: F-68600
Gemeindeamt, ✆ 03 89 72 01 40
H Aux deux Clefs, 50 Grand-Rue, ✆ 03 89 72 51 20, V
H La Clef des Champs, 19a Grand-Rue, ✆ 03 89 72 08 18, IV
De l'Ile du Rhin, Ile du Rhin, ✆ 03 89 72 57 95

Birkenwald

PLZ: F-67440
H Au Chasseur, 7 rue de l'Église, ✆ 03 88 70 61 32, V
Gh Des Vosges, 15 rue du Général Leclerc, ✆ 03 88 70 61 06, III-IV

Birlenbach

PLZ: F-67160
Pz Henri Werly, Ferme équestre 19 rue du Ruisseau, ✆ 03 88 80 48 76, I

Blaesheim

PLZ: F-67113
H Au Boeuf, 32 rue du maréchal Foch, ✆ 03 88 68 68 99, V-VI
Pz Joly, 87 rue du Maréchal Foch, ✆ 03 88 68 91 95, III

Blienschwiller

PLZ: F-67650
Verkehrsamt, Rathaus-route de Hohwarth, ✆ 03 88 92 40 16
H Winzenberg, 46 route du Vin, ✆ 03 88 92 62 77, IV
Pz Eckert, 14 rue de Winzenberg, ✆ 03 88 92 44 04, II
Pz Straub, 35 route du Vin, ✆ 03 88 92 48 72, III

Blodelsheim

PLZ: F-68740
Gh Au Lion d'Or, 80 rue due Général de Gaulle, ✆ 03 89 48 60 47, II-III
P Correges, Poney Parc, ✆ 03 89 81 28 58

Boersch

PLZ: F-67530
Touristinformation, Place de l'Hôtel de Ville, ✆ 03 88 95 82 43
Pz Taubert, 3 route de Rosheim, ✆ 03 88 95 93 06, II

Boofzheim

PLZ: F-67860
Camping du Ried, route de Rhinau, ✆ 03 88 74 68 27

Bourbach-le-Bas

PLZ: F-68290
Gh La Couronne d'Or, 9 rue Principale, ✆ 03 89 82 51 77, IV

Breisach

PLZ: D-79206; Vorwahl: 07667
Breisach-Touristik, Marktplatz 16, ✆ 940155
H Am Münster, Münsterbergstr. 23, ✆ 8380, IV-VII
H Adler, Hochstetterstr. 11, ✆ 93930, IV,
H-P Kapuzinergarten, Kapuzinerg. 26, ✆ 93000, IV-VI,
Hg Breisacher Hof, Neutorpl. 16, ✆ 392, IV,
H Bären, Kupfertorpl. 7, ✆ 281, IV
H Rheinblick, Rheinuferstr. 2, ✆ 7172, IV-V
H Kaiserstühler Hof, R.-Müller-Str. 2, ✆ 83060, V-VI
H Schlüssel, Neutorstr. 17, ✆ 402, II-III
H Schiff, Marktpl. 4, ✆ 314, III
Gh Bayrischer Hof, Neutorstr. 25, ✆ 833767, II-III
Gh Jägerhof, Jägerhof 10, ✆ 07662/6360, IV
Gh Thoma, Richard-Müller.Str. 11a, ✆ 940127, III
P Schillinger, Harelungenweg 3, ✆ 6991, III
P Schlossberg, Kapuzinergasse 29, ✆ 93770, III
Pz Hunn, Rheintorstr. 45, ✆ 8668, II
Pz Ulmann, Waldstr. 10, ✆ 6225, II,

Pz Schwarz, Kirchweg 6, Hochstetten, ✆ 7829, II
Pz Locher, Friedhofallee 8, ✆ 912981, III-IV
Pz Schulze, Münsterbergstr. 22, ✆ 0174/9010106, II-III
Pz Radlernest, Erismannstr. 6, ✆ 942280, III
Jugendherberge, Rheinuferstr. 12, ✆ 7665,
Camping Münsterblick, Hochstetten, ✆ 9393-0
Camping & Ferienpark, Ihringen, Nachtwaid 5, ✆ 07668/950065

Brumath

PLZ: 67170
H A L'Ecrevisse, 4 avenue de Strasbourg, ✆ 03 88 51 11 08, V-VI
H Ville de Paris, 13 rue du Général-Rampont, ✆ 03 88 51 11 02, II-III

Brunstatt

PLZ: F-68350
Gh Le Relais de Brunstatt, 293 avenue d'Altkirch, ✆ 03 89 06 40 49, II-III

Cernay

PLZ: F-68700
Touristinformation, ✆ 03 89 75 50 35
Gh Hostellerie d'Alsace, 61 rue Poincaré, ✆ 03 89 75 59 81, IV
Gh Belle-vue, 10 rue du Maréchal-Foch, ✆ 03 89 75 40 15, IV
M.J.C. Auberge de Jeunesse, 16a faubourg de Colmar, ✆ 03 89 75 44 59
Camping Les Acacias, 16 rue René Guilbert, ✆ 03 89 75 56 97

Châtenois

PLZ: F-67730
Touristinformation, 2 rue Clemenceau, ✆ 03 88 82 75 00 oder 82 02 74
H Beysang, 36 rue du Maréchal-Foch, ✆ 03 88 58 38 58, IV-V
H Dontenville, 94 route du Maréchal-Foch, ✆ 03 88 92 02 54, IV
Hg Herrbach, 68 rue du Maréchal-Foch, ✆ 03 88 82 03 69
Centre de la Randonnée Marcel Rudolff, 98 rue du Maréchal Foch, ✆ 03 88 92 26 20, I

Cleebourg

PLZ: F-67160
Pz Klein, 59 rue Principale, ✆ 03 88 94 50 95, II

Climbach

PLZ: F-67510
Gh Au Cheval Blanc, 2 rue de la Bitche, ✆ 03 88 94 41 95, IV
H A l'Ange, 10 rue de Wissembourg, ✆ 03 88 94 43 72, V

Colmar

PLZ: F-68000
Office de Tourisme, 32 cours Sait Anne, ✆ 03 89 20 68 92
H „Le Maréchal", 4-6 place des Six-Montagnes-Noires, ✆ 03 89 41 60 32, VI-VII
H Les Têtes, 19 rue des Têtes, ✆ 03 89 24 43 43, VI-VII
H „Quatorze", 14 rue des Augustins, ✆ 03 89 20 45 20
H All Seasons Colmar Centre, 11a bd. du Champ-de-Mars, ✆ 03 89 23 26 25, V
H Beauséjour, 25 rue du Ladhof, ✆ 03 89 20 66 66, V-VII
H Roi Soleil Prestige, 26 rue des Métiers, ✆ 03 89 30 50 50
H Bristol, 7 place de la Gare, ✆ 03 89 23 59 59, V-VI
H Mercure Centre Unterlinden, 15 rue Golbéry, ✆ 03 89 41 71 71, VI
H Mercure Champ de Mars, 2 avenue de la Marne, ✆ 03 89 21 59 59, VI
H Le Colombier, 7 rue Turenne, ✆ 03 89 23 96 00, V-VII
H Novotel, 49 route de Strasbourg, ✆ 03 89 41 49 14, V-VI
H Rapp, 1-3-5 rue Weinemer, ✆ 03 89 41 62 10, V-VI
H Saint-Martin, 38 Grand-Rue, ✆ 03 89 24 11 51, V-VI
H Arc en Ciel, 38 route de Sélestat, ✆ 03 89 41 23 33, III
H Campanile, 8 rue des Métiers, ✆ 03 89 24 18 18, IV
H Le Colbert, 2, rue des Trois-Epis, ✆ 03 89 41 31 05, III
H Les Maraîchers, 83 route de Bâle, ✆ 03 89 24 14 79, III
H Etap Hôtel Colmar Centre Ville, 15 rue Stanislas, ✆ 08 92 680 931, II
H Ibis Centre, 10 rue Saint-Eloi, ✆ 03 89 41 30 14, IV-V
H Hôtel Kyriad Centre Gare, 1 rue de la Gare, ✆ 03 89 41 34 80, III
H Du Ladhof, 198 rue du Ladhof, ✆ 03 89 41 09 78, II-III
H Hôtel Kyriad Cité Administrative, 2 rue de la Fecht, ✆ 03 89 23 43 53, III
H Motel „Azur", 50 route de Strasbourg, ✆ 03 89 41 32 15
H Primo 99, 5 rue des Ancêtres, ✆ 03 89 24 22 24, II-III
H Roi Soleil, 1a rue des Frères Lumières, ✆ 03 89 21 05 05, II
H Turenne, 10 route de Bâle, ✆ 03 89 21 58 58, IV
H A la Ville de Nancy, 48 rue Vauban, ✆ 03 89 41 23 14, II-III
H Formule 1, 33 route de Strasbourg, ✆ 08 91 70 52 26, II
Jugendherberge, 2 rue Pasteur, ✆ 03 89 80 57 39
Camping de l´Ill, route de Neuf Breisach, ✆ 03 89 41 15 94

Dambach-la-Ville

PLZ: F-67650
Touristinformation, Place du Marché, ✆ 03 88 92 61 00
Hg Le Vignoble, 1 rue de l'Église, ✆ 03 88 92 43 75, V
Gh Aux deux Clefs, 1 rue de Dieffenthal, ✆ 03 88 92 40 11, II-III
Pz Nartz, 12 place du Marché, ✆ 03 88 92 41 11, III
Pz Wunsch, 27 rue de la Gare, ✆ 03 88 92 42 42, III
Camping municipal, route d'Ebersheim, ✆ 03 88 92 48 60

Diebolsheim

PLZ: F-67230
P Gîte d'Etape Decock, 21 rue Jean de Beaumont, ✆ 03 88 74 80 59, I
Pz P. Kieny, 12 rue Abbé Wendling, ✆ 03 88 74 84 85, V

Dimbsthal

PLZ: F-67440
Gh M. Wolbert, 1 rue de hengwiller, ✆ 03 88 70 60 34, II

Drusenheim

PLZ: F-67410
H Auberge Au Gourmet, 4 route de Herrlisheim, ✆ 03 88 53 30 60, IV
Gh Couronne d'Or, 30 rue du Général-de-Gaulle, ✆ 03 88 53 30 36, III

Eguisheim

PLZ: F-68420
Touristinformation, ✆ 03 89 23 40 33
H Auberge Alsacienne, 12 Grand-Rue, ✆ 03 89 41 50 20, III-IV
H Hostellerie du Château, 2 rue du Château, ✆ 03 89 23 72 00, V-VI

H Hostellerie du Pape, 10 Grand-Rue, ✆ 03 89 41 41 21, V
H Saint-Hubert, 6 rue des Trois-Pierres, ✆ 03 89 41 40 50, V
H Hostellerie des Comtes, 2 rue des Trois-Châteaux, ✆ 03 89 41 16 99, II-IV
Gh Auberge du Rempart, 3 rue du Rempart Sud, ✆ 03 89 41 16 87, II-III
Gh Ville de Nancy, 2 place Charles-de-Gaulle, ✆ 03 89 41 78 75, II-III
P Meyer, 6 rue des 3 Châteaux, ✆ 03 89 24 53 66
Pz Bombenger, 8 rue du Bassin, ✆ 03 89 23 13 12, II
Pz Gaschy, 3 rue des Fleurs, ✆ 03 89 23 69 09, II
Pz Bombenger Albert, 3 rue des 3 Pierres, ✆ 03 89 23 71 19
Pz Meyer Rémy, 2 rue Pairies, ✆ 03 89 23 12, II
Camping Les Trois Châteaux, 10 rue du Bassin, ✆ 03 89 23 19 39

Ensisheim

PLZ: F-68190
Gh La Couronne, 47 rue de la 1re-Armée, ✆ 03 89 81 03 72, IV-VI

Ernolsheim

PLZ: F-67330
Gh Gite „Les 4 saisons", 7 rue de Monswiller, ✆ 03 88 70 03 55, III

Erstein

PLZ: F-67150
Touristinformation, 16 rue du Général de Gaulle, ✆ 03 88 98 14 33
H Crystal, 43 avenue de la Gare, ✆ 03 88 64 81 00, VI
H Bords de l'Ill, 1 rue de Muhlbach, ✆ 03 88 98 03 70, V
H L'industrie, 2a rue de Schaeffersheim, ✆ 03 88 98 01 17, III
Camping municipal; Lieu dit Wagelrott, Rue de la Sucrerie, ✆ 03 88 98 09 88

Eschau

PLZ: 67114
H Au Cygne, 38 rue de la 1ère Division Blindée, ✆ 03 88 64 04 79, IV
Pz Gruss, 7 rue de la Forêt, ✆ 03 88 64 31 56, II

Fessenheim

PLZ: F-68740
Gh Ruthmann, 34 rue de la Libération, ✆ 03 89 48 61 56, I

Freiburg

PLZ: D-79098-79114; Vorwahl: 0761
Freiburg Wirtschaft Touristik und Messe, Rotteckring 14, ✆ 3881-880
H Alleehaus, Marienstr. 7, ✆ 387600, IV-V
H Am Rathaus, Rathausg. 4-8, ✆ 296160, VI-VII
H Am Stadtgarten, Bernhardstr. 5, ✆ 28290-02, IV-V
H Apart-Hotel am Uniklinikum, Mathildenstr. 14, ✆ 385570, V
H Atlanta, Rheinstr. 29, ✆ 296970, V
H Zum Roten Bären, Oberlinden 12, ✆ 38787-0, VI-VII
H Bären, Hofackerstr. 96, ✆ 81081, IV
Hg Barbara, Poststr. 14, ✆ 29625-0, V-VI
H Bischofslinde, Am Bischofskreuz 15, ✆ 82688, V
H Blume, Freiburger Str. 1, ✆ 07664/939790, IV-V
H Central, Wasserstr. 6, ✆ 31970, VI-VII
H City, Weberstr. 3, ✆ 388070, V-VI
H Classic, Gundelfinger Str. 27b, ✆ 50369-30, V
H Colombi, Am Colombi Park, ✆ 21060, VII
H Deutscher Kaiser, Günterstalstr. 38, ✆ 74910, IV
H Dionysos, Hirschstr. 2, ✆ 29353
H Dorint Novotel Freiburg am Konzerthaus, K.-Adenauer-Pl. 2, ✆ 38890, VI-VII
H Goldene Krone, Mattenstr. 2a, ✆ 1376083, III-IV
H Helene, Staufener Str. 46, ✆ 45210-0, III
H Hirschengarten, Breisgauer Str. 51, ✆ 80303, IV
H Hofgarten Hotel B&B Freiburg, Vörstetter Str. 41, ✆ 503646, IV
H InterCity, Bismarckallee 3, ✆ 3800-0, V-VI
H Stadthotel Freiburg, Karlstr. 7, ✆ 3193-0, V-VI
H Zum Kreuz, Großtalstr. 28, ✆ 620550, V
H Kreuzblume, Konviktstr. 31, ✆ 31194/95, V
H Löwen, Herrenstr. 47, ✆ 33161, V
H Zum Löwen, Breisgauer Str. 62, ✆ 84661 o. 8097220, IV-V
H Markgräfler Hof, Gerberau 22, ✆ 32540, V-VI
H Minerva, Poststr. 8, ✆ 386490, V-VI
H Dorint Resort Freiburg An den Thermen, An den Heilquellen 8, ✆ 49080, VI-VII
H Novotel, Am Karlspl. 1, ✆ 3851-0, VI-VII
H Oberkirch, Münsterpl. 22, ✆ 2026868, VI-VII
H Panorama Hotel Mercure, Wintererstr. 89, ✆ 51030, Vi-VII
H Weingut Paradies, Basler Landstr. 87, ✆ 4709790, V
H Park Hotel Post, Eisenbahnstr. 35-37, ✆ 38548-0, VI-VII
H Rappen, Münsterpl. 13, ✆ 31353/-54, VI
H Rheingold, Eisenbahnstr. 47, ✆ 2821-0, VI-VII
H Rössle, Basler Landstr. 106, ✆ 43313, V
H Schemmer, Eschholzstr. 63, ✆ 207490, IV
H Zum Schiff, Basler Landstr. 35-37, ✆ 400750, V-VI
H Schiller, Hildastr. 2, ✆ 703370, VI
H Schwarzwälder Hof, Herrenstr. 43, ✆ 38030, V
H Sichelschmiede, Insel 1, ✆ 35096/37, V
H FT-Sport-Park-Hotel, Schwarzwaldstr. 181, ✆ 21109-0, IV
H Sonne, Basler Str. 58, ✆ 403048, IV
H Stadt Freiburg, Breisacher Str. 84b, ✆ 89680, V-VI
H Best Western Premier Hotel Victoria, Eisenbahnstr. 54, ✆ 207340, VI-VII
Gh Zur Tanne, Altgasse 2, ✆ 07664/1810, V
Gh Paradies, Mathildenstr. 26-28, ✆ 273700, IV-V
Gh Zum Schiff, Schwarzwaldstr. 82, ✆ 71310, III-IV
P Christine, Gundelfinger Str. 27a, ✆ 50369-30, IV-V
P Haus Gisela, Am Vogelbach 27, ✆ 8978980, III-IV
Bh Altenvogtshof, Kleintalstr. 40, ✆ 67714, III-IV
Pz Bechtold, Christaweg 13, ✆ 471604, II
Pz Burger, Waldallee 14, ✆ 84357, I
Pz Faber, Langg. 5, ✆ 43463, III
Pz Faubert, Häherweg 25, ✆ 131651, I-II
Pz Höll, Haierweg30, ✆ 445343, I-II o. Frühstück
Pz Zentrum Stadtgarten, Stadtstr. 7, ✆ 0179/5895507, III
Jugendherberge, Kartäuserstr. 151, ✆ 67656
Camping Hirzberg, Kartäuserstr. 99, ✆ 35054
Camping Möslepark, ✆ 7679333
Camping Tunisee, ✆ 07665/2249

Geispolsheim

PLZ: F-67118
Pz Hoffer, 2 rue de la Porte Basse, ✆ 03 88 68 88 11, III

Gerstheim

PLZ: F-67150
Pz D'Albertus, 53 rue du Rhin, ✆ 03 88 98 37 20, III
Camping Au Clair Ruisseau, Rue du Ried, ✆ 03 88 98

30 04, April-Sept.

Grand Ballon (Le)
PLZ: 68760
H Chalet du Grand Ballon, ✆ 03 89 48 77 99, III-IV

Griesheim près Molsheim
PLZ: F-67870
P Maetz, 49 rue de Rosheim, ✆ 03 88 38 06 35, III

Guebwiller
PLZ: F-68500
i Touristinformation, ✆ 03 89 76 10 63
H De l'Ange, 4 rue de la Gare, ✆ 03 89 76 22 11, IV
H Domaine du Lac, 244 rue de la République, ✆ 03 89 76 15 00, IV
H Hôtel le Domaine de Beaupré, Allée des Marronniers, ✆ 03 89 74 28 57, V-VI
H d'Alsace, 140 rue de la République, ✆ 03 89 76 83 02
Camping Le Florival, Route de Soultz, ✆ 03 89 74 20 47

Haguenau
PLZ: F-67500
i Touristinformation, Place de la Gare, ✆ 03 88 93 70 00
H Hôtel Campanile, 129 route de Strasbourg, ✆ 03 88 73 94 76, V
H Champ 'Alsace, 12 rue Saint Exupéry, ✆ 03 88 93 30 13, IV
H A l'Étoile, 46 route de Marienthal, ✆ 03 88 93 89 25, III
H Europe, 15 avenue du Prof René Leriche, ✆ 03 88 93 58 11, IV-VI
H Ibis, Route de Bitche/Chemin de la Sandlach, ✆ 03 88 73 06 66, V
Hg Kaiserhof, 119 Grand' Rue, ✆ 03 88 73 43 43, V
H Les Pins, 112 route de Strasbourg, ✆ 03 88 73 68 40, V
Hg Etap'Hôtel, route de Bitche, ✆ 03 88 63 96 43, III
P Maison Saint Gérard, 11 route de Wintershouse, ✆ 03 88 05 40 20
Les Pins, rue de la piscine, ✆ 03 88 73 91 43

Hattstatt
PLZ: F-68420
P Meyer, 57 rue du Maréchal Leclerc, ✆ 03 89 49 31 74
P Quintle, 1 route du Vin, ✆ 03 89 49 31 04

Heiligenstein
PLZ: F-67140
H Relais du Klevener, 51 rue Principale, ✆ 03 88 08 05 98, III-IV
Pz Rauch, 3 rue de la Paix, ✆ 03 88 08 05 73, II
Pz Boch, 6 rue Principale, ✆ 03 88 08 41 26

Hirtzbach
PLZ: F-68118
Gh Ottié, 17 rue de-Lattre-de-Tassigny, ✆ 03 89 40 93 22, II

Hohrodberg
PLZ: F-68140
H Aqua Viva, Hohrodberg, ✆ 03 89 77 33 64, IV
H Le Panorama, 3 route du Linge, ✆ 03 89 77 36 53, IV-V
H Roess, 16 route du Linge-Hohrodberg, ✆ 03 89 77 36 00, IV-V
P Association Sarepta, ✆ 03 89 20 10 62

Houssen
PLZ: F-68125
H Le Rosenkranz, Rue Mariafeld, ✆ 03 89 41 09 10, II
H Bonsai, Rue Mariafeld, ✆ 03 89 24 43 64, II
Gh Aux deux Lions, 12 rue Principale, ✆ 03 89 23 31 69, I-II
P Burghart, 59 rue Principale, ✆ 03 89 24 16 49
Pz Klinger, 4 place de l'église, ✆ 03 8924 98 31
Pz Marschall, 7 rue de la Gravière, ✆ 03 89 41 86 84, II

Hunawihr
PLZ: F-68150
P Eckert, 20 rue du Nord, ✆ 03 89 06 18 02
P Kropp, 55 Grand'Rue, ✆ 03 89 73 64 80
P Richter, 13 rue de la Sinn, ✆ 03 89 73 71 61
P Sipp-Mack, 1 rue des Vosges, ✆ 03 89 73 61 88
P Ziegler, 7 rue des Vosges, ✆ 03 89 73 23 41
Pz Adam, 16 rue de l'Eglise, ✆ 03 89 73 37 25, III
Pz Seiler, 3 rue du Nord, ✆ 03 89 73 70 19, II-III
Pz Schwach, 28 route de Ribeauvillé, ✆ 03 89 73 62 15, IV

Huningue
PLZ: F-68330
H Tivoli, 15 avenu de Bâle, ✆ 03 89 69 73 05, V-VI
H Relais de Bâle, 4 avenue de Bâle, ✆ 03 89 69 86 10, III
H La Brasserie du Rhin, 13 allée des Marronniers, ✆ 03 89 69 08 05, II

Ingersheim
PLZ: F-68040
H Kuehn, Quai de la Fecht, ✆ 03 89 30 08 88, III

Ingwiller
PLZ: F-67340
i Touristinformation, 89 rue du Général Goureau, ✆ 03 88 89 23 45
Gh Aux Comtes de Hanau, 139 rue du Général-de-Gaulle, ✆ 03 88 89 42 27, V

Innenheim
PLZ: F-67880
H Schaal-Cep de Vigne, 5 rue de Barr, ✆ 03 88 95 75 45, V

Issenheim
PLZ: F-68500
Gh Demi-Lune, 9 rue de Rouffach, ✆ 03 89 76 83 63, II-III

Itterswiller
PLZ: F-67140
i Verkehrsamt, Rathaus, ✆ 03 88 85 50 12
H Arnold, 98 route des Vins, ✆ 03 88 85 50 58,VI
H Emmebuckel-Faller, 2 route de Vins, ✆ 03 88 85 50 24, IV-V
H La Cave aux Souvenirs-Kobloth, 73 route du Vin, ✆ 03 88 85 50 68, III-IV
Hg Kieffer, 7 route des Vins, ✆ 03 88 85 53 09, III-IV
Pz Kieffer, 10 rue Viehweg Rotland, ✆ 03 88 85 51 12, IV-V

Kaltenhouse
PLZ: F-67240
H La Crémaillère, 32 rue Principale, ✆ 03 88 63 23 06, IV

Kaysersberg
PLZ: F-68240
i Touristinformation, ✆ 03 89 78 22 78
H Belle Promenade, 5 place Gouraud, ✆ 03 89 47 11 51, V
H Le Chambard, 9-13 rue du Général de Gaulle, ✆ 03 89 47 10 17, VI-VII
H Les Remparts, 4 rue de la Flieh, ✆ 03 89 47 12 12, IV-V
H La Sapinière, 102b route de Lapoutroie, ✆ 03 89 47 18 38, III
H À l'Arbre Vert, 1 rue Haute-du-Rempart, ✆ 03 89 47 11 51, IV
H Constantin, 10 rue du Père-Kohlmann, ✆ 03 89 47 19 90, IV
H Château, 38 rue du Général-de-Gaulle, ✆ 03 89 78 24 33, III-IV

H Hassenforder, 129, rue du Général-de-Gaulle, ✆ 03 89 47 13 54, IV-V
P Schmitt, 3 rue Woelflin, ✆ 03 89 78 21 25
Pz Mercier, 64A rue de la Flieh, ✆ 03 89 78 14 57, III-IV
Pz Picavet, 104 route de Lapoutroie, ✆ 03 89 47 15 14, II-IV
Camping municipal, Lieu dit Leichtweg, Rue des Acacias, ✆ 03 89 47 14 47

Kehl

PLZ: D-77694; Vorwahl: 07851
Kehl Marketing GmbH, Hauptstr. 22, ✆ 881555
H Hotel Rosengarten, Jahnstr. 8, ✆ 958615, V,
H Hotel Oeschger, Kirchstr. 1, ✆ 96690, IV,
H ates, Straßburger Str. 18, ✆ 885650, V,
H Europa, Straßburger Str. 9, ✆ 9947880, IV-V
H Apart ´Hotel, Fabrikstr. 1, ✆ 79030, V
H Grieshaber's Rebstock, Hauptstr. 183, ✆ 91040, IV-V
H Hofreit, Bierkellerstr. 16, ✆ 2273, III
H Schwert, Hauptstr. 51, ✆ 77580, II-IV,
H Hotel Restaurant Lamm, Hauptstr. 83, ✆ 2289, IV
Gh Baldner's Gasthof Schwanen, Hauptstr. 20, ✆ 2735, IV-V
Gh Möwe, Hafenstr. 17, ✆ 8986999, III
Jugendherberge, Altrheinweg, ✆ 2330
Campingplatz, Rheindammstr. 1, ✆ 2603

Sundheim:

Gh Sternen, Hauptstr. 334, ✆ 77342, IV

Neumühl:

Gh Pflug, Elsässer Str. 15, ✆ 2154, III
Gh Sonne, Elsässer Str. 68, ✆ 2422, II

Kientzheim

PLZ: F-68240
Hg L'Abbaye d'Alspach, 2-4 rue Foch, ✆ 03 89 47 16 00, V-VI
H Schwendi,2 place Schwendi, ✆ 03 89 47 30 50, V

Kilstett

PLZ: 67840
H A la Couronne, 6 Route Nationale, ✆ 03 88 96 21 33, III
H Oberlé, 11 route Nationale, ✆ 03 88 96 21 17, III

Kintzheim

PLZ: F-67600
Touristinformation, ✆ 03 88 82 09 90 oder in der Nebensaison 82 09 88
H Jenny, 39 rue de la Liberté, ✆ 03 88 82 17 06, IV
Gh Aux deux Clefs, 52 rue due Général-da-Gaulle, ✆ 03 88 82 09 96, II-III
Pz Kaempf, 10 rue Judepfad, ✆ 03 88 82 09 67, II

Kruth

PLZ: F-68820
H Auberge de France, 20 Grand-Rue, ✆ 03 89 82 28 02, IV
H Quatre Saisons, 3 rue du Frenz, ✆ 03 89 82 2861, IV
Gh Auberge Grieb, Route du Markstein, ✆ 03 89 82 27 72, II
P Binder, 6 route de Frenz, ✆ 03 89 82 28 69, III
Bh Sifferlen, Ferme-Auberge du Schafert, ✆ 03 89 82 25 46
Camping du Schlossberg, ✆ 03 89 82 26 76

Kutzenhausen

PLZ: F-67250
Pz Ferme Fleckenstein, 26 route de Soultz, ✆ 03 88 80 69 00

Labaroche

PLZ: F-68910
H Au Tilleul, 385 La Place, ✆ 03 89 49 84 46, IV
H La Rochette, 500 Lieu-dit La Rochette, ✆ 03 89 49 80 40, IV
Gh Les Evaux, 634 Les Evaux, ✆ 03 89 49 80 06, II-III
Pz Schiele, 60 Basse Baroche, ✆ 03 89 49 87 12, II
Des 2 Hohnack, ✆ 03 89 49 83 72

Lautenbach

PLZ: F-68610
Gh Auberge de Lautenbach, 68 rue Principale, ✆ 03 89 76 32 03, II-III
Pz Ringler/Peyrelon, 44 rue Principale, ✆ 03 89 76 39 21, II

Lauterbourg

PLZ: F-67360
Touristinformation, 21 rue de la 1ère Armée, ✆ 03 88 94 66 10
H Au Cygne, 39 rue de Général Mittelhauser, ✆ 03 88 94 80 59, IV
Camping Les Mouettes, Chemin des Mouettes, ✆ 03 88 54 68 60

Lauw

PLZ: F-68290
P Gasser, 27 rue Conte d'Auve, ✆ 03 89 26 90 08

Lembach

PLZ: F-67510
Touristinformation, ✆ 03 88 94 43 16
H Auberge du Cheval Blanc, 3 route de Woerth, ✆ 03 88 94 41 86, VI-VII
H Au Heimbach, 15 rue de Wissembourg, ✆ 03 88 94 43 46, IV-VI
Camping Fleckenstein, Lieu-dit Tannenbruck, ✆ 03 88 94 43 16

Marckolsheim

PLZ: F-67390
Touristinformation, 13 rue du Maréchal Foch, ✆ 03 88 92 56 98
Hg Les Loges du Ried, 21 avenue de l'Europe, ✆ 03 88 58 25 00, V
P Allonas, 2 place de la République, ✆ 03 88 92 55 62, II
P Jaeger, 6 rue du 42ème RIF, ✆ 03 88 92 55 50, II
P Jaeger, 3 rue du Violon, ✆ 03 88 92 50 08, II-III
Camping Au chalet du Rhin, ✆ 03 88 92 52 35

Marlenheim

PLZ: F-67520
Touristinformation, Place de Kaufhus, ✆ 03 88 87 75 80
H Le Cerf, 30 rue de Général de Gaulle, ✆ 03 88 87 73 73, VI-VII
H Hostellerie Reeb, 2 rue du Docteur-Schweitzer, ✆ 03 88 87 52 70, V
Gh Relais Route du Vin, 1 Place de Kaufhus, ✆ 03 88 87 50 05, IV-V
Pz Goetz, 86 rue du Général de Gaulle, ✆ 03 88 87 52 94, II

Marmoutier

PLZ: F-67440
Touristinformation, 13 rue du Marèchal Foch, ✆ 03 88 71 46 84
H Aux deux Clés, 30 rue du Général Leclerc, ✆ 03 88 70 61 08, III

Markstein, Le

PLZ: F-68610
H Wolf, Le Markstein, ✆ 03 89 82 74 98, II-IV
P Chalet „le Point", Le Markstein, ✆ 03 89 82 63 35

P Union touristique Les amis de la Nature, Refuge du Treh des Amis de la Nature, ✆ 03 89 82 65 06

Masevaux

PLZ: F-68290

Touristinformation, 1 place Gayardon, ✆ 03 89 82 41 99

Gh Hostellerie Alsacienne, 16 rue Maréchal-Foch, ✆ 03 89 82 45 25, IV

Bh Behra, Ferme-Auberge Baerenbach, ✆ 03 89 82 03 65

Bh Mansuy, Ferme-Auberge les Buissonnets, ✆ 03 89 82 45 49

Camping municipal, 3 rue du Stade, ✆ 03 89 82 42 29

Merkwiller-Pechelbronn

PLZ: F-67250

Touristinformation, 2 route de Woerth, ✆ 03 88 80 72 36

H A l'Étoile, 1 rue de Woerth, ✆ 03 88 80 71 80, III

Pz Haushalter, 12 rue de L'Ecole, ✆ 03 88 80 90 87, II

Mittelbergheim

PLZ: 67140

Touristinformation, Mairie, ✆ 03 88 08 01 66

H Gilg, 1 route du Vin, ✆ 03 88 08 91 37, V-VI

Pz Dolder, 4 rue Neuve, ✆ 03 88 08 96 08, II

Pz Dolder, 15 chemin du Holzweg, ✆ 03 88 08 15 23, IV

Mittelhausbergen

PLZ: F-67206

Gh Au Tilleul, 5 route de Strasbourg, ✆ 03 88 56 18 31, V

Mittelhausen

PLZ: F-67170

H A L'Etoile, 12 rue de la Hey, ✆ 03 88 51 28 44, V-VI

Molsheim

PLZ: F-67120

Touristinformation, 19 place de l'Hôtel de Ville, ✆ 03 88 38 11 61

H Diana, 14 rue Sainte-Odile, ✆ 03 88 38 51 59, VI

H du Centre, 1 rue Saint-Martin, ✆ 03 88 38 54 50, IV-V

Hg Le Bugatti, Rue de la Commanderie, ✆ 03 88 49 89 00, V

Camping municipal, Rue des sports, ✆ 03 88 49 82 45

Moosch

PLZ: F-68690

Gh La Poste, 29 rue du Général-de-Gaulle, ✆ 03 89 82 30 68, I-II

P Walter Diebolt, 7 rue Brand, ✆ 03 89 82 39 33

Bh Arbeit, Ferme-Auberge du Rossberg, ✆ 03 89 81 50 91

Bh Bleu, Ferme-Auberge Gsang, ✆ 03 89 38 96 85

Bh Knibiely, Ferme-Auberge Belacker, ✆ 03 89 82 34 20

La Mine d'Argent, Rue de la Mine d'Argent, ✆ 03 89 82 30 66

Morsbronn-les-Bains

PLZ: 67360

H La Source des Sens, 19 route de Haguenau, ✆ 03 88 09 30 53, IV

H Ritter Hoft, 23 rue Principale, ✆ 03 88 54 07 37, IV

H L'Explorateur, 24 route de Haguenau, ✆ 03 88 09 30 50, IV

Hg Au Cerf, 50 route de Haguenau, ✆ 03 88 09 30 83, II

Mothern

PLZ: F-67470

Touristinformation, 7 rue Kabach, ✆ 03 88 94 84 67

H A l'Ancre, 2 rue de Lauterbourg, ✆ 03 88 94 81 99, IV

Pz Zimmermann, 9 rue de Chêne, ✆ 03 88 54 62 50, II-III

Mulhouse

PLZ: F-68100

Touristinformation, ✆ 03 89 35 48 48

H Arc en Ciel, 2 rue du Périgord-Wittenheim, ✆ 03 89 52 42 22, II

H De Bâle, 19 passage central, ✆ 03 89 46 19 87, II-IV

H Bristol, 18 avenue de Colmar, ✆ 03 89 42 12 31, II-V

H Hôtel de la Bourse, 14 rue de la Bourse, ✆ 03 89 56 18 44, IV-V

H Étap Hôtel, Parc de la Mer-Rouge 1, rue Marc-Séguin, ✆ 08 92 68 31 94, II

H Kyriad Mulhouse Centre, 15 rue Lambert, ✆ 03 89 66 44 77, IV-V

H Kyriad, 23 rue desLFrontières, ✆ 03 89 61 81 50, IV-V

H Mercure Centre, 4 place Général-de-Gaulle, ✆ 03 89 36 29 39, V

H Du Parc, 26 rue de la Sinne, ✆ 03 89 66 12 22, VI

H Ibis Centre Filature, 34 allée Nathan-Katz, ✆ 03 89 56 09 56, IV

H Ibis Gare Central, 53 rue de Bâle, ✆ 03 89 46 41 41, III

H Inter Hôtel Salvator, 29 passage Central, ✆ 03 89 45 28 32, III-V

H Musée-Gare , 3 rue de l'Est, ✆ 03 89 45 47 41, II-III

H La Poste, 48 rue d'Ensisheim-Wittenheim, ✆ 03 89 52 43 73, III

H Roi Soleil, 3 rue du Burlat, ✆ 03 89 50 20 30, II

H Saint-Bernard, 3 rue des Fleurs, ✆ 03 89 45 82 32, II-III

H Première Classe, 1a rue de la Source, ✆ 08 92 70 70 59, I-II

H Squash 3000, Boulevard Mitterrand-Morschwiller-le-Bas, ✆ 03 89 59 26 63, II-III

Auberge de Jeunesse, 37 rue de l'Illberg, ✆ 03 89 42 63 28

Camping de l'Ill, 1 rue Pierre de Coubertin, ✆ 03 89 06 20 66

Illzach:

H Formule 1, 20 rue des 3Frontières, ✆ 03 89 61 74 10, I

BB Hôtel B&B, Rue d'Annecy,✆ 08 92 70 75 41

Sausheim:

H Arcotel, 1 aven. Général-de-Gaulle, ✆ 03 89 61 71 61, II

H Ibis Ile Napoleon, route de Sausheim, ✆ 03 89 61 83 83, III

H Mercure Sausheim, RN 422, ✆ 03 89 61 87 87, V-VI

H Novotel, Rue d'Île Napoléon, ✆ 03 89 61 84 84, V

H Roi Soleil, CD 201, ✆ 03 89 61 80 90, II

Munchhausen

PLZ: F-67470

Touristinformation Seltz, ✆ 03 88 05 59 79

P Baumann, 7 rue du Haut-Village, ✆ 03 88 86 11 99, II

Au Rhin et à la Sauer, Route du Rhin, ✆ 03 88 86 11 80

Munster

PLZ: F-68140

Touristinformation, 1 rue de Couvent-B.P. 21, ✆ 03 89 77 31 80

H La verte Vallée, 10 rue Alfred-Hartmann, ✆ 03 89 77 15 15, VI-VII

H La Cigogne, 4 place du Marché, ✆ 03 89 77 32 27, V

H Le Grand Hôtel, 1 rue de la gare, ✆ 03 89 77 30 37, V

H Au Val St-Grégoire, 5 rue St-Grégoire, ✆ 03 89 77 36 22, IV-V

H Deybach, 4 rue du Badischhof, ✆ 03 89 77 32 71, III-IV
H Bar des Vosges, 58 Grand-Rue, ✆ 03 89 77 31 41, IV
Pz Bachschmidt, 27 chemin du Bretzel, ✆ 03 89 77 02 96, II
Pz Beonle, 5 rue des Aulnes, ✆ 03 89 77 40 59, II
Pz Eck-Burger, 54 rue de Luttenbach, ✆ 03 89 77 46 06, II
Pz Laemmel, 22 rue des Aulnes, ✆ 03 89 77 41 06, I
Pz Nicolodi, 3 route de Gunsbach, ✆ 06 62 69 14 18, II
Pz Schaetzel, 28 rue des Aulnes, ✆ 03 89 77 58 43, I
Le Parc de la Fecht, Route de Gunsbach, ✆ 05 46 55 10 01

Neuf-Brisach

PLZ: F-68600
Office de Tourisme, 6 Place d´Armes, ✆ 03 89 72 56 66
H France, 17, rue de Bâle, ✆ 03 89 72 56 06, III
H Aux Deux Roses, 11 route de Strasbourg, ✆ 03 89 72 56 03, III
P Schwoerer, 1 rue des Tisserands, ✆ 03 89 72 54 59
Camping Municipial Vauban, ✆ 03 89 72 54 25

Neuenburg am Rhein

PLZ: D-79395; Vorwahl: 07635
H Anika, Freiburger Str. 2a, ✆ 79090, V
H Krone, Breisacher Str. 1, ✆ 70390, V
H Am Stadthaus, Marktpl. 1, ✆ 79000, V
Gh Erika, Johanniterweg 6, ✆ 1358, III
Vogesenblick, Eichwaldstr. 7, ✆ 1846

Neuwiller-les-Saverne

PLZ: F-67330
Gh Au Herrenstein, 20 rue du Général-Koenig, ✆ 03 88 70 00 53, V

Niederbronn-les-Bains

PLZ: F-67110
Touristinformation, Place de l'Hôtel de Ville, ✆ 03 88 80 89 70
H Mercure Grand Hôtel, 14 avenue Foch, ✆ 03 88 80 84 48, V-VI
H Muller, 16 avenue de la Libération, ✆ 03 88 63 38 38, V
H Bristol, 4 place de l'Hôtel-de-Ville, ✆ 03 88 09 61 44, V
H Parc, 35 rue de la République, ✆ 03 88 09 01 42, IV
Hg Majestic, 3 rue du Général de Gaulle, ✆ 03 88 86 11 86, IV-V
H Ferme Mellon, Route de Jaegerthal, ✆ 03 88 09 08 48, III
Camping Heidenkopf, Route de la Lisière, ✆ 03 88 09 08 46

Niederlauterbach

PLZ: F-67630
Gh Chambre d'hôtel Ché-Nou, 81 rue principale, ✆ 03 88 94 36 76,III

Nothalten

PLZ: F-67680
Pz Waegell, 110 route du Vin, ✆ 03 88 92 45 98, III-IV

Oberbronn

PLZ: F-67110
Camping L'Oasis, ✆ 03 88 09 71 96

Obernai

PLZ: F-67210
Touristinformation, Place du Beffroi, ✆ 03 88 95 64 13
H À la cour d'Alsace, 3 rue de Gail, ✆ 03 88 95 07 00, VII
H Le Parc, 169 route d'Ottrott, ✆ 03 88 95 50 08, VII
Hg Le Colombier, Rue Dietrich, ✆ 03 88 47 63 33, VI
H Les Jardins d'Adalric, 19 rue du Maréchal-Koenig, ✆ 03 88 47 64 47, V-VII
Hg À la Cloche, 90 rue du Général-Gouraud, ✆ 03 88 95 52 89, V
Hg Le Pavillon 7, 7 rue dietrich, ✆ 03 88 47 63 33, VII
Hg La Diligence Résidence Bel Air, ✆ 03 88 95 55 69, V-VI
H Sainte-Odile, 9 rue du Marché, ✆ 03 88 95 48 88, IV
H Les Vosges Ciôtel, 5 place de la Gare, ✆ 03 88 95 53 78, V
Hg Gouverneur, 13 rue de Sélestat, ✆ 03 88 95 63 72, V-VI
P Château de Hell Cle, 4 rue du Château, ✆ 03 88 95 52 03
P Eurovillage Obernai, Route d'Ottrott, ✆ 03 88 49 45 45
Camping Le Vallon de l'Ehn, 1 Rue de Berlin, ✆ 03 88 95 38 48

Obersaasheim

PLZ: F-68600
P Auberge à la Vielle Fermette, ✆ 03 89 72 60 20

Obersteinbach

PLZ: F-67510
H Alsace-Villages, 49 rue Principale, ✆ 03 88 09 50 59, IV-V
H Anthon, 40 rue Principale, ✆ 03 88 09 55 01, V-VI
P Berring-Flaig, 29 rue Principale, ✆ 03 88 09 55 26, I-II

Offenburg

PLZ: D-77652; Vorwahl: 0781
Stadtinformation, Fischmarkt 2, ✆ 822000
H Rammersweier Hof, Rosenstr. 13, ✆ 32780, IV
H Centralhotel, Poststr. 5, ✆ 72004, V
H Drei Könige, Klosterstr. 9, ✆ 24390, IV-V
H Mercure, Am Messepl., ✆ 505-0, VI
H Hubertus, Kolpingstr. 4, ✆ 61350, V
H Palmengarten, Okenstr. 15-17, ✆ 208-0, VI
H Union, Hauptstr. 19, ✆ 74091, V
H Sonne, Hauptstr. 94, ✆ 932160, V
Gh Zauberflöte, Lindenpl. 12, ✆ 24813, III
Jugendherberge, Schloss Ortenberg, ✆ 31749

Opfingen

PLZ: D-79112; Vorwahl: 07664
H Blume, Freiburger Str. 1, ✆ 939790, IV-V
H Löwen, Dürleberg, ✆ 1260, IV-V
H Tanne, Altg. 2, ✆ 1810
Pz Walter, Wippertskirch 2, ✆ 1396, III

Ostheim

PLZ: F-68150
H Au Nid de Cigognes, 2 route de Colmar, ✆ 03 89 47 91 44, IV-V
H Baltzinger, 16 route de Colmar, ✆ 03 89 47 95 51, III-IV
Hg Chez Félix, 1 rue de Strasbourg, ✆ 03 89 47 91 54, III-IV
Pz Cottel, 2 Rue de la Gare, ✆ 03 89 47 86 29, III
Pz Grimm, 8 rue Rottgarten, ✆ 03 89 47 81 19, II
Pz Woelffle, 32 Rue de la Gare, ✆ 03 89 47 93 97, III

Ottrott

PLZ: F-67530
Touristinformation, 46 rue Principale, ✆ 03 88 95 83 84
H Hostellerie des Châteaux, 11 rue des Châteaux, ✆ 03 88 48 14 14, VI
H Le Clos des Délices, 17 route de Klingenthal, ✆ 03 88 95 81 00
H L'Ami Fritz, 8 rue des Châteaux, ✆ 03 88 95 80 81, V-VII
H Beau Site, Place de l'Église, ✆ 03 88 48 14 30, VI-VII
H Domaine le Moulin, 32, route de Klingenthal, ✆ 03 88 95 87 33, V

H Le Chant des Oiseaux, rue du Vignoble, ✆ 03 88 95 87 39, V-VII
H Mont Sainte-Odile, Le Mont Sainte-Odile, ✆ 03 88 95 80 53, IV
H Relais de la Schliff, 23 rue de St Nabor, ✆ 03 88 48 13 13
H L'Elsberg, 23 rue de St Nabor, ✆ 03 88 95 87 77, V
Pz Maurer, 11 route d´Obernai-Roedel, ✆ 03 88 95 80 12, III
Pz Appell, 3 rue Paul Appel-Klingenthal, ✆ 03 88 95 80 89, III

La Petite Pierre

PLZ: F-67290
Touristinformation, 2a rue du Château, ✆ 03 88 70 42 30
H La Clairière, 63 route d'Ingwiller, ✆ 03 88 71 75 00, VI-VII
H Lion d'Or, 15 rue Principale, ✆ 03 88 01 47 57, VI-VII
H Les Trois Roses, 19 rue Principale, ✆ 03 88 89 89 00, III-IV
H Auberge d'Imsthal, Route Forestière, ✆ 03 88 01 49 00, V-VI
H Des Vosges, 30 rue Principale, ✆ 03 88 70 45 05, V-VI
P Gîte d'étape, 8 rue du Château, ✆ 03 88 01 47 00(mairie), I

Pfaffenheim

PLZ: F-68250
Gh Au petit Pfaffenheim, 1 rue de la Chapelle, ✆ 03 89 49 62 06, II
P Fleischer, ✆ 03 89 20 10 62
P Frick, 1 rue de Rouffach, ✆ 03 89 49 76 84
P Hurth, Ferme Osenbuhr, ✆ 03 89 49 33 97
Pz Boog, 8 rue de Rouffach, ✆ 03 89 49 63 77, II

Reichstett

PLZ: F-67116
Hg Aigle d'Or, 5 rue de La Wanzenau, ✆ 03 88 20 07 87, V-VI

Rhinau

PLZ: F-67860
Touristinformation, 35 rue du Rhin, ✆ 03 88 74 68 96
H Aux Bords du Rhin, 10 route du Rhin, ✆ 03 88 74 60 36, III
Camping Ferme des Tuileries, ✆ 03 88 74 60 45

Ribeauvillé

PLZ: F-68150
Touristinformation, 1 Grand'Rue, ✆ 08 20 360 922
H Le Clos Saint Vincent, Route de Bergheim, ✆ 03 89 73 67 65, VI-VII
H Au Cheval Blanc, 122 Grand´rue, ✆ 03 89 73 61 38, III-IV
H Au Lion, 6 place de la Sinne, ✆ 03 89 73 67 69, V
H Du Mouton, 5 Place de la Sinne, ✆ 03 89 73 60 11, IV-V
H Hôtel de la Tour, 1 rue de la Mairie, ✆ 03 89 73 72 73, V-VI
H Hôtel Les Vosges, 2 Grand-Rue, ✆ 03 89 73 61 39, V
H Hôtel Le Ménestrel, 27, av G. De Gaulle, ✆ 03 89 73 80 52, V-VI
H La Pépinière, 40 route de Sainte-Marie-aux-Mines, ✆ 03 89 73 64 14, IV-V
H Les Seigneurs de Ribeaupierre, 11 rue du Château, ✆ 03 89 73 70 31, V-VI
H Caveau de l´Ami Fritz, 2 rue de la Piscine, ✆ 03 89 49 01 11, III-V
H Du Mouton, 5 place de la Sinne, ✆ 03 89 73 60 11, III-V
H Caveau de l'Ami Fritz, 1 Place de l'Ancien Hôpital, ✆ 03 89 73 68 11, V
Pz Battistella, 9 rue de Colmar, ✆ 03 89 73 60 43, II
Pz Bischoff, 10a Route de Colmar, ✆ 03 89 73 68 10, II
Pz Bollinger, 24 route de Bergheim, ✆ 03 89 73 68 99, I-II
Pz Dillar, 19 Rue Klobb, ✆ 03 89 73 31 65, II-III
Pz Dumoulin, 9 rue Neuve, ✆ 03 89 73 32 28, IV-V
Pz Kern, 4 rue St Morand, ✆ 03 89 73 77 60, II
Pz Liss, 17 rue des Juifs, ✆ 03 89 73 72 27, I
Pz Rieffel-Meyer, 4 rue Salzmann, ✆ 03 89 73 82 78, II
Pierre de Coubertin, Rue de Landau, ✆ 03 89 73 66 71
Camping des Trois Châteaux, Route de Ste-Marie-aux-Mines, ✆ 03 89 73 20 00

Riquewihr

PLZ: F-68340
Touristinformation, 2 rue de la 1re Armée, ✆ 03 89 49 08 40
H À l'Oriel, 3 rue des Écuries-Seigneuriales, ✆ 03 89 49 03 13, V
H Le Riquewihr, 3 Route de Ribeauvillé, ✆ 03 89 86 03 00, V-VI
H Le Schoenenbourg, 2, rue de la Piscine, ✆ 03 89 49 01 11, VI-VII
H Au Cerf, 5-7 Rue du Général de Gaulle, ✆ 03 89 47 92 18, V
H Saint-Nicolas, 2 rue Saint-Nicolas, ✆ 03 89 49 01 51, IV-V
H De La Couronne, 5 rue de la Couronne, ✆ 03 89 49 03 03, IV-V
H Au Dolder, 52 rue du Général-de-Gaulle, ✆ 03 89 47 92 56, III-IV
H Au Moulin, 3 rue du Général-de-Gaulle, ✆ 03 89 86 05 52, V
H Le Sarment d'Or, 4 rue du Cerf, ✆ 03 89 86 02 86, V
Pz Bronner Bernard, 4 rue de la Couronne, ✆ 03 89 47 83 50, III
Pz Bronner Charles, 1a rue des Tuileries, ✆ 03 89 47 94 82, III
Pz Bucher, 2 rue du cerf, ✆ 03 89 86 05 22, V
Pz Jung, 23 rue de la 1re Armée, ✆ 03 89 47 92 17
Pz Sonntag, 6 rue de la Couronne, ✆ 03 89 47 87 31, IV-V
Pz Kiefer, 5 rue du Cheval, ✆ 03 89 47 89 91, III
Pz Kohler, 1 rue du Docteur Janès, ✆ 03 89 47 95 78, III
Pz Melich-Greiner, 4 rue Latérale, ✆ 03 89 47 83 16, III-IV
Pz Schmidt, 5 chemin des Vignes, ✆ 03 89 47 96 29, III
Camping intercommunal, ✆ 03 89 47 90 08

Roeschwoog

PLZ: F-67480
Gh Au Lion d'Or, 1 rue de Lort Louis, ✆ 03 88 86 41 12, III
Camping Staedly, Rue de l'Etang, ✆ 03 88 86 42 18

Rosheim

PLZ: F-67560
Touristinformation, ✆ 03 88 50 75 38
H Hostellerie du Rosenmeer, 45 avenue de la Gare, ✆ 03 88 50 43 29, V
Pz P. Richl, 10 rue de l'Eglise, ✆ 03 88 50 10 44, IV
Herr, 5 route de Boersch, ✆ 03 88 50 21 10

Rouffach

PLZ: F-68250
Touristinformation, Place de la Rèpublique, ✆ 03 89 78 53 15
H Château d'Isenbourg, ✆ 03 89 78 58 50, VI-VII

H Du Bollenberg, Domaine du Bollenberg, ✆ 03 89 49 62 47, IV
H Au Relais d'Alsace, RD 83, ✆ 03 89 49 66 32, IV
H A la Ville de Lyon, 1 rue Poincaré, ✆ 03 89 49 65 51, IV-VI

Saint-Amarin
PLZ: F-68550
Verkehrsamt, ✆ 03 89 82 13 90
Gh Auberge du Mehrbachel, Route de Geishouse, ✆ 03 89 82 60 68, III

Saint-Hippolyte
PLZ: F-68590
Gemeindeamt, ✆ 03 89 73 00 13
H Aux Ducs de Lorraine, 16 route des Vins, ✆ 03 89 73 00 09, V-VII
H Hôtel Restaurant Le Parc, 6 rue du Parc, ✆ 03 89 73 00 06, V-VII
H Hôtel Restaurant À la Vignette, 23 chemin Wall, ✆ 03 89 22 34 00, IV
H Hôtel Restaurant Val-Vignes, 23 chemin du Wall, ✆ 03 89 22 34 00
Pz Bleger Claude, 92 route du Vin, ✆ 03 89 73 00 21, III
Pz Bleger François, 63 route du Vin, ✆ 03 89 73 06 07, III
Pz Bleger Josiane, 62 route du Vin, ✆ 03 89 73 01 14, III
Pz Fahrer-Deiss, 24 route du Vin, ✆ 03 89 73 00 40, II-III
Pz Fessler, 1 rue Windmuehl, ✆ 03 89 73 00 70, II
Pz Humbert, 1 Avenue de l'Europe, ✆ 03 89 73 01 27, III
Pz Klein, 10 route du Vin, ✆ 03 89 73 04 95, II

Saint-Jean-Saverne
PLZ: F-67700
H Kleiber, 37 Grand-Rue, ✆ 03 88 91 11 82, V

Sainte-Croix-aux-Mines
PLZ: F-68160
H Tunnel, Les Halles, ✆ 03 89 58 74 25
Gh Auberge du Sobache, 40 Sobache, ✆ 03 89 58 83 01, III
P Vogdt, 105a rue Maurice Burrus, ✆ 03 89 58 73 33

Sainte-Marie-aux-Mines
PLZ: F-68160
Touristinformation, Verkehrsamt, 86 rue wilson, ✆ 03 89 58 80 50
H Hôtel Bellevue, col de ste. Marie, ✆ 03 89 27 16 12
Gh Les Bagenelles, 15 La Petite Lièpvre, ✆ 03 89 58 70 77, IV
Gh La Canardière, 29 La Petite-Lièpvre, ✆ 03 89 58 76 13, II
P Refuge du Haycot, ✆ 03 89 47 21 73, I
P Demoulin, 17 rue Untergrombach, ✆ 03 89 58 59 51
P Haessig, Le Clesio, ✆ 03 89 58 85 03
P Jehel, Ferme la Tourelle-4 Côte d'Echery, ✆ 03 89 58 55 36
P Jehl, 7 Hergaudchamps, ✆ 03 89 58 82 17
Reflets du Val d'Argent, Route d'Untergrombach, ✆ 03 89 58 64 83

Saint-Pierre
PLZ: F-67140
Camping Beau Séjour, rue de l'Eglise, ✆ 03 88 08 52 24

Saverne
PLZ: F-67700
Touristinformation, Zone Pietone 37, grand' Rue ✆ 03 88 91 80 47
Hg Europe, 7 rue de la Gare, ✆ 03 88 71 12 07, V-VI
H Villa Katz, 42 rue du Général Leclerc, ✆ 03 88 71 02 02, V-VI
H Chez Jean, 3 rue de la Gare, ✆ 03 88 91 10 19, VI
Gh Les Clos de la Garenne, 88 rue du Haut Barr, ✆ 03 88 71 20 41, IV
Pz I. Zuber, 81 rue de Monswiller, ✆ 03 88 71 02 31
Auberge de Jeunesse, Château des Rohan, ✆ 03 88 91 14 84
Camping, Rue du Père Liebermann, ✆ 03 88 91 35 65

Scharrachbergheim
PLZ: F-67310
Gh Lauth et fils, 82 rue Principale, ✆ 03 88 50 66 05, III
Gh Musculus, 2 rue Principale, ✆ 03 88 50 66 24, II-III

Scherwiller
PLZ: F-67750
Touristinformation, 2 Corps de Garde, ✆ 03 88 92 25 62
H Auberge Ramstein, 1 rue de Riesling, ✆ 03 88 82 17 00, V
Pz Sava, 29 route des Romains, ✆ 03 88 92 84 74, III
Palmer, 11 rue Faviers, ✆ 03 88 92 94 57

Schleithal
PLZ: F-67160
P Sabaty, 283 rue Principale, ✆ 03 88 94 35 48
P Wust, 116 rue Pricipale, ✆ 03 88 94 33 07
P Schintke, 284 rue principale, ✆ 03 88 53 65 01, III

Seebach
PLZ: F-67160
Pz Lutz, 28 rue des Forgerons, ✆ 03 88 94 77 74, II
Pz Woehl, 124 rue des Eglises, ✆ 03 88 94 74 16, II
Pz Trog, 132 rue des Eglises, ✆ 03 88 94 74 99, III

Sélestat
PLZ: F-67600
Touristinformation, Commanderie Saint Jean-Boulevard du Général Leclerc, ✆ 03 88 58 87 20
H Abbaye de la Pommeraie, 8 boulevard du Maréchal Foch, ✆ 03 88 92 07 84, VII
H Vaillant, Place de la République, ✆ 03 88 92 09 46,V-VI
H Auberge des Alliés, 39 rue des Chevaliers, ✆ 03 88 92 09 34, IV-V
H L'Ill, 13 rue des Bateliers, ✆ 03 88 92 91 09
Gh Saint Quirin, 20 rue Dorlan, ✆ 03 88 92 68 00, V
Camping Municipal „Les Cigognes", rue de la 1ère D.F.L., ✆ 03 88 92 03 98, I

Seltz
PLZ: F-67470
Touristinformation, 2 avenue du Général Schneider, ✆ 03 88 05 59 79
H Al'Arbre Vert, 43 rue Principale, ✆ 03 88 86 51 15, IV
Hg Des Bois, 36 route de Hatten, ✆ 03 88 05 56 10, III-IV

Seppois-le-Bas
PLZ: F-68580
Gh Boutilly „La Couronne", 6 rue du R.I.C.M., ✆ 03 89 25 60 05, III
Les Lupins, 1 rue de la Gare, ✆ 03 89 25 65 37

Sewen
PLZ: F-68290
H Au Relais des Lacs, 30 Grand-Rue, ✆ 03 89 82 01 42, II-III
H Les Vosges, 38 Grand-Rue, ✆ 03 89 82 00 43, III-IV
Gh Auberge du Langenberg, Route du Ballon d'Alsace, ✆ 03

89 48 96 37, II ✗
Pz Riqual, Villa du Lac, ✆ 03 89 82 98 38, III
Bh Iltis, Ferme-Auberge Hinteralfeld, ✆ 03 89 82 98 44
Bh Kachelhoffer, Ferme-Auberge du Grand Langenberg, ✆ 03 89 48 96 98

Soufflenheim

PLZ: F-67620
P Starck, 14 rue de Brulêe, ✆ 03 88 86 62 94

Soultzbach-les-Bains

PLZ: F-68230
Gh St-Christophe, 4 rue de l'Église, ✆ 03 89 71 13 09, II
Pz Combeau, 4a rue d'Eglise, ✆ 03 89 71 18 26, II
Pz Thorr, 8 rue du Stumpfen, ✆ 03 89 71 12 36II

Soultz-sous-Forêts

PLZ: F-67250
P Sturm, ✆ 03 88 75 56 50
Pz Schmitt, 15 rue de la Dîme, ✆ 03 88 80 51 71, II

Steinbourg

PLZ: F-67790
H Arial, Parc d'Activités-A4 sortie Saverne, ✆ 03 88 02 12 52, III
Pz Guckholz, 6 rue de l'Arc-en-Ciel, ✆ 03 88 91 30 86, II

Strasbourg

PLZ: F-67000
i Office de Tourisme, 17, Place de la Cathédrale, ✆ 03 88 52 28 28
H Régent Contades Concorde, 8 avenue de la Liberté, ✆ 03 88 15 05 05, VII
H Ibis Centre Halles, 1 rue Sébastopol, ✆ 03 90 22 46 46, V-VI
H Régent Petite France, 5 rue des Moulins, ✆ 03 88 76 43 43, VII
H Sofitel Strasbourg, Place Saint-Pierre-Le-Jeune, ✆ 03 88 15 49 00, VII
H Europe, 38, rue du Fossé-des-Tanneurs, ✆ 03 88 32 17 88, V-VI
H Maison Kammerzell, 16 place de la Cathédrale, ✆ 03 88 32 42 14, VI
H Arc en Ciel, 18 rue de la Tour, ✆ 03 88 29 41 41, IV-V
H Le Grillon, 2 rue Thiergarten, ✆ 03 88 32 71 88, III-IV
H Le Pax, 24-26 rue du Faubourg-National, ✆ 03 88 32 14 54, V-VI
H Patricia, 1a, rue du Puits, ✆ 03 88 32 14 60, IV
Hg Jean Sébastian Bach, 6 boulevard J. S. Bach, ✆ 03 88 90 41 30 00, VII
Hg Villa Novarina, 11 rue Westercamp, ✆ 03 90 41 28 28, VI-VII
Hg Hannong, 15, rue du 22-Novembre, ✆ 03 88 32 16 22, VI-VII
Hg Best Western Monopole Métropole, 16, rue Kuhn, ✆ 03 88 14 39 14, VI
Hg Cardinal de Rohan, 17-19 rue du Maroquin, ✆ 03 88 32 85 11, VI
Hg Cathédrale, 12-13, place de la Cathédrale, ✆ 03 88 22 12 12, VI-VII
Hg Citadines Rés. Hôtelière, 50-54 rue du Jeu-des-Enfants, ✆ 03 90 22 47 00, V-VI
Hg Diana Dauphine, 30 rue de la 1ère-Armée, ✆ 03 88 36 26 61, V-VI
Hg Dragon, 2 rue de l'Ecarlate, ✆ 03 88 35 79 80, V-VI
Hg Ibis La Meinan, 222 Avenue de Colmar, ✆ 03 88 40 32 33, V-VI
Hg Couvent du Franciscain, 18 rue du Faubourg-de-Pierre, ✆ 03 88 32 93 93, V-VI
Hg Esplanade, 1 boulevard Leblois, ✆ 03 88 61 38 95, IV-V
Hg Des Francs Bourgeois, 7 rue de la Chaîne, ✆ 03 88 32 66 60, V
Hg Ibis Centre Petite France, 18 rue du Faubourg-National, ✆ 03 88 75 10 10, V-VI
Hg L'Ill, 8 rue des Bateliers, ✆ 03 88 36 20 01, V
Hg Royal Lutétia, 2bis, rue du Général-Rapp, ✆ 03 88 35 20 45, V-VI
Hg Mercure Saint Jean, 3 rue du Maire-Kuss, ✆ 03 88 32 80 80, VI-VII
Hg Mercure Centre, 25 rue Thoman, ✆ 03 90 22 70 70, VI-VII
Hg Vosges, 3 place de la gare, ✆ 03 88 32 17 23, IV-V
Hg Petit Trianon, 8 petite rue de la Course, ✆ 03 88 32 63 97, III-V
Hg Suisse, 2-4 rue de la Rape, ✆ 03 88 35 22 11, V-VI
Hg Aux Trois Roses, 7 rue de Zurich, ✆ 03 88 36 56 95, V-VI
Hg Appart'Hotel Victoria Garden, 1 et 11 rue des Magasins, ✆ 03 90 22 43 43, V-VI
Hg Château de Pourtales, 161 rue Mélanie, ✆ 03 88 45 84 64, VI-VII
Hg La Cour du Corbeau, 6-8 rue des Couples, ✆ 03 90 00 26 26, VII
Hg Arts, 10 place du Marchéaux Cochons de Lait, ✆ 03 88 37 98 37, V
Hg Cyber Hotel Le 21cme, 21-23 rue du Fossé des Tanneurs, ✆ 03 88 23 89 21, IV-V
Auberge de Jeunesse Ciarus, 7 rue Finkmatt ✆ 03 88 15 27 88, III
Auberge de Jeunesse du Parc du Rhin, Centre International de Rencontres-Rue das Cavaliers-Parc du Rhin, ✆ 03 88 45 54 20
Montagne Verte, 2, rue Robert Forrer, ✆ 03 88 30 25 46

Thann

PLZ: F-68800
i Touristinformation, 7 rue de la 1ère Armée, ✆ 03 89 37 96 20
H du Parc, 23 rue Kléber, ✆ 03 89 37 37 47, IV-VII
H La Cigogne, 35-37 rue du Gal de Gaulle, ✆ 03 89 37 47 33, IV-V
H Au Floridor, 54 rue du Floridor, ✆ 03 89 37 09 52, III-IV
H De France, 22 rue du Général de Gaulle, ✆ 03 89 37 02 93, III-V
H Moschenross, 42 rue du Général-de-Gaulle, ✆ 03 89 37 00 86, III-IV
H Aux Sapins, 3 rue Jeanne d'Arc, ✆ 03 89 37 10 96, III-IV
P Cercle St. Thiébaut, 22 rue Kléber, ✆ 03 89 37 59 60, I ✗

Thannenkirch

PLZ: F-68590
H Hôtel Restaurant Le Touring, route du Haut-Koenigsbourg, ✆ 03 89 73 10 01, V-VI
H Auberge La Meunière, 30 rue Ste Anne, ✆ 03 89 73 10 47
H Auberge du Melkerhof, Lieux-dit du Melkerhof, ✆ 03 89 73 13 09
Pz Herrmann, 1 chemin du Lecotte, ✆ 03 89 73 12 49, II
Pz Schlatter, 22 rue Sainte Anne, ✆ 03 89 73 11 47, II
Pz Treiber, 7 chemin de la Schwyz, ✆ 03 89 73 10 70, II

Trois-Épis

PLZ: F-68410
i Touristinformation, an der Durchfahrtsstraße,

☎ 0389498056
H Hôtel des Trois-Épis(Marchal), ☎ 03 89 49 81 61, III-VI
H La Chêneraie, 16 chemin du Galz, ☎ 03 89 49 82 34
Gh La Croix d'Or, 3 rue Thierry-Schoeré, ☎ 03 89 49 83 55, II-III

Uffholtz
PLZ: F-68700
H Frantz, 41 rue de Soultz, ☎ 03 89 75 54 52, II
Gh Auberge du Relais, 35 rue de Soultz, ☎ 03 89 75 56 19, III
Pz Bernard, 25 rue de Soultz, ☎ 03 89 39 91 27

Ungersheim
PLZ: F-68190
H Les Loges de l'Écomusée, Écomusée d'Alsace, ☎ 03 89 74 44 95, V

Valff
PLZ: F-67210
H Au Soleil, 114 rue Principale, ☎ 03 88 08 92 58, IV
Pz T. Wirth, 138 rue Principale, ☎ 03 88 08 90 96, IV-V

Vendenheim
PLZ: F-67550
H Argos, 2 rue de Commerce, ☎ 03 88 81 86 36, V
Gh Auberge de la Forêt, 119 route de Lampertheim, ☎ 03 88 20 01 15, III

Vogelgrun
PLZ: F-68600
H Le Caballin/Le Ranch, Ile du Rhin, ☎ 03 89 72 56 56, V-VI
H L'Européen, Ile du Rhin, ☎ 03 89 72 51 57, V-VI

Volgelsheim
PLZ: F-68600
Gh La Boîte à Sel, 11 rue du Rhin, ☎ 03 89 72 56 30, II

Waltenheim-sur-Zorn
PLZ: F-67670
Pz Schehrer, 33 rue Principale, ☎ 03 88 51 64 79, II
Pz Fuchs, 22 rue de l'Ecole, ☎ 03 88 51 64 57, III

Wantzenau, La
PLZ: F-67610
Hg Le Moulin de la Wantzenau, 3 impasse de Moulin, ☎ 03 88 59 22 22, VI-VII
H Relais de la Poste, 21 rue du Général-de-Gaulle, ☎ 03 88 59 24 80, VI-VII

Wasselonne
PLZ: F-67310
i Touristinformation, Place du Général Leclerc, ☎ 03 88 59 12 00
H Hostellerie de l'Étoile, 1 place du Général-Leclerc, ☎ 03 88 87 03 02, III
H Au Saumon, 69 rue du Général-de-Gaulle, ☎ 03 88 87 01 83, III
H Le Relais de Wasselonne, Route de Romanswiller, ☎ 03 88 87 29 10, IV
Camping municipal, Route de Romanswiller, ☎ 03 88 87 00 08

Weil am Rhein
PLZ: 79576; Vorwahl: 07621
H Victoria, Elsässer Str. 21, ☎ 70038, V
H Atlas, Alte Str. 58, ☎ 7070, VII
H Rebstock, Große Gaß 30, ☎ 964960, VI

Märkt
H Krone, Rheinstr. 17, ☎ 62304

Weisweil
PLZ: D-79367; Vorwahl: 07646
Pz Stöcklin, Friedhofstr. 13, ☎ 344, II

Weiterswiller
PLZ: F-67340
Gh Relais Islandais, 7 rue du Château-d'Eau, ☎ 03 88 89 42 60, II

Westhalten
PLZ: F-68250
H Auberge Cheval Blanc, ☎ 03 89 47 01 16, VI
H Bollenberg, Domaine du Bollenberg, ☎ 03 89 49 62 47, IV-V

Wettolsheim
PLZ: F-68920
H Auberge du Père Floranc, 9 rue Herzog, ☎ 03 89 80 79 14, V-VI
H Au Soleil, 20 rue Sainte-Gertrude, ☎ 03 89 80 62 66, III
P Stentz, 12 rue du Château, ☎ 03 89 80 68 09

Wimmenau
PLZ: F-67290
H À l'Aigle, 55 rue Principale, ☎ 03 88 89 70 41, IV

Wintzenheim
PLZ: F-68920
H Cristal, 91 rue Clemenceau, ☎ 03 89 27 31 82, III-IV
H Villages Hôtel, Centre Commercial „Rond Point", ☎ 03 89 80 80 23, I
P Dierstein, 4 route Principale-La Forge, ☎ 03 89 71 114
P Schaffar, 126 rue Clémenceau, ☎ 03 89 27 02 12

Wingen-Lembach
PLZ: F-67510
Pz Walther, 41 rue du Nord, ☎ 03 88 94 45 89, II

Wissembourg
PLZ: F-67160
i Touristinformation, 11 place de la République, ☎ 03 88 94 10 11
Hg Alsace, 16 rue Vauban, ☎ 03 88 94 98 43, IV
H La Couronne, 12, place de la République, ☎ 03 88 94 14 00, V
H Au Cygne, 3 rue du Sel, ☎ 03 88 94 00 16, V-VII
H Weiss, 23 avenue de la Gare, ☎ 03 88 94 13 67, IV
H Au Moulin de la Walk, 2 rue de la Walk, ☎ 03 88 94 06 44, V
H Zum Schneckenhiesel, Rue de l`Agneau, ☎ 03 88 54 20 20, III

Woerth
PLZ: F-67360
i Touristinformation, ☎ 03 88 09 82 40
H Auberge aux sept Chênes, ☎ 03 88 09 38 09, II-III
Liebfrauenberg, Lieu-dit Liebfrauenthal-Goersdorf, ☎ 03 88 09 31 21, II-III

Ortsindex

Einträge in *grüner Schrift* beziehen sich aufs Übernachtungsverzeichnis.

Ortsindex